中公新書 290

服部正也著

ルワンダ中央銀行総裁日記

増補版

中央公論新社刊

まえがき

これは、アフリカ中央の小国ルワンダの中央銀行総裁として勤めた六年間の記録である。ルワンダは今日もなお非常に貧しい国である。しかし私の着任した一九六五（昭和四十）年のルワンダを知っている者にとっては、ルワンダの今日は、当時では到底想像できない、驚異的な発展として映るはずである。そしてルワンダ人は肩を張らず地道に、今後の発展への努力をつづけているのである。

私は、過去は将来への準備以外には意味はなく、過去を語るようになったら、それは将来への意欲を失った時だ、と考えている。そして自分のした仕事について書くことは、自分の進歩の墓標を書くような気がするのである。それにもかかわらず私が中央公論の望月重威、柘植紘一両氏のすすめに従って、この本を書く気になったのは、次のような理由によるのである。

第一は、二年ごとの休暇で帰国した時、および一九七一年一月末日本銀行に復帰して以来日本の言論にふれ、発展途上国問題、援助問題等について実情を勉強することなく、ただ観念的な思考をもてあそんだ議論が横行していることを発見したからである。ある評論家は私にルワンダの人口、資源、国民所得、貿易の規模を聞いて、結論としてその国は到底経済的に自立できないと断言した。私はこの評論家の国籍を疑った。明治のはじめ、および終戦直後において欧米諸国では、日本に対して同じような議論が行なわれたのである。資源や国土の広さ等の不利な物理的条件も、人間の努力によって克服しうるということは、日本人ならばたれでも知っているはずである。自由主義者をもって任ずるこの評論家も、じつは物理的条件の絶対を信じ、人間努力の無限を忘れた唯物主義者だったのである。評論家が勝手な観念論をもてあそぶのは自由である。しかしこの実証にもとづかない観念論を発表することは、真面目に働く者の邪魔をする場合が多く、その罪はきわめて大きいといわなければならない。ルワンダという小国の経済の発展過程を紹介することは、この意味で有意義と考えたのである。

第二の理由は、アフリカ諸国に対する日本人の関心が、もっぱら資源とか市場とかの、現実的な利益を中心にしており、国民というものに対しては、あまり考慮が払われていないことに対する危惧《きぐ》である。平和といい、貿易といい、援助というものは、究極的には国民と国民との関係という、いわば人の問題である。この人の面を無視して進められる国際関係の基礎は、きわめて脆《ぜい》弱《じゃく》なものである。アフリカには経済的には恵まれないが黙々として働き、子孫が自分よりも豊かな生活ができるよう地道な努力をしている国民が多い。こういう国と関係を深めることこそが、同じ道によって今日の繁栄を実現したわが国のとるべき道ではなかろうか。

ルワンダの発展は、ルワンダ人農民、ルワンダ人商人の、地道で自発的な努力によるものである。自分の行動をつうじてしか知ることができない以上、このルワンダ人の努力を紹介する方法は、私の仕事をつうじてしか記述できなかった。しかし、もしこの本に英雄があるとすれば、それは第一にはこのルワンダの農民（カイバンダ大統領を含め）であり、ルワンダ人商人なのである。

帰国後は国際通貨問題の国際会議に出席していたが、昨年末のワシントン会議でそれも一段落したので、五月末日本銀行を去り、国際復興開発銀行（世界銀行）のアフリカ関係の仕事にたずさわることになった。

ルワンダの勤務をつうじて得た、アフリカ人の長所に対する僅《わず》かの理解が、再び役に立つかと期待している。

昭和四十七年五月

服部　正也

●増補版について

著者服部正也氏は一九九九年に亡くなっている。そのため、今回の増補については次の方針をとった。

一、まず、一九九四年にルワンダ動乱が世界的関心事となるに際し、雑誌「中央公論」に寄せられた服部氏の論考「ルワンダ動乱は正しく伝えられているか」（同年十月号掲載）を、さらに、旧版刊行より三十七年を経た現時点におけるルワンダの経済的状況と著者の業績をまとめた大西義久氏（セントラル短資株式会社代表取締役社長）の論考『現場の人』の開発援助哲学」の二編を増補するものとし、それぞれ〈増補1〉〈増補2〉と明記した。

二、明らかな誤植と誤解を招きかねない不統一の訂正、いくつかのルビの追加を行なった以外は旧版に従った。固有名詞の表記等に関しても一九七二年当時と九四年当時とで若干の揺れが見られ（「ウッシ族」と「ツチ族」、「トワ族」と「ツワ族」等）、これらに関しては九四年当時の表記に揃えた。

三、旧版に使用されていた写真のうち数点を差し替え、さらに数点の増補を行なった。

四、今日の歴史・人権意識に照らして不適切と思われる語があるが、原典尊重の方針により、そのままとした。

ルワンダ中央銀行総裁日記 増補版

目次

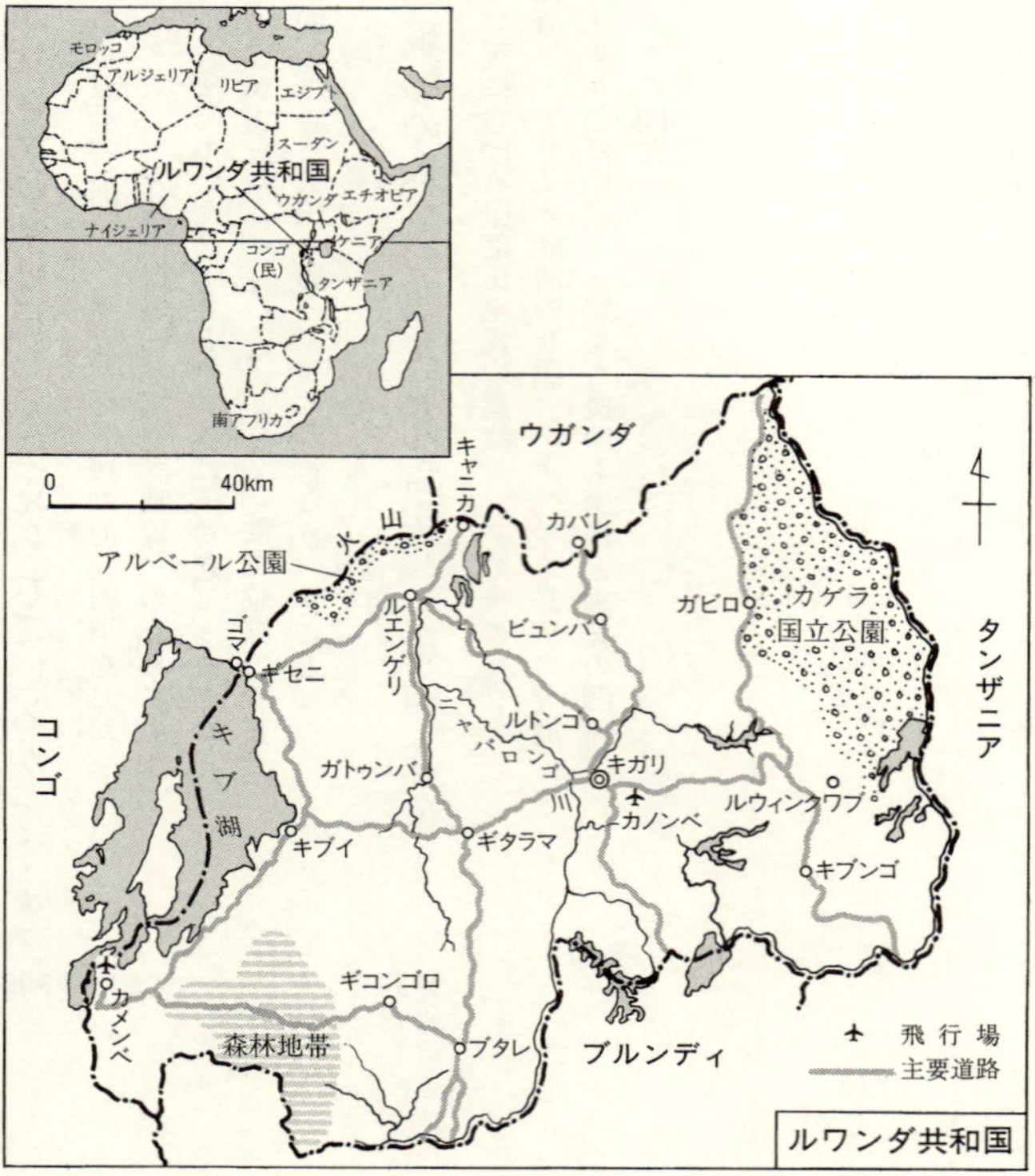
モロッコ
アルジェリア
リビア
エジプト
スーダン
ルワンダ共和国
ウガンダ
エチオピア
ナイジェリア
ケニア
コンゴ
(民)
タンザニア
南アフリカ
0
40km
ウガンダ
キャニカ
火山
アルベール公園
カバレ
ガビロ
カゲラ
国立公園
タンザニア
ゴマ
キセニ
ルエンゲリ
ビュンバ
コンゴ
キブ湖
ニャバロンゴ川
ルトンゴ
ガトゥンバ
キガリ
カノンベ
ルウィンクワブ
キブイ
ギタラマ
キブンゴ
カメンベ
ギコンゴロ
森林地帯
ブタレ
ブルンディ
飛行場
主要道路
ルワンダ共和国

ルワンダ中央銀行総裁日記

I　国際通貨基金からの誘い

家族より一足先に出発（羽田空港）

未知への旅

聞いたこともないルワンダの中央銀行にゆかないかという話を、国際通貨基金からはじめて受けたのは、昭和三十九（一九六四）年九月の通貨基金東京総会の際であった。そのときは非公式の話であったし、たいして気にもとめなかったが、同年十二月三十日、通貨基金から正式に日本銀行に、私をルワンダ中央銀行総裁として派遣してほしい、と申入れの電報がきたときは、東京総会の宴会でパリッとした服装の黒アフリカ諸国の代表に混って、モサリ服に襟のすり切れたワイシャツ着用のルワンダ代表に会ったことを思いだし、これはひどいところにゆくことになったと思った。日本で調べても、ルワンダの事情はなにもわからない。乏しい資料で想像できるのは大変貧乏な国、典型的な発展途上国というだけである。

しかしなんといっても日本銀行員として、小さくても中央銀行の総裁になるのはうれしいことである。またパリ駐在から帰ってから、東南アジア中央銀行職員研修でボンベイ（現・ムンバイ）では指導員、東京では教頭、カラチでは講師と三回参加し、途上国における中央銀行の諸問題と役割についてかなり興味をもっていたが、これに総裁として取組める機会はめったにあるものじゃない。こう考えて引受けることにした。

そのうちに通貨基金その他外国にいる友人から、いろいろと断片的な情報がきた。いずれもひどく貧乏な国で、生活環境が悪いというものである。しかし外国人にとって生活環境がよい途上国は、外国人が特権階級として滞在している場合か、国が豊かでとくに外国人がいなくてもやってゆける場合かであって、生活条件の悪い国こそ、外国人技術援助の意味もあると思っていたし、また、現に人間が住んでいるところなら、自分が生きてゆけないわけはないと思っていたので、知人が心配してくれたわりには、私自身としては、生活環境が悪いという情報は気にならなかった。

しかし私として大きな問題は、家族をつれてゆくかどうかであった。通貨基金からは、「初代総裁（オランダ人）が病気で帰ったあとの任期（五月六日まで）をとりあえずやってくれ、ルワンダ政府がおそらく任期を、少なくとも一年は延長することを希望すると思うから、そのつもりでいってもらいたい」といってきた。そして任期が一年以上に決定した場合は、家族同伴の費用をだすということであったから、家族をつれてゆくことはすぐに決めなければならないわけではなかったが、五カ月で仕事になるわけはなく、当然一年以上いることになると予想されたから、家族を呼寄せるかどうかを検討せざるをえなかった。その際一番気になったのが治安の点である。

聞けばルワンダは独立直前に革命があり、その後もかなりの流血沙汰があったとのことである。隣のコンゴ（現在、ザイール共和国とよぶ。※一九九七年にコンゴ民主共和国に改称）では、独立以来血なまぐさい動乱がつづいている。ケニアのマオマオの騒ぎも記憶に新しい。自分一人ならば、少々の騒乱でもなんとか一身の処置はできると思っていても、家族をつれていっている場合、その安全まで保障できるだろうか。私は小学校時代を過した上海で、誘拐事件の多かったことを思い起し、また、コンゴのスタンレービル事件の際にあったような、父親の見ている前で子供をなぶり殺しにしたりした光景を想像し、非常に不安であった。結局、原則としては家族は呼寄せる、ただし、いってみた実情で、家族がきては危険とわかったときは別居もやむをえないという、きわめてあたりまえの結論になった。友人たちのもってくれた壮行会、先輩からのお祝い、忠言等、外部での華やかな雰囲気にひきかえ、家庭では身体の危険に関する深刻な会話もあったのである。

一月二十八日出発の日、羽田でいよいよ出国区域に私が入ろうとするとき、長男が私の手をひっぱって、

「アフリカなんかへゆくのはやめてよ、たれかほかの人にいってもらってよ」

と小声でいったので、なにもいわなかったが、両親の空気を察して、九歳の小さな胸を今まで痛めていたのだなと、その後もルワンダでときおりそのときの光景が思いだされたのである。

ワシントン、ブラッセルでの調査

国際通貨基金の、途上国中央銀行に対する技術援助計画でゆくのであるから、事務打合せのため、ワシントンの通貨基金本部に出頭しなければならない。ワシントンで驚いたのは、通貨基金でも、米国国務省でも、またルワンダに赴任する途中立寄ったブラッセルでは、ベルギー外務省でも、ルワンダに子会社をもっているランベール銀行でも、ルワンダにいったことのある人は殆

どおらず、資料も政治に関するもののほかはきわめて乏しく、こちらが知りたい経済に関するもの、法制に関するもの、民習に関するものは皆無に近かった。この準備期間で知りえたことは次のとおりである。

ルワンダはアフリカの中央に位置する小共和国で、遅れている黒アフリカの諸国のなかでもとくに遅れており、最も貧乏な国の一つである。人口約三百万、面積約二万六千平方キロメートル、人口密度は一平方キロメートルあたり百十六人とアフリカ最高であって、人口増加率は年三パーセント弱とこれもきわめて高く、一般に人口密度の低い黒アフリカで人口問題をかかえている特異な国である。公用語はフランス語とルワンダ語、宗教は大部分がカトリック教で、その他一部に新教徒と回教徒がいる。

首府キガリは人口一万人程度、植民地時代委任統治政府の分室（本部はブルンディのブジュンブラ）があったところで、ルワンダの中心というほかはなんの意味もない町である。都市としてはほかに南部に外国人の多い商業の中心ブタレがあり、人口一万五千人くらいでキガリより多い。そのほか王宮のあったニアンザ（ブタレに近い）、北西のキブ湖に面して避暑地のギセニがあるくらいである。

ルワンダは北はウガンダ、東はタンザニア、南はブルンディ、西はコンゴに囲まれていて、海との距離は直線距離で大西洋から二千キロメートル（道はない）、インド洋から千二百キロである。海外との交通は、植民地時代はタンザニアのダルエスサラム港からキゴマまで鉄道輸送、キゴマからブルンディのブジュンブラまではタンガニカ湖の汽船輸送、ブジュンブラからキガリまでは未舗装の道路輸送であった。ブジュンブラ港は植民地時代にコンゴ東部、ルワンダ、ブルンディの補給港として建設されたものである。しかし独立後ルワンダ、ブルンディ両国の関係が緊迫したので、ルワンダ政府はケニアのモンバサ港からウガンダのカンパラまで鉄道（千二百キロ）、カンパラからキガリまで六百キロ（うちルワンダ領内二百キロは未舗装）の北方路を開発した。

海外からルワンダに物を運ぶには、二つの国を経由しなければならず、それら諸国の国内治安と、それら諸国とルワンダとの国際関係との良否が、ルワンダの輸出入に直接影響を及ぼす。しかるにこれらの条件は必ずしもよくない。

黒アフリカ諸国は殆どが旧植民地がそのままの地理的区分で独立したのであって、旧植民地の境界は宗主国である欧州諸国の力関係で住民にも、場合によっては地理的条件にも無関係で決まったものであるから、それがそのまま独立しても、各国に異部族が多数いること、あるいは同一部族が数カ国に分れていることなどの問題があるが、ルワンダとブルンディは昔から黒人の王国であり、ドイツがこれを植民地にしたときも、第一次世界大戦のあと、両国がベルギーの委任統治領（第二次大戦後は信託統治領）となったときも、宗主国は黒人王国に植民地政府を上乗せしたので、この両国については昔から国家として存在したという特色がある。

両国とも人種としては約八五パーセントは短身円頭のフツ族で、約一四パーセントは長身長頭のツチ族、一パーセントはピグミーに近いツワ族から構成されている。支配階級は長身族で、王はこの種族の長であった。当初ベルギー政府もカトリック教会も、長身族を支持する態度をとったが、ルワンダではまずカトリック教会が短身族圧迫の体制に対する批判を始め、一九五六年ごろから、ベルギー政府も短身族解放の必要を認識しはじめた。ほぼ時を同じくして短身族中の先覚者は、種々の機会に水平運動を開始している。さらに長身族のうちでも王家に近い特権階級間の派閥《はばつ》紛争と、王家に近くない長身族の特権階級に対する同権運動とが加わって、ルワンダは一九五九年はじめから治安が悪化した。

一九五九年七月、王（ムワミ）ムタラ三世が嗣子のないまま急死し、王家の一派閥が武力で先王の九人の弟の一人をキゲリ五世として擁立したのを契機に、ルワンダの治安は極度に乱れ、王家に近い特権階級の長身族の多数は、ブルンディその他の隣接国に亡命し、キゲリ五世も一九六〇年五月国外に避難した。一方一九五九年、政党がいくつか形成され、一九六〇年四月には短身族、不遇長身族の政党がムワミを相手にせずとの宣言をだし、六月の第一回の地方選挙で短身族解放党が議席の七割を獲得、十月には臨時政府が形成され、翌六一年一月二十八日には共和国宣言、同年国連監視による国民投票の結果、王制は正式に廃止され、一九六二年七月一日に独立した。亡命したキゲリ五世派を中心とする長身族は大多数はブルンディに亡命し、一部は他の近隣諸国のルワンダ国境付近の地域の、国連管理の収容所に収容されているが、つねにルワンダに武力復帰して王政復古を狙っている。

ブルンディでは短身族がいまだめざめず、また同国では人種間の融和政策も進んでいたので、王制は一応安定しているが、ルワンダの革命が波及するのをおそれて、亡命ルワンダ長身族のルワンダ武力復帰を隠に助けているので、両国の関係はつねに緊張している。とくに一九六三年には武装した亡命長身族の集団がルワンダに侵入し、キガリの十四キロメートルの地まで進攻して撃退され、それを契機に、ルワンダ国内でこの進攻軍を手引したと思われる分子の粛清が行なわれ、多数の人が殺された。

革命の指導者カイバンダが独立の際大統領に就任したが、質素控え目の人で、真に民衆の指導者といえる人である。本年、独立後第一回の大統領と国会議員の選挙がある予定であるが、大統領の再選に問題はない。

経済は殆ど小農の自活経済である。輸出はコーヒーと錫《すず》鉱石が殆どであるが、その生産は独立以来減少しつづけている。製造工業としてはビール工場が一つあるだけである。財政は大幅の赤字であるが、これは植民地時代にはルワンダ、ブルンディの財政は両国とも固有の財源は殆どないので、大幅な赤字であった。だが、実際には両国の財政は富裕なコンゴを含む植民地財政の一部として運営されていたので問題は起らなかった。両国が独立し、独自の財政をもつようになってからは、固有の財源は独立国としての最低の行政費を賄うに足りず、財政は大幅の赤字がつづき、それは中央銀行の対政府貸出によって金融されている。

通貨面では、植民地時代はベルギー領コンゴ・ルワンダ・ウルンディ中央銀行がレオポルドビル（キンシャサ）にあって、三国はコンゴ・フランという同一通貨（当時はベルギー・フランと等価）を使っていたが、一九六〇年コンゴの独立に伴い、ルワンダ・ウルンディ信託統治領はコンゴから分離して、ブジュンブラにルワンダ・ウルンディ発券銀行を設立して、ルワンダ・ウルンディ・フラン（ベルギー・フランと等価）を通貨として使用し、一九六二年独立の際、ルワンダ、ブルンディ両国を経済的には単一体として維持することが両国に有利である、とのベルギーの考えかたを反映して、通貨関税同盟の協約が結ばれたのである。

しかし独立前後の事情で両国間に政治的緊張がつづき、この通貨関税同盟は長続きする基盤がなく、主としてルワンダの発意で貯蓄金庫、社会保障金庫、電気水道局、コーヒー局の分離が行なわれたが、一九六四年はじめ、ルワンダは通貨同盟廃棄の通告を行ない、同年五月にルワンダ中央銀行が設立され、十月ルワンダ・フラン（ベルギー・フランと等価）が発行され、旧通貨との交換が行なわれた。現在国際収支は大幅の赤字で、厳重な為替貿易管理制度が行なわれている。また為替相場は政府の取引、輸出の全部、必需物資の輸入および外国人俸給送金などの承認された貿易外取引には、一ドル＝五〇ルワンダ・フランの公定相場が適用されるが、その他の取引には自由相場（一ドル＝百ルワンダ・フラン見当）が適用される。

外国の援助はベルギーが主であるが、植民地時代は行政費の大部分を負担していたが、独立後は投資を中心とする経済援助に切換えられたので、投資案件の欠乏と実行の遅延により、実質的には使用される援助額は大幅に減少する結果となっている。その他欧州経済共同体、フランス、ドイツ、イスラエル、中華民国および国連が援助を行なっているが、ベルギーの場合同様消化はきわめて遅れている。

教育は植民地時代にあまり力をいれなかったことと、王室側近が乏しい教育機会を殆ど独占していたので、今、全国で大学教育を受けたものは数えるに足らず、政府の官吏の素質は劣悪である。しかし官吏の腐敗はないといってよい。

荷の重いルワンダの通貨建直し

この調査は少なからず私をがっかりさせた。独立してから生産が落ちているのはどういうことだろう。説明してくれた人に質問すると、彼らは植民地政府が黒人政府におきかえられたのに伴い、政府の権威がなくなったことをあげていた。数人は黒人は本来怠け者だからだといい、黒アフリカではまだまだ白人がいなければならないのだといった。これが事実だとすれば、ルワンダ人は独立できないということではないか。

それに国際収支の大きな赤字である。しかも外貨は殆どないそうだ。すでに私の行動はこの厳しい事実で大きく制限されている。しかも計数的にはわからないが、この国際収支の赤字は財政の赤字からきていることは想像できる。財政という、中央銀行としてはどうにもならない要因で起った国際収支の赤字の後始末をしなければならないらしい。中央銀行の総裁よりも財政建直しの顧問を、ルワンダは必要としているのではないか。

それに最大の輸出物資がコーヒーとのことである。ただでさえ世界的に過剰のコーヒーを、千八百キロという長距離を陸上輸送して輸出するのであるから、ルワンダの手取外貨がいかに少ないかが容易に想像される。ほかの条件が等しいとしても、ブラジルに比べて陸送距離が非常に長いのであるから、ルワンダの農民はコーヒーに所得を依存するかぎり、ブラジルのコーヒー農民の低い生活水準より、陸送運賃分だけさらに低い生活水準を、今後も甘受しなければならないことになる。

それでは中央銀行のほうは動いているかと聞いたら、初代総裁は着任直後病気になって事実上なにもしていないから、中央銀行を組織するのはあなたの仕事で、はじめから建直すつもりでやってほしいとのことである。東南アジア中央銀行研修に参加したインド、パキスタンの友人で通貨基金に勤務しているものから聞いたところでは、ルワンダからの要請で私の前任者は任期前に解任されたらしい。

それでは国際通貨基金の技術援助はすでにルワンダで失敗したあとで、そこに私がゆくのではないか。無からなにかを創造することはやさしくないが、崩れたものを再建することも至難である。これは大変なことになったと思った。

しかしさらに私を憂鬱《ゆううつ》にさせたのは援助の問題であった。通貨基金のアフリカ局の担当者も、アメリカ国務省の担当官も、ルワンダは援助なしには自立できないから、ベルギーの援助を増大するよう努力せよという。自分は外国人だから、ルワンダの外交問題に属する援助の交渉をするわけにはゆくまいという私の抗議に対しても、ほかにルワンダでまともに援助の交渉のできるものはいないというのである。しかし、ブラッセルで会ったベルギー外務省のクラコ審議官は私に、「ルワンダはベルギーとしてはなんの興味もなく、ただ旧植民地という義理で援助をしているのである。それに国連体制の今の国際政治では、これはやむをえないことであり、ことに米国の要請が強いからつづけているのである」といったほどである。これは援助供与国によくありがちな恩にきせた態度であろうかとも思ったが、それにしても熱意が見受けられないのはたしかだった。

ところがワシントンにいるとき、キガリの空港は未舗装であるのに、コンゴ国境のチャンググの飛行場は舗装してあり、その拡張を米国が援助で実行しているということを聞き、不思議に思って理由をたずねると、相手はニヤッと笑って、「スタンレービル事件のとき、白人救出はベルギーとアメリカの共同作戦として行なわれ、ベルギーの落下傘部隊が米軍の輸送機に搭乗してスタンレービルに出動したのですが、その作戦の基地はチャンググの飛行場だったのですよ。コンゴは世界最大のウラニウム産地であり、また銅と工業用ダイアモンドの重要な産地であることを考えれば、コンゴの安定に対するアメリカの関心も理解できるでしょう。ところがコンゴの首府キンシャサ(当時はレオポルドビル)は西海岸に偏在していて、内陸は動乱がつづくので、これの東のおさえの基地としてルワンダがアメリカにとっては重要なのですよ」と答えてくれた。

なるほどアメリカ国務省に招かれたとき、担当官からアメリカはルワンダに援助をする用意があるといわれたばかりでなく、米国援助の根拠法規や、申請手続きに関する詳しい資料を提供されたのもうなずけることだったのである。

この話はおおいに私を憂鬱にさせた。ルワンダはそれ自体外国にとってなに一つ魅力はなく、ただ各国の利己的な国際政治上の理由から関心をもたれ、援助されているのである。もしコンゴの内乱が鎮定されて統一が実現し、東のおさえの必要がなくなれば、また、今後米国の国際政策に変更があれば、ルワンダに対する各国の関心は薄れ、援助はたちまち打切られることになるだろう。しかも今までの情報によれば、ルワンダは援助なくしては自立できないことになっているのである。

しかし、このような援助が将来打切られるという可能性はまだ時間がある問題であるが、そのほかに、直接私の職務に関するいやな問題があるのを知った。それは平価切下げのことであった。通貨基金でも、国務省でも、ベルギー外務省でも、ルワンダは平価切下げをしなければならないという。その理由を聞けば国際収支の赤字是正のためというだけである。それだけでは切下げの理由になるまいとは思ったが、それより重要なのはアメリカ国務省は平価切下げを援助供与の条件にしていること、ベルギー外務省はこれを援助増額の条件にしていることである。もし援助なくしてルワンダ経済は自立できないということが事実であれば、外貨事情が悪い状況下ではいやおうなく納得のゆかない平価切下げに追込まれる可能性がある。ことにルワンダよりは恵まれた事情にはあるものの、経済的には相似点の多い隣国ブルンディが、国際通貨基金の指導によって近く平価切下げをする予定だから、あまり時期をおくらさず、できれば五月に始まるコーヒーの集荷季節までに、ルワンダも切下げたほうがよいとのことであった。

しかも二月末には通貨基金がその可能性を検討するため、ルワンダに調査団を派遣する予定であり、アメリカもベルギーも、同時期に調査団を派遣する予定であるとのことであった。つまり私は、ルワンダに着任して二週間目には、ルワンダの事情を現地で認識する時間もないままに、平価切下げの調査団を迎えなければならないというわけである。私は切下げ自体は必要ならばこれを実行するのに反対ではないが、なんといっても中央銀行にとって、通貨価値は最も重大なことがらであるので、外圧により、あるいは外貨事情の窮迫から、認識も検討も不充分のまま、納得できない平価切下げをおしつけられることは我慢のならないことであった。しかし現実はきわめて厳しいように見受けられた。

ワシントン滞在中僅かに救われたのは、東南アジア中央銀行研修で知りあったインド、パキスタンの基金職員、基金東京総会の際知己となった職員の声援であり、またルワンダへの調査団の長には、私のパリ駐在時代にフランス銀行に在職していた関係から面識のあったワイツネガ・アフリカ局次長が予定されていて、ある程度肚《はら》をわって話せるだろうという期待とであった。

困惑の一週間

二月五日夜、ブラッセルを発ち、六日土曜の朝ウガンダのエンテベで双発機に乗換えてキガリに向かった。一時間足らずでキガリだ。もうもうたる土煙をあげて機は着陸した。同じ飛行機にベルギーのブラスール大臣の一行が乗っている。一九六五年度のルワンダ援助交渉のためにきたのである。空港にはこれを迎えるため儀仗隊《ぎじょう》が整列している。鉄帽の下に精悍《せいかん》な黒い顔が並んでいるが、小銃は太平洋戦争中の日本軍の歩兵銃と同じ単発式である。大臣一行に対する歓迎の儀式の裏をぬけてゆくと、東京総会で会ったモサリ服がいた。「東京で昨年会いましたね」といったら、「おぼえていてくれましたか」とうれしそう。ルワンダ中央銀行副総裁ハビャリマナ君である（名前が発音しにくいのでハビさんと、私たちは家庭のなかで呼んでいた）。ハビさんの案内で検疫、入国、通関の手続きをすませる。

空港ビルはなく、滑走路の横の電話ボックスのような金属製の小屋が二つあるのが、それぞれ検疫と入国管理の事務所で、小さな机のうしろに役人が一人坐《すわ》っているだけである。税関はもう少し大きい金属小屋で、税関吏が二人いる。その横に四本柱でささえられた波型トタン板の屋根がある。壁はない。乗客待合所の札がかかっている。その横の二坪ほどの金属小屋がサベナ航空の事務所である。飛行場全体の感じが、戦争中いたラバウルのヴナカナウの飛行場を思いださせた。異様な叫び声に滑走路のほうを見ると、ブラスール大臣の一行は赤道直下の烈日下に、滑走路で歓迎のルワンダ人の踊りを立ったまま見ている。手に槍と楯をもち、頭に獅子飾を、腰に豹《ひょう》の皮をまとった黒人が二十人ほど、土を踏みならして踊っている。興いたれば、イッイッイッイーと口に手をあてて叫ぶ。しばらく見ていたがなかなか終らないので私は、ハビさんの運転する車でキガリの町に向かう。

舗装していない道を赤い土煙をあげて走る。道の両側のバナナの葉はほこりで赤くなっていた。途中、人家もバラバラに畑のなかに見えるだけで、畑も少なくあとは荒地である。「あれがキガリです」と指さすほうを眺めると、岡の上に点々と家が並んでいるのが見えた。坂をのぼって町に入る。舗装とは名ばかりの穴だらけの道の入口に、小ぎれいな二階建の家があった。ルワンダ商業銀行と書いてある。少し先に同じく二階建の、頑丈ではあるがペンキのはげかかった建物が私の勤務するルワンダ中央銀行であった。二百メートルほどいって四十坪くらいの、あまり見栄えのしない平屋に案内される。ハビさんは自分で鍵をあけ、「どうぞ」という。これが私の家かと聞けば、いや公邸は今建築中であと二週間で完成します、これはそれまでの仮の宿舎だとのことである。

入ってみると家具は少なく、椅子も木の枠に網を張った簡単なもので、床はカーペットもなく、セメントのままである。使用人はと聞けば、洗濯掃除人は明日から、料理人は明後日からくることになっているとのことである。昼食はハビさんと一軒しかないホテルの食堂でとる。うまくはないが食べられる。しかしこんな食事では、今後の生活のわびしさが思いやられる。ハビさんはなかなかよくしゃべるのだが、銀行のことを質問しても、それはいずれ月曜日、銀行でお話ししますとか、総支配人のスコールに聞いてくださいというだけである。相手の反応をひきだそうとこちらから意見をいっても、まったくそのとおりですね、というだけである。結局銀行について知りえたことは、出勤時間が朝七時半ということだけであった。

午後彼の運転で市内を見学したが、これは三十分で終った。当時のキガリは、舗装された一キロメートルの中央通りの両側を、平行に走る二本の泥道にはさまれた百戸あまりの住宅街、その南のこわれかかった煉瓦《レンガ》造り四、五十戸と、藁《わら》葺《ぶ》き土造りの二百戸からなるアフリカ人集落、住宅街の北西の露天市場のまわりの五十軒ほどの商業地区、建築飯場のような簡易建物十棟からなる官庁街とで全部であった。大統領府、外務省、郵便局、大蔵省、国税庁などはいずれも独立の建物であったが、それも少し大きい住宅程度の大きさである。私の建築中の公邸は、大統領の公邸とほぼ同規模で、静かな木の多い庭のなかにかくれていた。

町は驚くほど静かである。道も両側に街路樹が繁っている。赤煉瓦の家が多くほこりさえ気にしなければ感じのよい町である。しかし、すべてが小さい。小国とは聞いていたがこんなにすべてが小さいとは思わなかった。ホテルも二十室ほどあるそうだが、全部が長期滞在の客でふさがっているそうだ。

家に帰ってしばらくして、ハビさんが運転手をつれてきた。はだしである。制服らしいものを着ているが、襟と袖口はボロボロになっていて、一番上のボタンはとれており、二番目のボタンははずしていて、なかから褐色になったランニングシャツがのぞいている。これがルワンダ中央銀行総裁付運転手なのである。日本の悪友どもが見たら、さぞかし腹をかかえて喜ぶだろうと苦笑した。

翌日起きて食事をしようと台所へいって湯をわかし、戸棚を見ると紅茶と大きなパンが入っている。ハビさん、案外気がつくなと感心し、冷蔵庫をあけると使いかけのバターがある。ちょっとおかしいぞと思ったが、ともかくも朝食だけは無事にすませた。あとで聞けば、この家は中央銀行の外国人職員がいたところで、彼が急病で、私のきた飛行機で急に帰国したので、これさいわいと私の宿舎にしたのだということだった。もし彼が急病にならなかったならば、私の宿舎はなかったのだ。私の朝食もまた彼の一家の残飯だったというわけである。

日曜でホテルの食堂も閉っているので、パンを弁当にして運転手（チトーという名である）にブタレにゆくことを命ずる。キガリを出てから、かなり大きな川にかかった橋を渡れば、約二十キロメートルほどは荒れはてた山地で人家は見えない。しかしそれを過ぎると畑がつづきバナナが美しい。道を大勢の人たちが歩いている。教会へゆく人々である。このあたり、ギタラマからブタレまでは、住人も多く豊かな感じである。ブタレはたしかにキガリより大きい町である。商店も多い。しかし、白人も多いが、インド人、アラブ人の多いのには驚いた。ホテルは二軒あって、そこで昼飯にありついた。まずいことはキガリと同じである。チトーにガソリンを買いにやる。四百フラン（二千八百円）かかりましたという。高いなという気がしたが、確かめる方法もないので黙っていた。帰路ギタラマでまたガソリンを補給したとき、いくらだと聞いたら今度も四百フランですという。ポンプのメーターを指して百フランじゃないかといったら、見違えましたと平気な顔である。これは用心しないといけないなと思った。夕食はキガリのホテルの食堂が開いていたので、そこでまずい飯を食べていたらチトーがやってきて、「旦那様がお望みなら、きれいな女をつれてきましょうか」とささやく。この野郎と思ってこわい顔をしたら退散した。どうもチトーはハビさんと非常に親しいらしい（あとでわかったことだが彼はハビさんの甥だった）。これはますます用心しなくてはと思った。

ハビさん（左）とビララ君（右）と

翌日初出勤。始業時間が七時半とはまたひどいことだと思ったが、七時四十五分に銀行にいってみると、職員はみな仕事をしていたばかりか、ハビさんと、理事のビララ君も、外国人職員二名も全部きていた。紹介がすんでからまず大蔵大臣に挨拶にいった。蔵相チマナ君は感じのよい知識人で、ベルギーで教育を受けたのであるが、彼はまた革命の指導者の一人でもある。彼は開口一番、「早く中央銀行を建直してくれ、そして少なくとも三年はいてもらいたい」といった。しかし不思議なことには、平価切下げにはまったく無関心のように受けとれた。

銀行に帰ると、ビララ君は病気でしばらく故郷に帰りたいという。家族をつれて帰るから、よかったら自分の家を使ってくださいとのことである。ご親切はありがたいがそれには及ばないといった。あとでわかったことだが、彼は夫婦で銀行の二階の小さなアパートに住んでいたが、初代総裁が帰国したとき、総裁の新公邸が私のくるまでに完成すると見込んで、前総裁の住んでいた住宅に入ったのであって、私が新公邸の完成前に着任したため、これを私に明渡すつもりだったらしい。

副総裁のハビさんと長時間打合せをしたが、結局彼は銀行のことはなにもわかっていないことを知った。しかもはっきりいったわけではないが、ビララ君とはあまりうまくいっておらず、また総支配人のスコール氏、外国人職員のヴァンワイヴァーともうまくいっていない。それにルワンダ人職員のかなりのものを信用していないという印象を受けた。

総支配人スコール氏は、旧ベルギー領コンゴ・ルワンダ・ウルンディ中央銀行以来の職員で、検査畑の人で六十五歳である。いささか傲慢《ごうまん》な印象を受けた。彼はあからさまにハビさんの悪口をいい、ハビさんが行内で派閥をつくっていて仕事がやりにくいとこぼしていた。そして仕事のことは私に委《まか》せるのが一番いいですよという態度で、なにも説明をしない。仕事がないから開設時と一九六四年来の貸借対照表、発行元の計数と官報綴《つづり》をもってくるように命じて、私は総裁公室に戻って、理事会の議事録その他の書類を調べた。

銀行券が足りない中央銀行

理事会の議事録を読んで驚いたのは、前一九六四年五月から十月まで十回の会合で、金融政策に関する討議は一回もなく、昇給、建築といったことが決定されているほかは、理事会と総裁はどちらが上位かという議論だけは毎回くりかえされ、ついに大蔵大臣の裁定を願っていることである。大臣の裁定は理事会は政策決定機関、総裁は執行機関であるという法律の趣旨をくりかえし、つまらない非生産的な議論はいい加減にして仕事を始めよとの強い叱責が付されている。

さらに記録によれば、初代総裁は法律で定められた監事の検査を、門扉を閉して拒否し、これまた大蔵大臣から強く叱られているのである。

スコール君がもってきた計表を調べると、ルワンダの経済事態の深刻さが一見してわかった。すでにルワンダ中央銀行は開設当時から不健全な状態にあったのである。総資産八億四千百万フランのうち、外貨は一億七千七百万フランと二一パーセントしかない。あとは政府貸上金二億四千万フラン（二九パーセント弱）と、旧ルワンダ・ウルンディ発券銀行の未分配残余資産四億二百万フラン（四八パーセント）で、聞けばこれは対コンゴ債権で殆ど回収不能とのことである。

しかしもっと深刻なのは、前年末までの推移である。徴税が下期に集中するにもかかわらず、政府の赤字は五千万フラン増えている。コーヒー代金の流入期であるのに、外貨は八千八百万フランしか増加していない。その間銀行券は、一億四千二百万フラン増えている。年間の政府外貨による輸入が七億五千万フランとすると、手持外貨は辛うじて輸入の四カ月分しかない。しかも今年のコーヒー輸出の代金が入ってくるのは九月以降で、それまでは月二千万フラン程度の鉱物輸出代金と手持外貨の食い潰しによるほかはない。

しかし一番びっくりしたのは、ルワンダ中央銀行の金庫に、銀行券のストックが足りないことであった。スコール君のもってきた発行元の数字を見れば、千フラン券、五百フラン券の高額券のストックは充分あるように思えたが、百フラン券、五十フラン券、二十フラン券は数箱分しかない。もうじき五月からコーヒーの集荷が始まるというのに、ルワンダで一番使われるはずの券面が殆どないのである。私は急いでスコール君を呼んで聞いてみたら、

「それを聞いていただいて私は本当にうれしい。私は去年から数回、前総裁に銀行券発注の必要を申上げたのですが、理事会ではその必要はないと判断したのでそのままになっていたのです。前総裁も銀行家ではありませんでしたから、本当にその必要をお感じになってはいなかったと思います」

とのことだった。

午後行内を見学した。各職場ではさかんにおしゃべりしている。数人は居眠りしている。空席が多いので理由を聞いたら、「朝は出勤していましたがね、どうしたのでしょう」と、監督者も知らない（あるいはいわない）。行員名簿を調べたら、八年勤続の行員が二人、四年が二人、二年が三人、あとは昨年入行したものである。

家に帰ると疲れが一時にどっとでた感じであった。前任者は法律に定められた検査を拒否して、当然ながら政府の叱責を受けている。理事会はつまらぬことで意見が割れ、内部で調整がつかずに政府に裁定を求めている。僅か半年のあいだに中央銀行は、自ら政府の介入を招く醜態を演じ、

中央銀行に最も大切な威信を落している。私の協力者となるべき人たちはといえば、副総裁は銀行のことはなにもわかっていない。理事はベルギーの大学を優秀な成績で卒業し、法学博士の学位をとったのだから知識はあるだろうが、新総裁着任の翌日から休暇をとる無責任さだ。総支配人は仕事は知っているらしいが、副総裁とうまくいっておらず、仕事がやりにくいらしい。それに老齢の技術者にありがちな、聞かれれば教える、命ぜられればやるが、自分のほうから積極的に協力はしない型の人と見受けられる。行内に派閥がある。一般職員は銀行業務をなにも知っていない。

しかも設立当初から破綻寸前の資産状態で、その後むしろ悪化をたどっている。さらに最も重大なのは、銀行券を発行するのが使命の中央銀行であるのに、銀行券のストックが不充分なのである。これが私が引受けた中央銀行なのかと思うと、まったく情けなかった。どこから手をつけてよいのか、どういう方法でとりかかるか、どうしようもないではないか。

だが、久しぶりに温かい風呂（昨日まではボーイがきていなかったので湯がわかせなかった）に入り、その日からきた料理人のつくった久しぶりのうまい夕食を食べたらだんだん気が落着いてきた。とにかく、引受けた仕事なのだからやらなければならない。なるほど中央銀行の現状は想像を絶するくらい悪い。しかしこれは逆に見れば、これ以上悪くなることは不可能であるということではないか。そうすると私がなにをやってもそれは必ず改善になるはずである。要するになんでもよいから気のついたことからどしどしやればよいのだ。働きさえすればよいというような、こんなありがたい職場がほかにあるものか。ベッドのなかでこう考えつくと私は、苦笑しながらも安らかな気持で寝についた。

翌日から私は精力的に仕事にとりかかった。まず副総裁に、

「私はルワンダ国のためにきたものであり、自分の任期中は全力をつくしてルワンダのために働くつもりであるから協力してほしい。私は日本銀行で二十年あまり勤務しており、またアメリカ、フランス、インドの各中央銀行のことも知っている。自分が最上の中央銀行員とはいわないが、少なくともルワンダでは、中央銀行に関しては最高の権威であることはたしかである。従って私のほうでは君と理事とにできるだけ説明はするが、納得がゆかない場合でも私を信じてもらいたい」

と申渡したが、彼は案外素直に、

「私どもとしては習いたいのですから質問はさせてほしい。銀行の運営自体はあなたが責任者ですし、勿論私どもよりよく知っておられるわけですから、あなたのよろしいようにおやりになってください」

と答えてくれた。

私はビララ君が休暇から帰ったのち第一回の理事会でこの趣旨を決議してもらった。

次に計理である。毎日日計表が上ってくるが、それは一週間遅れである。調べてみると、帳簿への記入自体が遅れているのである。私があきれてスコール君に文句をいったら、

「みんな働かないので困りますよ。しかし商業銀行は中央銀行に金を借りないし、政府の勘定はどっちみち赤ですから実害はありませんよ」

と、涼しい顔をしていた。

記帳の遅れを追いつかせるため、私が直接職場で督励し、手続きを合理化したりしたが、気のむいたときに気のむいたぶんだけ仕事をする職員の風潮は容易になおらず、それまでのあいだは私は主要勘定の伝票はまず私のところにもってこさせて概数をつかむようにしなければならなかった。

日計表で誤りを発見するのは当初は殆ど毎日のことであった。その誤りを調べるため現場にいって帳簿を見ると、そのほかの誤りを二、三発見するのである。それを関係者を集めて指摘し、説明するのはかなりの時間を要したが、一方、それで職員各個人の能力を知るにはよい機会であった。しかしこの作業で気がついたことは、職員がいかに基礎的な知識に欠けているかということであって、まず基礎教育を徹底的にしなければならないと思った。しかし私が一人でそこまですることは不可能である。口で説明すれば彼らはわかったような気がするらしいが、応用問題をだすとたちまち行詰ってしまう。どうしても演習が必要だが私にはそれを準備する時間がない。そこで私は、どうしても外国人職員を増強しなければならないと判断したが、スコール氏は私の着任前にすでに辞意を表明していたので、とりあえず通貨基金からかねて申出のあったクンラッツ君を総支配人に迎えることにした。

このあいだに私自身に関する事件が二つ起った。二月十日、私は総裁任命の大統領令を受けとったが、同日国際通貨基金から、大統領の要請で任期を来年五月八日まで延長するという手紙を受けとった。そこで私は、大統領に二月十六日に挨拶に参上した。大統領は小柄であるが眼の鋭い方で、挨拶がすむなり、

「中央銀行はルワンダ国民の福祉のためにある銀行であるから、そのように運営してほしい。現状は必ずしも満足すべきものでないから、早く設立の目的にそって活動できるよう建直してほしい。そのやりかたは総裁、あなたに委せる。私が委せるというのは、あなたが必要と思うこと、よいと思うことはどしどしやってもらいたいということだ。私や大蔵大臣に相談される必要はない。これはほかの大臣にもいってある」

といわれた。私はこれに対して、

「外国人である私を中央銀行総裁に迎えられたのは、その必要があってのことと思います。私に中央銀行の建直しを一任されるというお言葉は非常にありがたく存じます。しかし中央銀行を建直すことのほかに、その運営の問題がありますが、これは技術的な問題ばかりでなく、政府の根本政策に合致するよう行なわれねばなりません。私は外国人でありルワンダの事情を知りませんので、その点についてはよろしくご指導願います」

と答えた。

私はこの会見で、少なくとも中央銀行の運営について、政府からよけいな干渉はされないとい

う保証を得たのである。

次の問題はまったく私事であるが、到着の二月六日、私はハビさんに通貨基金と日本銀行宛安着の電報を打ってくれと頼んだ。ところが家内からくる手紙は、毎回到着の電報がこないので心配だといってくる。そのうち家内から、日本銀行でも心配して国際通貨基金に照会したら、折返し予定どおり安着したとの電報がきたと知らせてくれたので安心した。同時に私の手紙が数通一緒についたと書いてきた。調べてみると、二月六日は土曜で電報局は閉っていたので、ハビさんは月曜にしようと延ばしたらすっかり忘れてしまったのである。そのうち通貨基金から到着したかどうかと照会の電報がきたので、あわてて安着と電信を打ったものの、体裁が悪いので、その往復電報は私に見せなかったとのことであった。おかしくはあったが、そのあいだ家内がどんなに心配したかと思うと、むしょうに腹が立った。

平価切下げ調査団の来訪

二月十一日、隣国ブルンディの平価切下げの知らせを受けた。旧為替相場一ドル＝五十フランを一挙に一ドル＝八十七フラン五〇の新平価を設定し、自由為替市場を廃止し、輸入を大幅に自由化する内容のもので、この通貨改革支援のため、国際通貨基金から四百万ドルの借入を受けることになった。同時に通貨基金からルワンダに対し、二月十六日から調査団を派遣すると通知してきた。この通知には平価切下げのことはまったくなにも書かれていなかったが、私はワシントンでの打合せでその真意がわかってきた。さっそく大蔵省にいって資料の準備を頼み、大臣と交渉の方針の打合せをしたが、大臣は基金の使節団がきたいなら勝手にくるがよいとの態度で、あまり真面目にとりあわない。あとでわかったことだが、スイスから技術援助で大統領顧問としてきていたフライ氏（公使待遇）が、ベルギー、アメリカの意向を敏感に察知し、大蔵大臣の反対にもかかわらず、大統領府から通貨基金に調査団の派遣を招請したのであり、そのため大蔵大臣は感情をいちじるしく害していたのである。

私が「今度の基金調査団は、ルワンダの平価切下げを勧告するためにくると思う」といったら、大臣は、「平価切下げなどできるものか、切下げたところで数年先には第二、第三の切下げをやらなくてはならないではないか、第一切下げをやれば国内物価の上昇は避けられず、国民大衆が苦しみ、外国人商人が儲《もう》かるだけであり、そのような通貨価値変更は不正直である。自分としては、現在の公定相場と自由相場の二重相場制も不正直なものと思っていて、自由相場を廃止して、公定相場一本にしたいと思っているが、それができなければ現状もやむをえないのではないか」といった。

私はこの会談で、大臣はルワンダ経済、ことに外貨事情の窮状を本当にはわかっておらず、また、二重相場制や現在の為替管理の経済に対する悪影響の認識も充分ではないとは思ったが、国民大衆の利益を第一に考える態度には敬服したし、通貨は「正直」なものでなければならぬ、平価切下げは不正直なことだとの考えかたには、経済がうまくいかないとすぐに通貨価値操作を考えるという、今日の世界にかなり広まっている便宜主義的な傾向に対比して、一種のさわやかさを感じたのである。いずれにせよ、政府が重要と考えている国民の利益に合致するということを納得させせないかぎり、平価切下げについて政府の協力は望めないと思った。

二月十六日、通貨基金の先発隊が着いた。シャトレーヌ（ハイチ人）、オリムピオ（トーゴ人）両氏と秘書のブッチャー夫人とである。彼らはさっそく各官庁を廻り、精力的な調査活動を始めた。中央銀行へは国際収支、金融に関することを調べにくるほか、官庁めぐりの帰りにときどき立寄った。彼らはまずなによりもルワンダの貧困にうたれたようだった。じじつ、当時のキガリの物資の欠乏は想像を絶するものがあった。第一商店といえるほどのものは数軒しかなく、全部インド人またはアラブ人の経営であるが、薄ぎたなくてとても入れるものではない。一番大きな店はラジャンという、ケニア生まれの回教徒インド人経営のものだが、並んでいる商品は反物が若干、日本製ワイシャツ二十枚程度、あとは缶詰、洋酒があるだけである。ひげを剃るための鏡を買いにでたら、町中探してやっと見つけたのは、ガラスが割れ、縁が錆びていたものだった。やかん、鍋の類もない、食器類もない。ないないづくしのなかでトイレットペーパー、石鹸《せっけん》、歯磨きはあった。私が仕事をするための鉛筆、用紙類は全部日本から送ってもらったものである。

シャトレーヌ、オリムピオ両氏が次に驚いたのは、官庁の資料の欠乏と事務能力の低さであった。黒人に対して一番厳しいのは他の黒人である。彼らは完全にルワンダに絶望し、私にひどいところでご苦労ですなあ、と同情してくれたが、すでにルワンダの仕事に本気で取組む気になっていた私には、この好意による同情も不愉快にしかひびかなかった。あとで彼らはワシントンで、帳簿まで自分でつけている中央銀行の総裁は、ミスター・ハットリぐらいのものだろうと語ったそうである。

二十四日、調査団長ワイツネガと為替管理担当のエルムホルトが到着して、調査団の仕事は本格化した。同時に米国国務省からエリも到着、まださきにブラスール大臣の随行できたクラコ審議官もブジュンブラからきて、通貨基金調査団と密接に連絡をとりながら並行して調査を進めていた。

この状況を見て私は、奇異の感にうたれざるをえなかった。通貨基金、ベルギー、アメリカは、ルワンダの平価切下げが実行されるという前提のうえでルワンダで活動しているのであるが、ルワンダ政府側では、大蔵大臣ははっきりと切下げ反対の立場を表明しており、大統領は着任の挨拶にいったとき、通貨問題にはまったく言及されなかったのである。しいていえば大統領顧問のフライ氏が切下げ論をぶっているだけである。一国の大切な通貨の問題がルワンダ側の意見も聞かずに、外国側だけで切下げ、切下げといっている状態はこれでよいのだろうか。これでは大統領の真意がわからないあいだは、軽々に動けないと思った。

ワイツネガは私のところにきて、もし通貨基金の援助を受けて平価切下げをする場合（この援助なしではできないのであるが）の条件として、ルワンダ側では為替の自由市場廃止、新平価の設定、関税の改訂、特別税の創設、予算の均衡、輸入の自由化、経常貿易外取引の自由化を約束しなければならないが、これがコーヒー集荷の始まる五月までに準備できるかどうか私の意見を聞いた。私は、これらの措置は切下げに必要なものであるから、切下げをするとすれば当然実行しなければならないだろう、時間の余裕は少ないが、少人数の委員会をつくってやれば、作業自体はそうむつかしいものではないのでできると思う、しかしなによりも重要なのは、平価切下げをやるという政治決定がされるかどうかということである、と答えた。

ワイツネガは三月三日大蔵大臣と会見して、平価切下げの勧告を手渡し、その実施の必要を説いたが、大臣は検討を約しただけであった。ワイツネガは会見後私に、「大臣があのように消極的では、ひょっとしたら政治決定がでないかもしれないが、そのときは大変ご苦労が多いと思うが頑張ってください。ベルギーやアメリカは不満に思うでしょうが、通貨基金のほうではあなたのご苦労はよくわかっていますから」といってくれた。通貨基金の勧告は私から大統領に意見をつけずに送付しておいた。

通貨基金の調査団の人々は来訪の目的については口が固かったが、来訪の時期がブルンディの切下げ直後であったことから、その目的はルワンダ・フランの切下げにあることは周知の事実になった。私のところにも各方面の人が打診にきた。まずルワンダの大臣官僚はほぼ一致して平価切下げをおそれていた。それは物価上昇以外に未知のものに対する危惧があるように思われた。二、三の人は切下げは外国人が勧めているのであるから、得をするのは外国人であって、ルワンダ人は損をするに違いないという単純率直な論理であった。私はこれらルワンダ人に対しては、現状を変えなければならないことは明らかである、しかしルワンダ中央銀行はルワンダ人のために存在するのであるから、改革をする場合自分は、ルワンダ人の利益になるような改革をするから安心してもらいたい、といったのである。

ベルギーの技術援助の人たちは、その本国が平価切下げを勧めているのにもかかわらず、一般に切下げ反対であった。彼らは物価騰貴《とうき》になるとか、外国人商人が利得をするとか、その他あまり論理的でない理由をあげていたが、どうも理論が薄弱なわりに主張が強硬なのは、彼らは外貨で俸給をもらっており、それを自由市場でルワンダ・フランに交換していたので、平価切下げがブルンディのように、（公定相場一ベルギー・フラン＝一ルワンダ・フランと、自由相場百ベルギー・フラン＝二百ルワンダ・フランの中間に新平価が定まり（ブルンディの場合は百ベルギー・フラン＝百七十五ブルンディ・フラン）、自由相場が廃止されれば、彼らにとっては平価切下げが実質上平価切上げとなって収入が減るというのが本当の理由であると思われた。

商人（当時は外国人のみ）のうち、輸出をしている鉱山会社は切下げに賛成で、すでにこれを見越して、輸出代金の回金を遅らせる傾向がみえていた。コーヒーの輸出業者は同時に一般商品の輸入業者であったので、むしろ切下げ反対であったが、コーヒーの工場（コーヒー豆から渋皮を除くだけの工程にすぎないが）主は賛成論であった。

輸入業者中、白人商社は猛烈な反対であって、現在の割当制による秩序ある輸入こそ、ルワンダの乏しい外貨を活用する道であり、自由化をしても流通機構の混乱により、ルワンダ人にむいた良質の商品を適正価格で売る真面目な白人商社は生活できずルワンダより撤退し、結局強欲飽くなきアラブ人、インド人商人にルワンダ国民が搾取《さくしゅ》されることになる、と真剣な顔をして私にいうのである。

一方、インド人商人は切下げ賛成、輸入自由化賛成である。大体今までの輸入割当制のやりかたは、外貨予算は旧植民地官吏で今大蔵省の臨時顧問になっているデンスが一人で作成し、自分の友人に厚く分配しており、また特別割当はスコールがスポーツクラブのバーで友人に割当てているのが実情で、非常に不公平だ、利益送金もスコールの友人は特別許可を得て公定相場で送金できるが、インド人商人は高い自由相場で外貨を買わなければならない、この不公正がなくなるので切下げと自由化には賛成だ、というのである。

私は従来の外貨割当を調べたら、若干誇張はあるが、インド人のいうとおり白人商社に厚く配分されていることはたしかである。そうすれば白人商人の理論は、外貨割当の優遇という既得権を守るためだけのものかと気がついた。こういっても、インド人商人がみな公正に行動していたわけではない。かなり怪しからぬことを平気でやっている。あるインド人商人は私のところにきて、

「われわれはみなあなたがきたことを喜んでいます。今までは中央銀行は白人によって運営されていたから、白人がすべてで得をしました。今度はアジア人がきたのだからわれわれアジア人が得をする番です。あなたはアジア人を助けなければいけません」

と、平気な顔をしていった。中央銀行総裁もルワンダでは安っぽくみられるものだと苦笑した。

しかし一番意外だったのは、商業銀行の支配人の態度である。彼は切下げに猛反対で、切下げをすればルワンダ経済はたちまち破綻せざるをえず、ルワンダ人は今よりもさらに窮乏し、広範な餓死状態も予想しなければならないと各所でいっていた。中央銀行に対する信頼が当時はまったくなく、また私も立場上沈黙を守ることを余儀なくされていたので、彼の発言は金融界の意見として受けとられ、かなりの影響をもったのである。

彼はさすがに私の前ではこんな説は唱えなかったので、私がこれを知ったのはかなりのちのことである。そのときは技術援助要員や商人の反対とその理由がわかっていたので、私はさっそく商業銀行の財務諸表を調べたら、商業銀行の利益は大部分、自由為替の評価益からきているのである。彼がもっともらしいことをいっているのは、ほかの人たちと同様損得問題にすぎないことがわかった。

私は、至るところで起る、このような我欲まるだしの無恥な議論を聞くことには、相当の我慢を要した。しかし私にはまだ対策がないのである。政府の方針が決まらないあいだは、私は議論にまきこまれることは極力避けなければならない。しかし一方、彼らの暴論から、彼らの考えかた、ことに競争相手に対する罵倒《ばとう》の言葉から、ルワンダにおける商慣習、とくにその悪い面について多く学ぶことはできた。

ある日フライ君が私のところへきて、まったくルワンダの奴らはなにもわかっていない、大統

領ももう少しましかと思ったが、経済のことはまったく無知だと大憤慨である。わけを聞くと、

「私は大統領に平価切下げに関する国際通貨基金の勧告を見せて説明し、早く決定しなければならないと強く進言したのです。私も少し言いすぎたかもしれませんが、大統領はむっとした顔をして、それではもし切下げなければ一体どういうことになるのかと聞くのです。私が第一に国際通貨基金の援助が受けられませんよというと、急に怒りだして、基金の援助は借金ではないか、借金は返さなければならない、その借金は一体どうして返すのだ、返す目当てがなくて金を借りるのは不正直だ、というのです。まったくルワンダ人は経済のことがわかっていませんね。私もいやになりました」

という。私はやっぱり平価切下げはルワンダ側ではフライ君の独走かと思ったが、返す目当てもなしに金を借り、返せなくなれば棚上げ、打切り、延期あるいは返せないことを理由に援助の増額を要求する国の多い時代に、借りた金は返すものだという大統領の言葉が非常に健全なものとして印象に残ると同時に、教養人であるフライ君もこの程度の理解で平価切下げの太鼓を叩いていたのかとあきれてしまった。

経済再建計画立案の大統領の依頼

三月二十三日の夕方、デンマーク大使のルワンダ訪問歓迎レセプションに出席するためひげを剃っていたら料理人がきて、だれか総裁に会いたいといってきているという。出てみれば、あま

り風采《ふうさい》のあがらないルワンダ人が、大統領が総裁に会いたいというのでお迎えにきましたとのことである。コンゴで似た手口で有力者のご機嫌を損じた外国人が監獄にぶちこまれた話も聞いていたので、やや気味が悪かったが、さいわい着いた先は大統領官邸であった。大統領は握手するとすぐ用件に入った。

大統領「今日お出でを願ったのはほかでもない。最近通貨の問題がやかましくなり、自分の顧問も、友好国政府からも平価切下げをやるべきだといってくるし、国際通貨基金の調査団も切下げの勧告をしていった。一方大蔵大臣その他の人は切下げをすべきでないという。ところがたれに聞いても切下げがなぜ必要だ、切下げしなければどうなるか、切下げをしたらどのように経済がよくなるのかについては納得ゆく説明は得られない。そこで昨日あなた宛に、この問題について報告するよう手紙を出したが、むしろ直接あなたから一応このことについてご説明を聞いたほうがよいと思ってお呼びしたのです。私としては通貨問題についてこのままではゆけない、なんとかしなければならないとは思っています。しかし通貨問題は国家の一大事ですから、私が見通しもないままに、通貨基金がやれといったから切下げをやるような無責任なことはできないのです。どうか総裁の意見を率直に聞かせていただきたい」

服　部「私はまだ閣下のお手紙は受けとっておりません。しかし私もじつは閣下にお眼にかかり、この問題についてご指示を願いたいと思っていました。おっしゃるとおり、最近通貨問題の議論はやかましいのですが、当地での論議を聞けば殆どが平価切下げのなんたるかを知らない人が騒いでいるような気が私もしていましたので、大統領閣下が納得されないのも当然だと思います。通貨問題は重大なことで国の経済政策に関係すること大なるものでして、政治決定があってはじめて技術的に実行できるものなのであって、その意味で私は通貨基金の人たちにも、政治決定があれば実行できるといったのであります。

ついては閣下にお伺いしますが、閣下は切下げをなさりたいのですか。ルワンダは今非常な窮状にあり、外からの資金援助は贈与であろうと貸付であろうと、一文でも多くほしい状態にあります。また現在の二本の為替相場制はルワンダ経済の諸悪の根源ですから、これを廃して通貨価値を一本にすることは、ルワンダ経済によい効果を与えるでしょう。今切下げをするというご決定があれば明日にでも実行し、新平価は二年は維持する自信はありますが、それ以上は私としては保証しかねます」

大統領「私は必ずしも切下げに反対しているわけではない。必要と納得できれば切下げをする。しかし切下げた場合、切下げ後は再び通貨問題が起らないような切下げかたをしてもらいたい」

服　部「私は自分が最上の中央銀行家でないことはよく知っていますが、日本銀行という強力な中央銀行に二十年あまり勤務し、パリ駐在で二回フランス・フランの切下げにあい、これを詳細に調べてみました。それで私は平価切下げに関しては、その理論ばかりでなく、その実際についても少しは知っておるつもりです。実例について説明いたしましょう。

一九五七年八月、フランスは平価切下げを実行したが、これは通貨面の操作にとどまり、財政経済その他の措置はとられなかった。その効果は国内物価の騰貴で約三ヵ月で相殺され、翌年再切下げの余儀なきに至った。

一九五八年十二月、フランスは再度切下げを行なった。この切下げはドゴール政権の財政経済改革の総仕上げとして実施された。物価騰貴は私がパリを去る翌年八月まで殆どなく、その際定められた平価は今日まで維持されている。

一九四九年四月、日本は財政均衡政策をとるとともに従来の複数為替相場は一ドル＝三百六十円の一本の新相場に統一した。当時一ドル＝四百円が妥当という議論が強かったにもかかわらずこの相場がとられたのである。同年九月、イギリスが平価切下げを行なった。当時日本は財政引締めで非常な不況にあり、またポンド圏が日本の当時の重要な輸出先であったので、その後イギリスとの競争に負ける惧《おそ》れもあったので、国内で円の追随切下げの強い議論があった。しかし政府は断乎《だんこ》平価維持の態度を表明し、今日まで当初の平価を変更することなく、日本経済の発展が実現された。

閣下、この三つの例から得られる教訓はなんでありましょうか。

まず他の措置を伴わない平価切下げは若干の時間かせぎにはなるが、それ以上の恒久的効果はないことが第一の結論でありましょう。

次に、成功した切下げは、もっと広い財政経済全般における改革の一環として行なわれたものである。とくに財政均衡の措置が必ずとられていることが第二の教訓でありましょう。

第三の教訓は、経済は生きものなのであって、自律的な法則によって動いてはいるが、法則の基礎になっている条件が変れば、それに順応してゆくものであることです。経済は生きものという意味は、経済は人間活動なのであるということで、人間の行為で意思というものが最も重要なものなのです。平価の妥当な水準を計算することは必要ですが、かりにその計算に若干の誤差があっても、平価を維持する決心があれば、その決心自体が経済に順応反応を呼び起すものなのです。

閣下は切下げをするなら、第二の切下げのない切下げをやれとおっしゃいました。そのような切下げはまず財政の均衡ができなければ不可能です。ところが財政を均衡させるにはどうしたらよいか、じつは私もルワンダにきてまだ六週間で実情を知らず、今はお答えできません。ただ私の知りえたところでは、ルワンダ人には税は重く、外国人には軽すぎるということはいえます。新しい財源を見つける問題ばかりでなく、現在の税制をより公正に改正するという問題も当然起るような気がします」

大統領「ルワンダ人に税が重く外国人に軽いとじつは私もそんな感じがしていた。しかし私の外国人顧問はみなもっとルワンダ人から税をとれといっている。私はあの貧乏なルワンダ人がこれ以上どうして税を払えるのだと答えている。ルワンダ人の税が重すぎるといった外国人は、総裁あなたがはじめてだ」

服　部「閣下、失礼ながらそれは閣下の顧問たちがいかに質が悪いかを示すだけのことです。

私はここの外国人のように知らないことにまで口を出すことはしません。私は銀行員として訓練を受け、知ったことでも全部はいわない習性がついているつもりです。私はまだルワンダの事情をよく知っていませんが、私の計算したところでは、農民の直接税負担はその乏しい金銭所得のじつに四〇パーセントに達しているのです。しかも成人男子の八六パーセントがこの重税を納税しているのです。この数字は大蔵省の会計の帳簿からとった数字なのです」

大統領「総裁、あなたの実証的態度に私は非常に力づけられた。そのほかどんなことをやらなければならないのか」

服　部「じつはその点に関して、まず私から質問したいのですが、閣下の政策は一体どういうものでしょうか。技術は本来中立中性のもので、政策あっての技術ですから」

大統領「総裁、あなたはそういうけれども、先日私の顧問があまりうるさく切下げ切下げというので、私が途上国では政治優先だといったら、閣下が門番に屋根に飛び上れといってもそれは不可能でしょう、いくら政治優先といっても技術的に不可能なことがありますと口答えした。総裁ならこれになんと答えますか」

服　部「それは顧問が間違っています。達成すべき目的、つまり政治は、門番を屋根にのせることです。この方法が技術で、梯子《はしご》で上るか、飛び上るか、ヘリコプターで上げるか、木に登って飛びうつるかは技術なのです。屋根に飛び上れというのはすでに命令者が不可能な技術をとることを指定していることになるのです」

大統領「なるほど、私も早く気がつけば叱りつけられたのに。ところで私の政策というのはどういうことか」

服　部「具体的にいえば、ルワンダ経済の急速な成長を求められるか、それとも成長速度は若干遅くても、国民の恒常的な発展を望まれるかということです。急速成長ということであれば、民間外資輸入奨励のための免税ということになりましょうし、国民の発展なら重点は国民資本の育成ということになりましょう。このように、政策方針によってとる技術的措置は違うのです。それで私は閣下に、閣下はルワンダ国を将来どのようにされたいのか、そのいわば理想図を私にお洩《も》らし願いたいのです。例えば、工場が並んで煙突から煙がでているなどという形を画《えが》いているアフリカの元首も沢山いるように思うのですが」

大統領「私は、工場はそれがルワンダ人の福祉に役に立つのであるならば歓迎するが、工場自体のために工場がほしいとは思わない。外国人についても同様である。ルワンダ人の福祉のために、現在ルワンダ人ではできない技術が必要なら、その技術をもっている外国人は大歓迎で、これは政府のみならず民間の事業についても同様である。しかし、植民地時代のようにルワンダ人を利用し、社会的に経済的にルワンダ人を隷属化するようなことになるのは反対である。

私は革命、独立以来、ただルワンダの山々に住んでいるルワンダ人の自由と幸福とを願ってきたし、独立ルワンダにおいては、ルワンダの山々に住むルワンダ人が昨日より今日の生活が豊かになり、今日よりは明日の生活がよくなる希望がもて、さらには自分よりも自分の子供が豊かな生活ができるという期待をもてるようにしたいと考えている。私の考えているルワンダ人とは官吏などキガリに住む一部の人ではない。ルワンダの山々に住むルワンダの大衆なのである。

ところが、どうも独立以来物資は乏しくなる、物価は上るで、このルワンダ大衆の生活はかえって貧乏に、苦しくなっていっているような気がする。私は経済は素人だが為替相場が二本あるということは変なことだと感じているが、そしてこれは漠然とルワンダ大衆の窮乏化と関係があるように感じているが、その関連がはっきりつかめず、また納得するような説明をしてくれる人もなかった。従って、為替相場を一本にしても、それがルワンダ大衆の福祉にどう結びつくかがわからない。むしろ現在のルワンダ人の窮乏化の体制を固定化し、拍車をかけることにはならないかを惧れているのである。私は国全体が一時的な急速な成長をすることよりも、ルワンダ人大衆とその子孫との生活が徐々であってもよいから改善されてゆくのを望んでいるのだ」

服　部「閣下のお話には非常に感銘を受けました。そのようなお考えの実現に及ばずながら協力できることはまことに本懐であります。しかしそういうお考えなら、単純な平価切下げを超えて、もっと広範なことを考えなければなりません。

通貨は空気みたいなものです。それがなくては人間は生きていられません。空気がよごれておれば人間は衰弱します。しかし空気をきれいにしても、人間の健康が回復するとはかぎりません。空気は人間に必要であっても、栄養ではなく、人間が生きるためにはさらに食物をとり水を飲むことが必要なのです。通貨改革をすることは空気をきれいにすることです。財政を均衡させることは生きていくに足る栄養をとることです。しかし健康を回復するためには、栄養の内容が重要になってきます。経済でいえば財政の均衡の内容とその基礎になっている経済条件が、国民の発展に合うようになっていなければならないのです。

途上国は経済成長の速度が遅いとよくいわれています。そしてそれは事実であります。しかしそれは経済成長の速度が遅いからいつまでも途上国であるのであって、貧乏だから経済成長の速度が遅いわけではありません。例をあげましょう。ルワンダの農民が芋を十トン作るのに、アメリカの農民は同じ年に三十トン作ったとしましょう。次の年にルワンダの農民はよく働いて、あるいはよい種芋を仕入れて十二トン作ったが、アメリカのほうでは三十三トン作った。増収量はアメリカのほうが多いが、増収率はアメリカのほうは一〇パーセントだったのに、ルワンダのほうは二〇パーセントと、アメリカの倍になるのです。これははじめが低いからで、途上国は本来は成長率が高いはずだということがおわかりでしょう。勿論これは途上国の国民が働く気があるということが前提でありますが、もし働く気がなければ独立国になる資格がないわけです。

それでは現実の問題として途上国の経済成長はなぜ遅いのか。私は日本の経済成長と、東南アジアの国の実情をみて、これはその国の社会経済の仕組みに問題があると思っています。国のなかで生産された富が一部の人の手に渡ってゆき、それがさらに生産を増すために使われるなら、富が富を生み、国の経済はますます発展するのです。しかし生産された富を手に入れた一部の人がこれを浪費すれば、富は富を生まず経済は停滞するのです。もし国民のあいだに、身分や血縁関係などによらず能力のあるものが出世できるような自由競争が行なわれていれば、富を下手に使ったり浪費するような人たちは早晩競争に負けて、能力のある人たちがこれにとって代り、国の富を手に入れてそれを生産に使うことによって再び富を生むという過程が始まるわけです。しかし国の制度でこの競争が制限されていると、富を浪費する人たちが階級化され、富の浪費が恒久化するのです。

東南アジアのカーストや貧富の差や農民負債はいずれも、国民間の競争を制限抑圧しているもので、この地域の経済発展を阻害している最大の要因になっていると私は思っています。次にこの地域で経済発展を阻害しているのは、国の富、ことに近代的生産のために使われている富のかなりの部分が、植民地時代の名残りと、民間外資の神話とのために、外国人の手にあり、そこから生まれる新しい富の大部分が再び富を作るために国内に残らず、所有者である外国人の本国に輸出されることです。日本の場合はどんなに貧乏な家の子でも、勉強して試験に合格すれば一流の大学に入れ、しかも一流の大学ほど学費は安いのです。現に私の学友のうち三分の二は苦学していたのです。一流の大学を出れば官界事業界に自由に入れ、最高の地位も獲得できるという自由競争が行なわれています。また明治以来日本は、民族資本の育成に心がけてきたので、利潤の大部分が国内に蓄積され、新たな富を作っているのです。

ルワンダではさいわい独立に先立って社会革命が行なわれたので、ルワンダ人間の競争の条件はある程度できていると思います。しかし第二の外国人問題はかなりひどいものではないかと思っています。これは必ずしも外国人だけが悪いというわけではありません。私の不充分な観察では、二重為替相場制は外国人の利潤を不当に増大し、その輸出を助けている働きをしているような気がします。また税金の問題をさきほど申上げましたが、ルワンダの税制も外国人に対する富の委譲を促進していると思っています。

もし閣下が、閣下のお考えになっているルワンダのあるべき姿を実現するような措置をとられるおつもりなら、まずこういった問題を解決する措置を整理して、その一環として通貨改革をされることがよいと存じます。二重為替相場制の廃止はやろうと思えば明日にでも実行できますが、今急いでやればその新平価は、あとからとられる基本的諸措置に一定の制限を課すことになるので、むしろ他の措置との関連で新平価を定めることがよいからです。また現在平価切下げが一般の問題となっているときに、急いで通貨改革をすれば、それで問題が解決したような印象を与え、根本問題に対する関心がぼけ、その解決に対する熱意もさめる惧れが大きいと思うのです」

大統領「総裁、私は今日あなたからお話を聞いて本当によかった。私が漠然と感じていたルワンダ経済の諸問題がご説明ではじめてはっきりとわかった。ことにあなたの話からあなたの考えかたが、私の考えかたと同じであることがわかってうれしい。今日のお話で私は決心した。

第一に、ルワンダ大衆の発展を保証するような経済の改革をやる。通貨改革はその一環としてやる。

第二に、その実施の時期は今年の十月に予定されている大統領、国会議員の総選挙後とする。

今年の選挙は独立後第一回の選挙で国家的にきわめて重要なのである。今通貨改革をやれば、選挙運動で無責任な論争のたねとなり、通貨改革自体に対する国民の信頼に傷がつく惧れがあることが一つの理由である。今日のお話で税法その他の改正など立法事項が必要であるとわかったが、これは新議会で審議するほうが、その実施について国会に責任を感じさせて挙国一致で新しい方向に向かうことができるからである。

第三に、あなたにこの経済改革の全般について必要な措置の立案をお願いしたい。問題が大きく各方面にわたるので、六ヵ月でこれに関する報告を提出願いたい。これにはあなたが必要だと思われることを全部、法律が必要ならば法律案をつけて書いていただきたい。

ところでちょっと気になるのは、ルワンダの外貨事情は非常に窮迫しているということだが、十月までもちこたえられるか」

服　部「閣下、それはさきほど申上げた政策と技術とを転倒させたものです。十月以後実施という決定があれば、問題はそれまでもちこたえられるかではなく、どうやってもちこたえるかということで、これは技術の問題で私にお委せください。ただし、これは困難な問題でありますので、当然輸入制限を強化しなければならず、従って物資はますます欠乏し、物価は当然さらに上るでしょう。これは部分的な対策をとらず、国民全体の福祉のため経済全般にわたる改革をされるという決定の、当然の代償としてご諒承願います。

経済改革の立案のご依頼はたしかにお引受けします。しかし私はまだきたばかりでルワンダのことは勉強中ですし、具体的な措置についてそれぞれ担当の大臣と協議するほうがより現実的なものができると思いますので、どういう大臣と相談したらよいかお教え願います」

大統領「外貨の運営は中央銀行に委せられており、たとえ一時的に物資が欠乏しても、ルワンダ大衆は餓死することはない。物資の欠乏、物価上昇については不満は起るが、それは私がみなに我慢させる。

報告作成のほうは総裁一人でやってほしい。今日のお話でわかったが、あなたほど私と同じ基本的な考えかたの人はルワンダにはいない。そのあなたが雑音に耳をかさず一人で考えて報告を作成するのが一番よい。それに各大臣は経済の知識は少なく、またよい考えをもっている者も本当には自信がないので、あなたから相談を受ければ必ず自分の外国人顧問の意見を聞くに決まっている。そうなったらたちまち外国人社会や外交団に知れ、反対や邪魔がでて無用の紛糾が起るのは目に見えている。今日は本当によかった。ビールでもいかが」

大統領はこういって電気をつけ、ボーイを呼びビールを命じられた。時計を見れば十一時半である。私が官邸に着いたのは六時半で室内はすでに薄暗かった。だんだん夕闇が迫ってくるにつれて、大統領の顔は暗闇に吸いこまれて、しばらくは白眼だけが二つ光っていた。そのうち白眼も消え、煙草を吸うときの光でわずかに顔がうっすら照らしだされる奇怪な雰囲気のなかで、五時間も話したのである。

家に帰って大きな仕事を引受けたとは思ったが、不思議に気は軽かった。生活条件の不自由、銀行内部の諸問題がなくなったのではない。しかし、ただただ忙しく働かなければならなかった今までに比べて、この忙しさも大きな目的のためにやっているのだという解放感に似た気持の軽さを感じた。

II　ヨーロッパと隣国と

ルワンダ中央銀行正面にて著者夫妻

ブルンディ出張

三月末、私はブジュンブラへ出張した。表向きの用件は旧ルワンダ・ウルンディ発券銀行の清算委員会の会合に出席のためであるが、私としてはブルンディの平価切下げの実際を調査することと、ルワンダ中央銀行へ総支配人としてきたクンラッ君の信用調査をするのが本当の目的だったのである。ブルンディの空港に着いて驚いた。滑走路はちゃんと舗装した立派な空港で、空港ビルも立派である。ところが空港で一悶着《ひともんちゃく》あった。日本で旅券を発給してもらうとき、行先国にブルンディも申請しておいたのだが、ルワンダとブルンディは仲が悪いから旅券の行先に入れないほうがいいでしょうと、外務省が親切にブルンディを落してくれたのである。

ブルンディに出発するとき私もそれが心配だから、飛行機会社に前もって入国管理に話してくれと頼んでいたのだが、連絡不充分で話が通じなかったらしい。入国管理で私の旅券を見て、フランス語で「あなたの旅券の行先国としてブルンディが書かれていませんが」という。外国で官憲と問題が起ったときは言葉ができないほうが得だと私は思っているので、私が知らん顔をしていると、今度は同じ質問を英語でした。相変らず知らん顔をしていると、私の顔とパスポートを見比べて「日本の外交官でしたか。大変失礼しました」と、スタンプを押して一礼して、私の一般旅券を返してくれた。英語もフランス語も知らない人を外交官でもないだろう、アフリカでも沈黙は金なりかと苦笑した。

ブジュンブラの町を見物してまったくキガリとの差を痛感した。ホテルは数軒ある。料理屋も本格的なフランス料理を食べられるのが三軒ある。映画館も数軒ある。商店らしい商店が並んでいて品物も豊富で、お客も沢山いる。本屋も二軒ある。当時人口十五万といわれたこの町は道が舗装されており、きれいな住宅が湖の東岸の岡に並んでいる。港も立派だ。しかし私が一番羨望の情を禁じえなかったのは中央銀行である。広い敷地のなかに三階建の立派なブルンディ王国銀行の建物を見たときは、私は思わず溜息がでた。総裁室は広く木製の立派な机があり、一隅は会議卓、一隅には応接セットがあり、小さな家庭バーが壁にはめこんである。総裁がベルを押すと秘書が現われ、指示された書類を二分ぐらいで持ってくる。薬局改造のルワンダ中央銀行の建物、引出しの鍵のこわれている鉄製の事務机一つ、ファイルキャビネット二個、金庫一つの私の総裁公室とは雲泥の差だ。

しかし一番うらやましいと思ったのは、ブルンディ人行員である。守衛は清潔な制服をつけ、帽子、靴を着用している。運転手は真白の制服で、襟まで釦《ボタン》をかけている。銀行の事務室は静かで、行員は全部キチンとした服装にネクタイをしており、空席は殆どなく、みな静かに執務している。聞けば殆どが旧ルワンダ・ウルンディ発券銀行からの職員で、十数人は旧ベルギー領コンゴ・ルワンダ・ウルンディ中央銀行時代からの職員であって、これが中堅幹部となっているとのことだ。そのうえ外国人職員が十四人いる。二人はコルニュ総裁がつれてきたフランス銀行からの出向者であるが、残りの半数は旧ベルギー領コンゴ・ルワンダ・ウルンディ中央銀行時代からの外国人職員である。中央銀行については、キガリとブジュンブラの町の差を超えて、ルワンダ中央銀行が新設の銀行で、まだ生みの悩みに苦しんでいるのに、ブルンディ王国銀行は組織と伝統が確立されて、すでに中央銀行としての体裁と内容とを備えているという大きな差があるのである。

ブルンディの平価切下げまでの経緯、その内容、実施の経過をコルニュ総裁は懇切に説明してくれた。彼は私と同じく国際通貨基金の技術援助できており、フランス銀行からの出向である。有能で典雅なこの総裁との会談は非常に気持のよいものだった。とくに彼の話からルワンダの来るべき通貨改革に対する幾多の貴重な教訓を得た。

しかしコルニュ総裁と話しているうちに妙なことに気がついた。それは平価切下げという、中央銀行にとってきわめて重要なことがらについて、ブルンディではその計画は主として政府と国際通貨基金とのあいだで進められ、新平価も中央銀行の意見はとりいれられなかったような印象を得た。中央銀行はただ方針が決定したのち、その実行計画の段階で参画したらしい。

またコルニュ総裁はブルンディの平価切下げを単に国際収支対策と解しており、財政の均衡や金融引締めも国際収支均衡のための量的措置として考えていて、質的考慮はまったくしていないように見受けられた。中央銀行の立場としてこれはあるいは正しいかもしれないが、どうも政府側でも同様、国際収支対策以上には考えていないようである。しかも通貨基金と平価切下げの交渉には、政府のベルギー人顧問が主としてあたったようで、政府の態度はどうだったのかという私の質問には、コルニュ総裁はなかば投げ出したような口調で、「政府の人たちは政争にあけくれして経済のことはベルギー人顧問のいうなりですよ。ブルンディ人はずるいですからね。彼らはべつだんベルギー人を信用しているわけではないですよ。ただベルギー人顧問の提案だといえば上司へのとおりはいいし、失敗すれば提案したベルギー人のせいにして、自分は責任を逃れられますからね。ここでもそうですよ。副総裁、理事はまったく私のやることには無関心で、理事会も自分たちの俸給と人事のほかは五分ですみますからね。もっともそのほうが私にも好都合ではありますがね」と答えた。

この出張中に私は、外国人商社の人に数人会った。欧州に本社のある企業の現地の子会社の専務であり常務である。それらの現地会社は独立前から存在し、キガリやブタレにも店を出していたが、独立後ルワンダ政府の歓心を買うため、キガリやブタレの店をルワンダ法人にしたが、ルワンダ法人の支配人の権限は内規で厳しく制限し、重要な決定は、ブジュンブラにいる両国の会社の専務、常務を兼ねているこれらの人たちが行なっているのである。形式的にルワンダ法人であっても、実質は独立前と同様、ルワンダにある外国人商社は、ブジュンブラ本社のあわれな出張所にすぎないのである。ここで私は、なぜ、ルワンダ政府が独立前からの海への道である南方路（キガリ―ブタレ―ブジュンブラ―キゴマ―ダルエスサラム港）のほかに、北方路（キガリ―カンパラ―モンバサ港）を、相当の無理をおかして開拓し、その使用を奨励しているかがわかったような気がした。

勿論ルワンダ、ブルンディ両国の外交関係緊迫や、海との交通路が一本しかない不安といった理由はあろう。しかしそのほかに、輸出入がブジュンブラを経由し、そこで倉庫に入れられ、ブジュンブラにいる事実上の支配人の指図によってルワンダへ、または海外に出される状態がつづくかぎり、商業的にはルワンダはいつまでもブルンディの属国の地位に甘んじなければならない。北方路の使用を奨励すれば、その輸出入についてはルワンダで管理せざるをえず、輸出入を取扱うルワンダ法人の独立が促進されることになるではないか。それだからこそ北方路の使用にベルギー政府は批判的であり、外国人商社も猛烈な反対をしているのではなかろうか。これは軽々に外国人の主張ばかりを聞いてはならない。案外ルワンダ人には外国人にいえない本当の理由がある場合が多いのではないか。今後一見理屈に合わないように見える決定をルワンダ政府がした場合、まず政府にその本当の理由を聞きださなければならないと感じた。

旧ルワンダ・ウルンディ発券銀行の清算委員会はとくに大きな議事はなかった。この委員会はルワンダとブルンディの中央銀行の副総裁が一人ずつと、議長である通貨基金のクロッシ氏の三人から構成されていて、私とコルニュ氏とは、介添役ででているのである。クロッシ氏はもとチェコスロバキア中央銀行員で通貨基金に出向し、祖国が鉄のカーテンの向うに移ったとき居残り、今米国籍を取得している。彼は旧発券銀行の最後の総裁としてルワンダ、ブルンディの各中央銀行の分離を実施し、清算委員会の議長となっているのである。この委員会の議事を聞いて、ハビさんがなにもわかっていないのはすでに知っていたが、ブルンディ側のマニラキザ副総裁もハビさんよりは数等洗練された知識人ではあるが、銀行業務についてはやっぱりなにも知らず、またなにも関心をもっていないように見受けられた。なんのことはない、政府が共同中央銀行を分割したいといえば、その清算の実行はすべて外国人によって立案され、実行されていたのであって、関係国の代表は形式的な参加はしたが、その実体は、外国人の立案に盲判を押すだけだったのである。

一日ブルンディ王国銀行のベルギー人顧問の案内で田舎をドライヴした。昔の王宮を見学するつもりだったが道が悪く引返した。しかし途中で見るブルンディの農民は、華やかな首府と引きかわってみじめに見えた。ルワンダでは破けてはいても、ズボンとランニングシャツは着ているのに、ブルンディでは、裸に破れた毛布を衣服代りにはおっているものに何人か会った。ブルンディがルワンダよりはよいというのは、ブジュンブラが繁栄しているからで、国民全体を見ればルワンダのほうがよいのではないかという気がしてきた。そう思って今度はブジュンブラの町を仔細に見ると、立派な港も開店休業の状態である。毛布工場、金属家具工場も二五パーセントの操業率である。この立派な首府、港湾設備、低操業の工場の費用は一体たれが負担しているのだろうか。それは独立前はベルギーのコンゴ予算だっただろうが、今日は直接間接にブルンディ大衆ではないか。ルワンダ政府はベルギーが植民地時代にブルンディのみに投資し、ルワンダには尨大《ぼうだい》なにもしなかったと非難するが、むしろ国力不相応な投資をしてくれなかったおかげで、維持費の負担を免れていることを感謝すべきではないかと思った。

外国人職員の強化

ルワンダ赴任の途中ワシントンに立寄った際、通貨基金の技術援助担当者から私の下で働く総支配人としてクンラッ氏を推薦するといわれた。まだ着任しておらず、総支配人がいるかどうかもわからないのにずいぶん先廻りをすることだと思って、一応着任してから返事をするといっておいた。ブラッセルではクラコがクンラッ君が総支配人に行くそうでと、まるで決まったかのような口ぶりである。どうも事前にベルギー政府と通貨基金のあいだで話合いができているらしく、若干不愉快な気がしたが、着任してみると銀行の現状は予想外に悪いので、通貨基金にクンラッの件承諾と電報を打ったのである。クンラッ君はベルギー中央銀行の職員で、当時ブルンディ王国銀行の顧問に出向していたのである。私が彼を迎えることをハビさんにいったら、明らかにいやな顔をした。

ハビさんは旧ルワンダ・ウルンディ発券銀行のルワンダ側理事としてブジュンブラに滞在し、クンラッ君を知っていたのである。ほかに人はいませんかとはいったが、さすがに反対はしなかった。スコール君はすでに私の着任前から辞意を表していたが、それはクンラッ君がくることを見越してやったことが判明した。彼がクンラッ君の悪口をいうのはわかるとしても、ルワンダでもブルンディでもクンラッ君の評判はあまりよくない。しかしその悪口も生意気だ、傲慢だ、自己宣伝屋だ、野心家だ、人の話を聞かないなどというだけで、彼が無能だ、馬鹿だ、怠け者だ、不正をするというような、私にとって重要な点についてではなかった。むしろ聞けば有能で頭がよく、働き者だということは、悪口をいう人たちもいやいやながら認めていた。私は生意気な人は多くは仕事に対する欲求不満がある人であり、能力に比べて充分仕事をさせてもらえないから自己宣伝をするのだと思っているので、これらの批評はあまり気にならなかった。むしろルワンダの実情を知ってルワンダ中央銀行で働きたいのは功徳なことだ。仕事はいくらでもあるから、生意気なことをいう暇はなかろうと判断して、彼を迎えることを確認した。

ただこういう噂《うわさ》から判断される彼の性格と、すでに通貨基金やベルギー政府に運動をしているらしいことから判断して、将来万一私と意見の相違があったとき、裏で通貨基金やベルギー政府に働きかけることもやりかねないと思って、私は通貨基金に対し、彼が私のいうことを聞かなければその職能を停止するが、その場合、基金は私の決定を無条件で支持するものと諒解する、と手紙をだしたら、しばらくして、「そういう事態が起らないことを望むが、不幸にして起ったら、あなたは総裁なのだから勿論あなたの決定を支持する」という返事がきた。

これは無用にことを荒だてるようなものだったかもしれないが、幸いにしてこの伝家の宝刀を抜く必要はついに起らなかったのである。しかし、もし万一不幸にして私と彼とのあいだの意見不一致という事態が生じたら、ベルギー政府の通貨基金に対する苦情、通貨基金から私に注意がくるなどということになりかねず、そうなってから私が実情を説明しても総裁と総支配人が不仲ということが宣伝されるだけで、醜態をさらし、そのうえ、中央銀行の威信が傷つけられることになるので、むしろ私が彼を知らないあいだに、用心してこの原則の確認を求めたほうがよいと思ったのである。

次に私は、彼がルワンダ政府の人と問題を起すことを避けるため、彼の着任と同時に彼の仕事を銀行の内部に限り、政府との交渉は私の専管事項とした。

クンラッ君は家族をつれてブジュンブラにいっていたので、ルワンダにくるのも家族づれだった。ところが住宅がないので、私はまだ工事をしていて家具も入っていない公邸に移って、私の住んでいた家にクンラッ君をいれた。クンラッ君はさかんに遠慮したが、私は、「君は家族もち、私は一人だ、私は君におおいに仕事をしてもらいたいから、君が自分の生活によけいな心配をしないようにこうするのだから、遠慮する気持があるならそのぶん働いてくれ」といって、さっさと公邸に移った。家具がないので、銀行の宿直用の寝台一つ、銀行の椅子一つ、札勘定用の木机一つを持ちこんで住んだ。カーテンがないので、夜仕事をしているのが、外からまる見えだったらしい。当時を知っている人たちはよく、「机一つ、椅子一つ、寝台一つの時代」と、あとになってから冗談の材料にした。

クンラッ君は期待したとおり有能であった。まず彼は外国人スタッフを強化したいと申出た。スコール君は去り、もう一人のベルギー人も銀行業務はなにも知らず、しかもベルギー中央銀行を証券紛失事件で免職され、一時はキャバレーの客引きをしていたが、ランベール銀行の重役に拾われたものの、ランベール銀行では採用することを拒否したので、ルワンダ中央銀行の顧問に売込まれた前歴がわかったので、クンラツ君着任前にそっと送還していたので、銀行業務を知っているのは私とクンラツ君だけである。

私はクンラツ君に、その必要は充分わかるが、ルワンダにきてもらう人には一応、最低の生活条件を整えてやらなければならず、そのもとになる住宅がないのでは外国人顧問を呼ぶわけにはゆかない。だから住宅が確保できるという条件で外国人を呼ぶことを君に委せるから、すぐ実行してくれと頼んだ。彼は雇傭《こよう》の条件の承認、とくに俸給の目途について相談にきたが、私は「私が委せるといったことは本当に委せるのだから、君がいいと思うようにやれ。私が口をだしたところでとくによい意見がでるわけではない。ルワンダに人を呼ぶことはむつかしいのだから、交渉する君に相当の自由がなければやりにくいと思うから委せるといっているのだ。君の常識を私は信用している」と追返した（クンラツ君の常識は私よりもしぶいものだということが結果をみてわかった）。

クンラツ君（左）と

さきに私はフライ君に、スイスから銀行員を呼ぶことを頼んでいた。条件は四十歳前後で、地方銀行の支店支配人の経験者であることだった。これはスイスでは銀行員は銀行協会の試験に合格しなければ支店の支配人になれず、また地方銀行の小支店の支配人であれば、銀行経営のあらゆる問題に取組まなければならないので、一応銀行業務全般についての知識と経験とがあると期待されるからである。

クンラッ君は、できれば全部ベルギー中央銀行からとりたかったのではないかと思う。そのほうが彼としてはやりやすかったであろう、しかし中正であるべき中央銀行が、あまりベルギー色一本になることは外部の疑惑を招くと思ったし、多国籍のほうがお互いに遠慮して、行内の和を保つうえによいと思ったから、クンラッ君にスイスの候補者の面接も命じた。

クンラッ君は欧州に出張し、ベルギー中央銀行からヴァンデンボガール、モメンスの両氏を、スイスからジョバン、シュナイダーの両氏を呼ぶことに成功した。しかし、約束された住宅が完成せず、数カ月はこの四家族は、あちこちに仮住居して非常な不自由を忍んでくれた。

外国人スタッフを迎えるからには生活条件の確保のほかに、その家族の安全の問題を考えなければならない。ルワンダは決して治安の悪い国ではないが、なんといっても二年前、亡命者が、キガリの十四キロメートルのところまで武力侵入してきたことがある。空港も双発の飛行機が着陸できる程度で、万一外敵の侵入があった場合、この国の貧弱な行政力、警察力ではその混乱は想像にあまりある。その際結局頼りになるのは自分自身しかない。それで私は外国人顧問に自動車を一台ずつ当てがって、緊急の際自力脱出のできる方法を与えた。同時に毎週土曜銀行の全自動車にガソリンを満載させ、外国人スタッフには二百ドル前渡し（月曜に返却）する規則を作った。

これら外国人顧問は、到着の翌日から仕事にとりかかり、私も日常の雑務から解放された。クンラッ君は子供の教育の関係で、同年十二月帰国し、シュナイダー君も一年で帰ったが、ジョバン君は一九七〇年まで五年間、ヴァンデンボガール君は一九六九年まで四年間、モメンス君も一九六八年まで、当初の一年の契約の更新をくりかえし、ルワンダ中央銀行に勤務してくれた。私が最もうれしいのは、クンラッ君以下外国人スタッフが、その後きた人も含め、「ファミーユ・ド・ラ・バンク」（銀行家族）といって非常に親密となり、今でも文通し、機会を見つけては家族ごと再会していることである。

ルワンダ中央銀行が今日、一応中央銀行の体裁を整えたのも、またルワンダ人職員が一応仕事をこなせるようになったのも、困難な生活条件にもかかわらず、献身的な努力をしてくれたこの外国人スタッフの功績なのである。

人事体制の整備

副総裁ハビさんが行内に派閥をつくっているという話は、着任以来数回聞いた。第一回はスコール君であるが、このときはハビさんと不仲の人のいう悪口としてたいして気にしなかった。しかしチマナ蔵相もビララ理事も同じことをいう。前総裁帰国前に行なわれた監事団の検査報告にも、「とくに関係者の注意を促したい点は本行人事の派閥化とそれによる反目である」と書かれている。こうなると派閥の存在とそれによる反目とは、私が銀行を建直すうえで真先に取上げなければならない問題だということになる。これは正直なところうんざりした。どんな組織でも人の和が大切で、そのためには人事が公平であることが必要なことはいうまでもない。そしてこのこと自体が必ずしもやさしいことではない。しかし組織のなかにすでにできている派閥を打破して、職員を統一することはじつに困難である。とくに警戒しなければならないのは、ハビさんの派閥を征伐《せいばつ》する努力が、単に今までの反主流派が主流派となる結果になる可能性である。現に職員のなかで、私の公室にきて派閥の存在や人事の不公平を訴えるものが数人いた。彼らはきまって、

「今回外国人である総裁がこられたので、やっと人事が公平に行なわれると、みな喜んでいます」

といっていた。これは今までの反主流派が、私にいち早くハビさんを中傷し、私にゴマをすって新しい主流派をつくる策動ではなかろうか。ハビさんが派閥をつくったのは事実と認めなければならない。しかし彼は副総裁として私の第一の協力者であるべき人なのであって、彼に関する職員の中傷を私が取上げることは、行内の秩序を確立するうえで重大な障害となる。私は職員の話は聞いたが、それについて行動は絶対にとらないことにした。

ハビさんに対する派閥形成の非難は、採用、昇給および懲罰について、自分の友人を優遇し、能力や勤務のよいものでも報いられず、とくに経験のある旧発券銀行からの職員を、長身族であ

るとの理由で迫害するという内容である。しかし私が調べたところでは、採用については、中央銀行創立当時、旧発券銀行から引継いだ職員は八名にすぎず、これを急速に四十名に拡大する必要があり、その際知人友人や知人友人の紹介した人を採用したのは、当時の実情を想像すればやむをえなかったかと思われた。ハビさんは創立直後、ルワンダの高等学校の新卒業生を六名採用していて、むしろ中央銀行によい人を集めるように努力したのである。その後の採用については、とくに前総裁帰国と私の着任までのあいだのぶんについては、政治家の紹介によるいかがわしい採用も若干みられたことは事実である。

しかし乱脈をきわめていたのは昇給昇進であって、これは必ずしも彼一人悪いのではないようであった。五月に設立された中央銀行の第一回の昇進昇給は、九月に行なわれた。職員を知っている副総裁が国際通貨基金の総会出席のため東京に出張しているあいだに、彼と事前の打合せもなく、スコール君の提案で理事会で決定したのである。顔を潰されたハビさんが帰国後猛烈に怒ったが、発令された昇進昇給を取消すわけにはゆかない。それで彼は第一回の昇進昇給に洩れたもののうち、彼の気にいっていたものを追加することを主張し、新たに理事会で決定し、第二次昇進昇給が発令されたのである。ところが第一次第二次の両方に洩れた職員が一名前総裁に直訴し、理事会の決定なしに総裁一人で昇給を発令しているのである。この昇進昇給の不手際が派閥化を促進したことはいうまでもない。

ハビさんが最も非難されたのは、旧発券銀行からの職員を長身族であるという理由で迫害したことである。ハビさんは革命の中級指導者で、短身族解放運動に関係していたので、銀行のなかでも短身族を推進していたことは事実である。しかし彼の長身族迫害の例として出納《すいとう》局長の免職があげられていた。ハビさんから聞いた事件の概要は、ルワンダ中央銀行券が発行され、旧ルワンダ・ウルンディ発券銀行券との交換が行なわれた際、ある白人商人が交付された新銀行券が一万フラン不足していることが家に帰ってからわかり、ハビさんに文句をいい、ハビさんが出納局長が盗《と》ったものとして、局長を免職にし、商人に一万フラン追払いしたものである。

はじめ私がこれを聞いたとき、窓口で顧客がいったん現金を受けとったら、その後過不足についての苦情は一切受付けるべきでないといったら、ハビさんは案外素直に、それは失敗しましたと恐縮していた。ところが私が出納方に、この現金取扱いの心得を説明したら、翌日、さきに免職にされた前出納局長から手紙で、不当に解雇されたから、予告期間の俸給、年末賞与および不払いの現金取扱手当を請求してきた。早くも銀行内部の者が彼に知らせたのである。そこで私があらためて調べてみると、出納局長は規定で現金の取引一本一本について一定の書類を整理することになっているのに、事件の起った日の書類はこの白人商人のぶんだけ欠けているのである(事件当時の調査で判明)。

この関係書類がなくなっていることは、出納局長が盗ったと断定するには不充分であっても、その疑いを濃厚に匂わせる事実であり、少なくとも重大な規定違反である。従ってハビさんが白人商人に追払いをした措置は不適当であるとしても、出納局長を免職にしたことはなにも非難されることはないのである。結局この一件に関するハビさん攻撃は、前出納局長を中心とする一派と、事実を調べもせず彼の言いぶんだけで騒いだベルギー人たちの悪意ある中傷だったのである。ちなみにこの出納局長は、中央銀行を免職されるや否や、ルワンダ商業銀行に高給で雇われたのであって、当時いかに中央銀行がナメられていたかがわかる。

結局私は、いわゆる派閥なるものは、じつは銀行の首脳のだらしなさと不和とによるものだと判断した。従って派閥征伐の必要はなく、人事を公正に運営することと、私が直接職員と職務上接触することによって、私が行員の勤務や能力を知っていることを職員に感じさせることによって、職員の和が達成できると考えた。

まず採用は、事務職員は中学校または高等学校を卒業したものを、試験によって行なうことを規定した。これで有力者の紹介や、銀行の幹部の知人が力もないのに採用されることが防止される。次に俸給表を制定し、学歴に応じて初任給を決めた。この初任給は公務員より低いが、成績をあげれば学歴に制限されずに急速に昇給し、二年で公務員より高くなるように俸給表は仕組まれていた。年二回考課表を作り、課長、外国人顧問、理事、副総裁が個別に零点から十点までの採点をし、私が零点から六十点の採点をし、百点満点で昇給昇進を決定することにした。五十点以下は免職、六十点未満昇給なし、七十点まで一段階昇給、八十点まで二段階昇給、九十点まで一階級昇進、九十点以上二階級昇進という仕組みである。

これは私以外の幹部には免職について発言権はなく、その代り昇進昇給の段階には発言権があるように仕組んだのである。またたとえ点数があっても、欠勤、遅刻、外出、早退については回数により免職、昇給停止、または昇給三ヵ月延期ということにした。懲罰権は私の一存で行なう。この内規は理事会は非常に満足して可決してくれた。

規則を作っても、すでにくせになってしまった遅刻、外出、早退はなかなかなおらないので、職場を改造し、外国人顧問の事務室を通らなければ外部に出られないようにし、顧問に厳重に監視させた。人間不信のようでいやだったが、くさりきっている綱紀を建直すためには、かなり強引な手段も必要だったのである。

行員の教育は外国人職員が系統だててやってくれた。講義や演習を週四回、時間後に行なうかたわら、現場で具体例について細かい説明をして、経験も知識もない行員の教育訓練をやってくれたので、行員はだんだん仕事に張りをもつようになった。私は週に一、二回は起る間違いのたびに、現場へいって関係者を集めて自分で説明した。外国人職員は時間中は仕事があって手がまわらないことが多かったことのほかに、そのような機会をとらえて行員を掌握したいと思ったからである。

外国人職員もきて三ヵ月もたち、当初の熱意もそろそろ鎮静化してくると、相変らず起る間違いに焦燥感、挫折感が起り、気が短くなって職員をどなり罵倒することも、たびたびあるようになった。叱られた職員は副総裁に苦情をいったらしく、ハビさんは私に、外国人職員がルワンダ人職員を教えるのは当然だが、侮辱的言辞を使うのは困る、どなるのは人格無視だ、総裁から外国人職員に注意してくれといってきた。彼がルワンダ人職員の保護者と自任するのは結構であるが、このような直訴を取上げたらたちまち秩序が保たれなくなるばかりか、派閥の復活ともなりかねない。私は次の外国人職員の講義に顔をだして、集っている職員に次のようにいい渡した。

「ルワンダ中央銀行を立派な中央銀行にすることが私の任務である。この銀行はまったくなっていない。それは君たちのせいではない。君たちはなんの経験も知識もなく銀行に入ったのだ。しかし銀行に入ったからには、そして私の下にいるからには、早く銀行を立派な中央銀行にすることが君たちの責務なのである。私は君たちを中央銀行員として扱う。一人前の大人として扱う。君たちは学生ではないのだ。中央銀行員なのだ。独立国ルワンダの中央銀行員なのだ。私はこの機会に外国人職員に対し、ベルギーやスイスで、新入行員に対するのと同じように君たちを教育訓練することを命ずる。私も君たちが新入日本銀行員であると思って鍛えるつもりだ。外国人職員に対し、この際はっきりお願いする。ルワンダ人職員を黒人であるとか、途上国の人だからなどといって甘やかすようなことは、ルワンダ人職員を侮辱するものだから一切やめてもらいたい。自分の国の新入行員に対すると同じように、びしびしやってほしい。ルワンダ人職員は大人であるから、それに堪えられるはずであり、それができないものは銀行をやめてもらう」

このお説教のせいか、外国人職員の態度に対する苦情は二度と起らなかった。私は甘えと、甘やかすことほど世を毒するものはないと思っている。しかし最近の傾向は人間的という美名で甘えと甘やかしが横行し、人間生活に必要な規律と義務が軽視され、そのために社会が乱れている。

組織における人の和は必要な規律ができていて、それが厳格に守られることによって確保されるという、あたりまえの原則を確立することが、ルワンダ中央銀行の職員を人間集団として統一する第一歩だったのである。

家族の到着

着任早々任期が一年以上に延びたので、家族を呼寄せることが可能になったが、家に机一つ、椅子一つ、寝台一つの状態では、家族がきてもその日から寝ることもできない。それに当時コンゴの内乱で活躍していたベルギー人傭兵がルワンダを基地にしているとの誤解から、ウガンダがルワンダとの国境を閉鎖し、ルワンダとの連絡にウガンダの空港を使うことを禁止したため、ルワンダが外界からまったく遮断される状態が一カ月以上もつづいたので、日本から空路ルワンダにくる計画はたてられなかった。それにクンラッ君と二人だけで銀行の日常事務に追われている状態では、私が途中まで出迎えることも不可能であった。

しかし、四、五月には外国人職員も揃い、銀行再建の見通しもつき、また前総裁がドイツに注文した家具も着きだしたので、家族を呼寄せることにした。しかしウガンダとの国境は再開されていたが、同国の空港は依然ルワンダに対しては閉鎖されていたので、六月欧州出張の帰路ケニアのナイロビで家族と落合い、あらかじめルワンダから廻しておいた小型機で一家揃ってキガリにくることにした。

じつはその頃私はすっかり疲労困憊《こんぱい》していた。外国人職員が到着して銀行の雑務からは解放されたものの、経済再建計画の調査をやりながら、毎日毎日悪化してゆくルワンダ経済に対して当面の対策を打たなければならず、またコーヒーの集荷期に入ったので、その金融措置もたてなければならず、きわめて多忙であったのである。仕事が忙しいのは私としてはとくに困ることではないが、まったく閉口したのは家事であった。これは使用人の問題である。運転手チトーは相変らず不真面目である。なんとか理由をつけては車を持ちだす。使いにだせば道草をする。掃除洗濯のワカナは四時にさっさと帰ってしまう。私が帰宅するまで帰ってはいけないというと、十二時から二時頃まで外出する。仕事がないからという。私としては彼にいちいち、ガラスを拭《ふ》け客室を掃除しろなどと、仕事を見つけてやることはできない。

料理人のエバリストは腕は達者だが、これも買出しに行くとき釣銭をゴマカしているらしい。領収証をもらってこいといわなければならない。今日の昼はなんにしますかというから、適当にやっとけというと二日昼夜、同じものを四回食べさせられる。だんだんずるけてくる。ある日市場への買出しに私の車で出かけた。酒をだんだん飲むようになる。隣のボーイとおしゃべりをする。それに夢中になって料理をこがしてしまう。銀行から疲れて帰って、使用人に小言をいわなくてはならないのはまったくうんざりしてしまう。しまいには、みなで私を困らせようと神経戦をやっているのじゃないかと邪推したくなることもあった。

六月十六日、私はナイロビに着き、家族を迎えた。途中天候が悪く、少々疲れていたようであ

キガリ空港にて家族を撮影

ったが、一日ナイロビで寝たらみな元気回復した。東京銀行の伊達《だて》駐在員のお世話でナイロビを見物したが、立派な建物の並んでいる清潔な感じのする近代都市である。家内はすっかり感心して、「アフリカって案外いい所ね」という。キガリとナイロビはだいぶ違うといくらいっても、「それでも独立国の首府でしょう」と納得しない。

二晩泊ってナイロビを発った。ルワンダ政府の四人乗りの小型機である。家内は明らかに不安そうであった。三時間ほど飛んでキガリである。例の赤い土煙のなかに着陸し、赤い土煙をあげながら町に向かい、家に着いた。着くなり家内はなにもいわずにヘタヘタと椅子に坐りこんでしまった。想像にあまるひどさに口もきけずただ茫然としてしまっている。内心困ったことだわいと思いながら庭のほうを見たら、息子はもうさっそく樹登りを始めていた。やれやれ、少なくとも一人はルワンダを楽しみそうなのがいると思い、やや安心した。

家には外国人職員の夫人たちが挨拶にきていた。家の中は家具が組立てられていてちゃんと配置され、窓にはカーテンがつけられていた。私の留守のあいだにクンラッツ夫人がほかの外国人職員の夫人たちを指揮してカーテンを縫い、家を整えていてくれたのである。しかも当座のための食料品まで買っておいてあった。外国人職員の夫人たちも到着後それぞれ一、二ヵ月の人たちばかり、自分たちの生活も忙しかったのに、わざわざ私の一家のためにこうして協力してくれたのである。また翌日からクンラッツ夫人は買物などに家内を案内してくれたりして親切につとめてくれた。

家内がキガリのあまりのひどさにかなりショックを受けたのは明らかであった。しかし一言も愚痴をいわなかった。そしてなにもない不自由のなかで生活を整えるためその日から働きはじめた。おかげで私は苦労のたねだった使用人の監督から完全に解放されたのであった。

キガリのマルシェ（露天市場）

家族の到着で私の生活は一変した。今まで公邸は私の寝る所ではあったが、そこには使用人という形でルワンダが入ってきていて、家へ帰っても解放されることがなく安息の根拠地ではなかった。それが家族の到着とともにそこは家庭となり、根拠地となった。外国人職員の家庭やその他若干の交際はあったが、なんといってもルワンダ唯一の日本人の家庭であったから、家族の団結も日本にいるときよりなお一層強いものとなった。子供たちがとくに喜んだのは、日本では土曜日曜のほかは夕食を一緒にとることも少なかったのに、ルワンダでは殆ど毎食私と食事を共にできることだったようで、帰りの遅いときでも大抵は待っていてくれた。外でどんなに忙しくてもまたいやなことがあっても、家に帰れば無条件で私を信頼してくれる家族が待っていてくれており、家庭はその意味で私の城となりこのうえない安息所となったのである。

欧州出張――自力更生の決意

私が五月末欧州に出張したのは、ベルギー国立銀行のアンシオー総裁から、六月の国際決済銀行総会に自分の賓客《ひんきゃく》として出席されたいとの招待に応えたものである。その頃私は、ちょっとルワンダを離れても差支えない状態にあったし、かなり文明にも飢えていたのでもあるが、私としてはその機会になんとかして百万ドルほど資金援助を獲得したいと思ったのである。

ルワンダの経済事情は調べれば調べるほど深刻で、外貨も四月末で百五十万ドルほどしかなく、九月から入ってくるコーヒーの輸出代金を加えても、節約に節約をして年末までの必需物資の輸入にもこと欠く状態である。従って私が引受けた経済再建計画の立案も、毎日の外貨繰りに追われて落着いて考えることもできない。このままゆけば物資の不足からかなり激しい物価騰貴が起るのは必然で、再建計画の目途となる物価水準も予測しがたい。また計画実施の時期にある程度の物資がなければ、インフレ心理で当初さらに価格が上昇する可能性もある。こんな考慮から私は、困難を知りつつもなんとかして百万ドルほど資金援助を得たいと思ったのである。

こうして私は、イタリア、ドイツ、フランス、英国、ベルギーなどの国々を、資金援助の可能性を打診して廻った。各国とも一応友好的には応対してくれたが、知られざるアフリカの一小国に金を貸してくれるような奇特なものはいるわけがなく、ベルギーも当年分の援助の前渡しを若干繰上げることを承諾してくれただけであった。予想していたとはいえ、私は少なからず失望したが、一方、強国間では簡単に行なわれる資金の融通が、小国に対してはまったく問題にならぬという厳然たる事実を身に沁みて思い知らされ、よし、お世話になるものかと内心反撥《はんぱつ》し、結局小国の活きる道は安易に他人に頼らず自力でゆくよりほかはないと痛感した。

しかしこの出張で一つの大きな収穫があった。それはルワンダで操業しているベルギーの鉱山会社五社の協力を得たことである。ベルギー中央銀行の力添えで私はこの五社の代表と会合した。彼らは殆どが植民地時代コンゴ、ルワンダで鉱山を開発した技術者で、今老齢のため現地を引退し、本社の社長、専務となっている人たちである。私がルワンダの鉱石輸出代金の回金促進について協力を求めたら、はじめはきわめて慎重であった。しかし私が鉱山会社の正常操業を確保したいから意見を述べてほしいといったら、いろいろルワンダ政府の無理解、資材輸入とくに機械部品の輸入の困難等について苦情がでた。聞いていて私はこれは重大だと思った。

鉱山会社の本部の人たちは独立ルワンダに非常な不安と不信をもっているのである。重要な輸出品である鉱石の生産が順調に行なわれるためには、まずこの不信感を打破しなければならない。彼らのやっていることに批判すべきことも多いが、彼らの協力を得なければ鉱石の輸出がつづけられないのは事実であるし、また彼らがやっている批判すべきことがらでも、必ずしも強欲一途からでたものだけではなく自衛上やむをえないものもある。話していて彼らは本来技術屋であり、なによりも鉱山がうまく操業されることを望んでいるという印象を受けた。

そこで私は、「自分は日本からきている。日本では官界も金融界も事業界も、お互いに日本経済の発展に協力する協力者という根本思想がある。今日の話でルワンダでは官民対立という印象を受けたが、日本人である自分にとって非常に奇異に感じる。民間企業の繁栄なくしては国家の繁栄はないというふうに私は育てられてきたし、ルワンダでもその考えかたでやるつもりだ。今ルワンダは経済的に苦境にあるからご無理を願わなければならないが、少なくとも次のことは約束する。将来通貨改革があった場合、新為替相場は為替取引の日を基準に適用し、ブルンディのように輸出日によることはしない。その代り回金の正常の期間を守ってもらいたい。部品の輸入は迅速にできるよう、一件ごとの輸入許可をやめて金額の総枠を定めて包括許可にする。その代り外貨の乏しいときであるから、必要最小限のものに申請を限定してもらいたい。また政府になにか要求があれば、私は妥当なものであれば私から仲介するから遠慮なく申出てほしい」といったら、先方は非常に感謝し、回金の正常化について協力を約した。

この約束は忠実に守られ、鉱山会社と中央銀行の協力関係は通貨改革後もつづき今日に至っている。また私が要求した資料等も快く提供され、その後経済再建計画の立案に非常に役立ったのである。

III　経済の応急措置

執務中の著者（小川忠博氏撮影）

外貨管理権の奪回

ルワンダの法律によれば、ルワンダの外貨の管理権は中央銀行に専属し、貿易為替の管理も中央銀行が行なうこととなっていて、大蔵大臣、商工大臣にはこの権限はない。しかしルワンダ中央銀行が設立されるまでは、外貨はブジュンブラに本店のあるルワンダ・ウルンディ発券銀行が管理していて、ルワンダとブルンディ両国に外貨の総枠を割当て、ルワンダでは大蔵大臣がその枠内で外貨予算を編成実行し、発券銀行のキガリ支店が事務を担当していたのである。

ルワンダ中央銀行が設立されたのちも、この外貨予算は引続き大蔵省で編成されていたのであって、私の着任したときは一九六五年上期の外貨予算は事実上決定されていた。この外貨予算はベルギーの技術援助を前年退職したデンス氏が、臨時大蔵省顧問としてキガリにきて作成したものである。この外貨予算を見て驚いたのは、政府外貨による輸入に、一九六五年はじめの保有外貨と今後六月までに回金される輸出代金の合計の一倍半を割当てていることであった。

聞けば、その年十月に総選挙があるので、民生安定のため昨年並みの物資輸入をする必要があるからだとのことである。金がなくては輸入できないじゃないかと反問すると、それはちゃんと考えています、輸入許可は与えるが、支払いは今年のコーヒー輸出代金が入ってくる九月以降まで待ってもらうことにするのだという。今年のコーヒー輸出代金を今から使ってしまえば、下期と来年の輸入はどうするのだと聞けば、それはそのときのことだと涼しい顔をしている。しかも前年のコーヒー輸出の輸送費が未払いになっていることや、政府の対外支払いが今年増加することはなにも考慮していない。外貨予算を変更する時間的余裕がないのでこれを一応受入れたが、実行面で思いきった削減をしなければならないと決心した。

この金額的なでたらめもさることながら、さらに重大だと思われたのは、即時輸入、九月支払いの構想に表われた立案者の馬鹿さ加減であった。総選挙前の民心安定が目的であれば、輸入物資が九月前に確実にルワンダに到着し、流通経路に乗り、正常価格で販売されなければならない。しかるに二月ブルンディはすでに平価切下げを行なっており、ルワンダは早晩平価切下げをすると一般に予想されている現状である。かりに今輸入商が千ドルの商品を輸入したとしよう。この商品についてのマージンが通常五割だったと仮定すれば、その商品の輸入価格は五万フラン（一ドル＝五十フラン）、正常販売価格は七万五千フランとなる。この商人が正常販売価格で売ったのち、九月前に平価切下げが行なわれ新平価が一ドル＝八十フランとなれば、この商人は九月以降七万五千フランで売った商品の輸入代金千ドルを支払うため、八万フランで外貨を買わなければならないことになり甚大な損害を蒙《こうむ》る。従って輸入商は自衛上、商品の販売価格を予想される切下げ幅だけ引上げるか、あるいは注文した商品をブジュンブラに留め置いて、切下げ後ルワンダに輸入するかの方法をとることは必然であって、意図する正常価格維持も、九月前の輸入も実現不可能なのである。

こんなお粗末な連中に外貨予算を委せておくわけにはいかないので、私は大蔵大臣に、私がきたのだから、法律の建前どおり今後は中央銀行で外貨予算を編成したいと申出たら、意外にも快く承諾された。こうして一九六五年上期の外貨予算の実行と、下期予算の編成実行とは中央銀行で行なわれることとなった。

さてこの一九六五年上期の外貨予算の実行については、すでに配布された割当を取消すことはできなかったが、少しでも輸入に遅延があったり、申請輸入価格が疑わしいときや許可条件に違背があったときは配布を削り、つとめて外貨の節約をはかった。また下期の外貨予算は、必需食料、部品および石油に限定し、他方、繊維品、薬品等は自由為替で輸入させることにした。こうした努力にもかかわらず、平価切下げを実行した一九六六年四月はじめの保有外貨は、三十万ドルにまで落込んだのである。

外貨委員会

ルワンダの貿易為替管理法では外貨委員会が設けられていて、貿易為替管理に関する政策を決定することになっている。議長は中央銀行総裁、委員は大蔵、商工、計画の各大臣と商工会議所会頭、為替銀行の代表者および中央銀行総支配人である。大臣以外は外国人であって、悪口をいう者は外国人支配の態勢を法文化したものといっていた。委員会は本来政策を決定する機関であるが、私の前任者は月二回会合を招集し、あらゆる事項をこれに諮《はか》っていた。私も当初はその慣例に従ったが、一、二回であまりにつまらぬことを論議しているのに驚いてしまった。発言するのは殆ど外国人ばかりで、ときに大蔵大臣が遠慮がちに発言をするが、大抵外国人の意見が支配的であった。しかしあきれたのは、その外国人たちが傲慢な態度で断定的にいうことが、まったく初歩の経済常識に反するものであったことで、私ははじめは自分の耳を疑ったくらいである。

ある日の会合で商工会議所の会頭が緊急案件として、ビールびんの王冠輸入のためビール会社に外貨の特別枠を追加配布することを提案した。王冠不足のため必需物資であるビールの生産が停止する惧れがあるというのである。大臣たちもビールがコーヒー集荷期に不足するのはきわめて重大だと発言し、他の外国人委員たちも同意見だった。私は納得できないので質問した。

服部「ビール会社は健全に運営されていますか」

会頭「外国人経営で非常によく運営されています」

服部「それでは収益は高いでしょう」

会頭「勿論充分収益を挙げています」

服部「ビール一本の値段はいくらですか」

会頭「工場渡しで一本十八フランです」

服部「その値段のうち消費税はずいぶん高いでしょうね」

会頭「工場原価は八フラン足らずであとは消費税です」

服部「王冠の値段はいくらですか」

会　頭「半フラン以下です」
服　部「ビール一本あたりの利益はいくらですか」
会　頭「二フラン程度です」
服　部「それじゃ王冠の値段が倍になっても、それは利益で吸収できて、工場渡価格には影響しませんね」
会　頭「勿論しません」
服　部「みなさんにお考え願いたいが、一ドル＝五十フランで政府外貨を民間輸入に使う目的は、物価騰貴抑制が目的だと理解していますが、今の会頭の説明では王冠輸入に政府外貨を割当てても割当てなくても、工場渡しのビールの値段は変らないそうです。ビールが必需物資であることを否定しませんが、これと政府外貨の割当とは関係ないと思います。私はこの王冠輸入のため、自由外貨による輸入許可を交付することを提案します。自由外貨は一ドル＝百フランと政府外貨の二倍しますが、会頭の説明で物価に影響がないとのことですから実害はないと思います」
会　頭「しかしビール会社の収益に負担させるということは、民間投資家の信用に悪影響を与える懸念もあります。ルワンダは民間外資を必要としていますが、このようなことをやれば、民間投資家は投資を渋るようになります。今回の件は金額が少ないから私は異議は申しませんが、慣例とならないようお願いします」
服　部「民間投資家の一国に対する信用は、第一にはその国の政府が必要な経済政策をとる決意があるかどうかにかかっていて、国際収支悪化を放置するような政府ならば、投機的商業活動のための外貨は入ってくるでしょうが、本当に国のためになる外貨は入ってきません。会頭もこの趣旨を理解していただきたい」

商業銀行支配人「しかし王冠を自由外貨で輸入することは、必需物資は政府外貨で輸入する原則の例外を認めることになって、好ましくないと思う」

服　部「さきにもいったとおり、私は必需物資の政府外貨による輸入は、必需物資物価の安定のためという目的のためにとられていると解釈しており、外貨事情の苦しい今日ではあらゆる輸入について、物価安定に寄与する場合に限って政府外貨の使用を認めるべきだと思います」

蔵　相「私は総裁の意見にまったく賛成で、自由外貨による輸入を認めることにしましょう」

結局これで私の提案が承認されたが、大きな顔をして議事を主導していた外国人委員の能力はこんなものかとひどく失望した。しかし列席していた大臣がたにはおかげで大変信用されるきっかけとなった。

この外貨委員会は七月、一九六五年下期の外貨予算承認を最後に、その後会合を開くことをやめた。これは通貨改革の準備が進み、外貨運営の秘密を保持することが必要となったため、大統領の承認を得て招集を取止めたのである。

自由外貨相場の安定

さきにも述べたように、当時ルワンダは二重為替市場制をとっていた。この二重為替市場制度は独立前から宗主国ベルギーにならって行なわれていたもので、それ自体悪い制度ではない。しかしルワンダで行なわれていた形では後述するように、ルワンダ経済の諸悪の根源となっていた。

当時の二重為替制度は外国為替を政府外貨と自由外貨に区別して、政府外貨には一ドル＝五十フランの公定相場、自由外貨には需要供給で定まる自由相場を適用することを骨子とするものである。私が着任した当時この自由外貨の相場は一ドル＝百フランを少し下廻っていた。輸出代金および政府の外貨収入（外国政府の援助資金を含む）は中央銀行に強制的に公定相場で買上げられて政府外貨の源泉となり、国際機関分担金、在外公館の経費、政府輸入等の政府の対外支払いのほか、必需物資の民間輸入、運輸保険等の貿易付帯経費（本体取引が政府外貨によるものに限る）、および輸出貢献事業の利潤送金、外国人の勤労所得送金の支払いに当てられていた。

自由外貨は右にあげた以外の一切の受取外貨を、当時唯一の商業銀行であったルワンダ商業銀行（ベルギーのランベール銀行を中心にしてバンク・オブ・アメリカ、コメルツ・バンク、バンク・ナショナル・ド・パリの共同出資によるジュネーヴの海外金融会社が過半数の株式保有、ルワンダ政府も若干出資）がその定める相場で買取り、これを民間に転売するのであって、当時は政府保有外貨の割当を受けられない物資の輸入や、民間の海外送金に当てられていた。

私の着任した頃は、政府外貨がきわめて乏しくなっていたので、その割当を受ける民間輸入はきわめて削減されていて、かなりの種類の物資が自由外貨によって輸入されていたのである。また外国人の勤労所得の四割までが政府外貨により送金可能であったので、外国人はこれを限度いっぱい利用して送金し、これを自由外貨として逆にルワンダに送金し、事実上所得を増していたのである。例えば所得三万フラン（当時公定相場で六百ドル）の外国人は、一五パーセントの税金四千五百フランを支払い、三万フランの四割一万二千フランで政府外貨を二百四十ドル送金し、これをただちに自由外貨としてルワンダに逆送金すれば、一ドル＝百フラン見当の相場で二万四千フランが手に入るのである。彼の手取りは従って三万七千五百フランになる。彼の納めた所得税四千五百フランは、この手取り金額から逆算すれば、一五パーセントではなく一二パーセントとなり、外国人はこの二重為替相場制のおかげで、実質的に所得税の減額を受けているのである。

このように政府外貨と自由外貨の相場がいちじるしく開いたので、輸出代金を過小に回金してその差額を自由外貨で送金したり、輸入価格を過大に申告して支払い、差額を自由外貨で送金する例が多かった。しかしこれはまだよいほうで、多くの場合は、これらの差額はそのまま業者の海外預金になっていたと思われる。

しかしこの取締りは実際上不可能であった。輸出代金は元来審査困難である。しかも輸出業者が外国企業であれば、収益はその本拠である外国に貯積したいのは当然である。また輸入代金の過大申告は、国内における物資欠乏により価格がいちじるしく高いかぎりは、その可能性はつねに大きいのである。また私としては商品に関する知識がないので、価格の審査はできず、それに勉強してもその知識は、市場が小さくかつ陸送距離の長いルワンダの輸入について役立つかどうかは、きわめて疑わしかった。そのような考慮から、むしろ経済再建計画の一環として抜本的な解決をするまでは二重市場制度は変えず、自由外貨の取引も従来どおり放置することにした。

しかし、一九六五年の五月頃から、私は自由外貨相場の安定について真剣に取組む必要に迫られた。第一には六月からコーヒーの輸出が始まるが、もし輸出代金の一部が自由為替で回金されているという私の想像が正しければ、自由外貨の相場が今後上昇するという期待があれば、その回金は遅れるはずである。とくに下期の外貨予算では、自由外貨による輸入を大幅に増加しなければならないが、自由外貨が順調に供給されなければこの輸入は阻害され、さらに物価高を招くことになる。物価があまり急激に上れば、経済再建計画の計数的基礎が計算しにくくなる。とくに安定させるべき物価の水準の算定が困難になり、従って予想されるべき賃金の上昇率も定めにくくなる。経済再建計画が成功するためにはなによりも外国人、国民の別を問わず、ルワンダで働いている人たちに、計画が成功する可能性があると信頼されることが必要であるが、計画による新賃金が計画実施時の現実の物価に比してあまりにも低ければ、生活に直接関係があるだけに、この信頼は得られないこととなる。

このように自由外貨相場をぜひとも安定させなければならないのであるが、その方法がむつかしい。二月に平価を切下げたブルンディでも前年自由外貨相場を安定しようと、ブルンディ王国銀行が自由市場に介入したが、かえって投機を刺激して、自由外貨の相場が暴騰した例でも明らかなように、資本逃避心理が強く、国内流動性が過剰なうえに、保有外貨が乏しいことが周知の事実である環境では、中央銀行の市場介入による相場安定の試みは失敗するにきまっている。

それではほかにどのような方法があるだろうか。中央銀行の規則で自由外貨相場をしばることは容易である。しかし実情を無視した為替管理の効果は闇取引をただちに助成するもので、自由外貨相場の規制は二重為替市場制度のほかに闇為替市場をつくるだけのことになる。現在の自由為替市場は闇市場でなく公認された市場で、ある意味では闇市場ができるのを予防している安全弁の役割を果しているのである。その役割を果させつつ、相場を安定させることはどうも不可能のように思えた。

なおこの相場の安定とは相場の固定を考えていたわけではない。相場の急激大幅な上昇を避けるだけのことで、今後通貨改革実施までに、ルワンダ経済が実質的に悪化することは当然予想されていたので、自由為替の相場も若干上昇するのはやむをえないのである。

五月のある日、私は不思議なことに気がついた。商業銀行から毎週自由外貨の持高と売買と相場について報告を求めていたが、三週間持高が増加しているのに、相場が上昇しているのである。つまり供給が増えているのに価格が上っている。私は一生懸命その理由を考えた。相場は私が着任して以来月に三、四パーセント程度上昇しているが、上昇の速度は調べてみると取引の寡多や、持高の動きに関係ないように思われた。おかしなことがあるものだと二日考えた結果、自由外貨、自由市場といっても、一行しかない商業銀行がじつは一手に顧客と取引しているのであって、市場といっても競争のない独占市場であって、そこで決まる価格は需要供給によって決まるのではなく、商業銀行が独占的に決めているのである。そしてルワンダ経済が悪化することが目に見えているので、持高が増えても相場を引上げることになんの危険もなく、むしろ相場を規則的に引上げることが銀行にとって確実に利益を挙げることになるのだ、ということに気がついた。

私は腹が立った。畜生、通貨を玩具にして独占的利益を挙げていやがる。利益のために一国経済のもとである通貨価値を意識的に減価させていることは許せないような気がした。しかしそれにもまして腹が立ったのは、今までこれがわからなかった自分の頭の鈍さ加減であった。

私はさっそく商業銀行の支配人のところに出向いて、「商業銀行はいわば自由外貨の輸入商で、自由外貨という商品の国内販売を行なっている商人である。商人は取扱う商品の在庫が増えれば価格を下げて売行きを拡大し、在庫が減れば価格を上げるというように価格を決めてゆくものだ、それなのに最近三週間は在庫である持高が増えているのに、価格である相場は規則正しく上昇している。通貨価値に不安があり、かつコーヒーの季節を控えて、自由外貨相場をできるだけ安定させたいと、政府も私も考えているときに、そして自由外貨相場の上昇が一般の注目を受けているときに、このように理由の明らかでない相場の上昇が起ることは、取扱機関である商業銀行が独占的利潤を得るために通貨価値をもてあそんでいるとの誤解を招くことにもなり、その誤解は反駁《はんばく》困難のように思う。

従って今後相場を変更するときは、事前に私に理由を説明して協議してほしい。私としては自由外貨市場の機能を認識しているつもりで、中央銀行としてこれに介入したり規制したりするつもりはなく、商業銀行に委せる今の形をつづけたいと思っているが、これは放置するということでなく、この形による協力が一番よいという意味で、従って最小限私の知らない相場の変動があるようでは困るからお願いするのです」と申入れた。

私は相手の立場を充分考慮して申入れたつもりではあったが、支配人レイツ君はかなり厳しく受けとったらしく、「それでは総裁としては相場の安定を希望されるのですか、それならば、私は全力をつくして協力します」と答えた。私は重ねて「相場の安定は望ましいが、無理を押付けるつもりはない、ただ今後の変動が納得のゆくものであってほしいのだ」といって別れた。

この会談の結論をレイツ君は忠実に実行した。その結果自由為替相場はコーヒーの季節をつうじ、九月末までは一ドル＝百十フランの水準で安定し、そのためか自由外貨の流入も順調につづけられ、物資の輸入も細々ながらつづけられ、物価の過大な上昇も避けられたのである。

九月から相場の維持は困難になった。レイツ君は顧客の買注文を延期したり、切ったり断ったりしはじめた。その頃私は通貨改革の実施を一九六六年一月と予定していたので、もはや自由外貨相場を無理してまで安定させる意味はないと判断した。当時自由為替による輸入は、自由外貨を買ってから、その外貨で船積払いの信用状を開く方法をとっており、外貨購入から貨物のルワンダ到着まで四カ月はかかったのである。従って九月に自由外貨を輸入のため買っても、商品輸入は通貨改革による輸入の自由化実施後になるのである。また自由外貨はそのほか利益や給与などの送金に使われていたが、この種の送金は今後増加することが必至と思われたので、今から徐徐に自由外貨の相場を高くしていって、このような投機的送金を抑制できないまでも、その代価を高価にしておくことがよいと思われた。

それでレイツ君に徐々に相場を上げてよいと通知した。十月からは大体月三パーセントくらいの幅で相場を上げ、通貨改革を予定していた一月には一ドル＝百二十フランと思っていたが、実際には通貨改革が四月まで遅れたため、自由外貨の相場は一九六六年三月半ばには一ドル＝百三十五フランにまで上り、一日だけではあるが一ドル＝百五十フラン近い相場のでたこともあった。この水準では取引は殆どなくなり、商業銀行は買一方だったが、通貨改革直前四月一日から政府外貨の取引を停止した十日間に商業銀行はその持高を全部百三十五フランで処分してしまった。商業銀行はこの取引で若干の損をしたが、取引停止直前に中央銀行から商業銀行に売却した政府外貨の評価益でこの損は補われ、結局二万フランくらいの外貨評価益となった。

このように、中央銀行は市場介入の手段をとらずに、自由外貨相場を通貨改革前の必要期間中安定させることに成功したのである。

他方私は、自由外貨による輸入に対する関税の適用の正常化の提案を行なった。私が着任した当時、輸入関税は輸入品のルワンダ到着外貨価格を一ドル＝五十フランの公定相場で換算したルワンダ・フラン価格に対してかけられていた。これは自由外貨で輸入された商品については、ルワンダ・フランによる原価を不当に低く評価すること、逆にいえば自由外貨による輸入品に対する関税の引下げを意味する。自由外貨による輸入品は、政府外貨による輸入品より必要度の低いものであるのに、これが減税されるのはいかにも不合理である。また経済再建計画の一部である物価対策、関税改正を考えるうえで不便である。このような見地から私は政府に対し、関税の適用は輸入に使われた外貨が政府外貨の場合は公定相場、自由外貨による場合は自由外貨相場により換算されたルワンダ・フラン価格によることを提案した。

この提案は七月はじめに行なわれたが、その承認は八月末であった。これは大蔵大臣が大統領の意向を聞いたため遅れたもので、大統領の回答は「これは自由外貨を正式に公認するという印象を与える惧れがあると思われるが、本来通貨のことは中央銀行の所管であり、その総裁が正式に提案したからには、このことを充分考慮したものと認めるべきであるから、承認すべきである」という趣旨のものであった。私は大統領の信頼に感激するとともに責任を痛感した。

国債制度の整備

着任後私がとくに力をいれて調査したのはルワンダの財政制度、国庫制度である。これはルワンダ経済の最大の問題は財政の不均衡にあると思われたからである。私はパリ駐在時代かなり詳しくフランスの国庫制度を調査したので、ルワンダの国庫制度を調査することはさほど困難ではなかった。そして国庫の計理も案外きちんとできていたのは意外であった。しかしこの調査の結果判明したルワンダの財政の実情はきわめて深刻であった。一九六四年の政府収入は、租税、関税、消費税その他の経常収入四億九千三百万フラン、臨時収入（ベルギー援助）四千二百万フランと合計五億三千五百万フランしかないのに、支出は経常支出六億六千万フラン、特別支出五千六百万フラン、予算外収支の支払い超過四百万フランと合計七億二千万フランとなり、差引き国庫の赤字は一億八千六百万フランと政府支出の四分の一強にのぼっているのである。

このルワンダ財政の分析は別項で行なうが、私がとくに注目したのは、この赤字は、七千八百万フランの中央銀行の政府貸付と一億八百万フランの赤字国債によって金融されていることであった。一九六五年からはベルギーのルワンダ国庫に対する援助（一九六四年、四千二百万フラン）は打切られることになっていたので、今後は中央銀行の政府貸付と国債とによってこの収入減少分を含め政府赤字を金融しなければならない。そのため私は国債制度がどうなっているか、どう運用されているかを調査することにした。

調べてみて驚いたことには、国債に関する法律がない。一九六四年の国債の発行は、同年の予算書に「政府は収入と支出との差額を借入れることができる」というのを根拠にしているのである。国債の一番大きい引受先はルワンダ商業銀行で、一月ものを引受けていて、金利は年三分である。しかるに、ルワンダ貯蓄金庫とルワンダ社会保障金庫は三月もの、六カ月ものを引受けているのに、金利は二分、二分五厘、四分と各種異っており、ひどいのは同日に発行した同期間の国債が貯蓄金庫の分は年四分、社会保障金庫の分は二分五厘となっているのである。

国債の発行は大蔵省のベルギー人顧問ヴァンデヴァルが担当していて、中央銀行の政府貸付が増加すると、中央銀行に相談もせずに国債を発行するのである。中央銀行には相談しないが、商業銀行とは相談する。ある月などは商業銀行の要請に応じて借款額を減らしたため、その差額を中央銀行貸付で金融する必要が起った。

私はこのようなでたらめな国債制度をどうしても正常化しなければならないと思った。まず第一にこのように思いつきで国債が発行され、金利が決まるのでは、中央銀行は通貨信用の運営の責を負いかねる。第二には経済再建計画実施後も当分政府の赤字は解消しないと思われたので、国債制度を整備することが必要だった。さらに財政が赤字であるときに、政府機関である貯蓄金庫や社会保障金庫に集中される貯蓄はまず、財政赤字の金融に動員しようと思っていたが、その手段は国債を保有させることである。最後に経済再建計画の一環として民間貸出を強力に規制することを考えていたが、銀行に蓄積された過剰流動性を封じこめ、かつ銀行に若干の収入を保証するため国債を使うことを考えていた。このような理由で私は国債管理権を中央銀行に取上げ、国債制度を整備しなければならないと考えたのである。

私は大蔵大臣に中央銀行法では国債の管理は中央銀行の所管になっている。今まで大蔵省がこれを行なっていたのは中央銀行がこれを引取る準備ができていなかったからやむをえなかったが、私がきたから今後は中央銀行で行なうこととしたいと申入れた。大蔵大臣は快く承諾して、私はヴァンデヴァルから事務を引継いだ。

私はさっそく国債を登録制にし、二月、四月、六月、八月の短期国債と、一年から五年までの中期国債の制度を決めた。金利も期間に応じて差をつけた。国債利子は税法上免税になっているので、一年もの年三分、五年もの年五分と利率は低率にした。これは貯蓄金庫や社会保障金庫の資金をできるだけ長期封じこめ、不健全な貸出をする余裕を取上げるためであった。

金融機関との協定

一般に政府金融機関は不健全な融資を行ないがちである。ことに途上国では有力者が地位を利用して貸出を受け、あとになって返さない例が多い。そこで私は貯蓄金庫の内容を調査した。貯蓄金庫は庶民の貯金を受入れて、これを運用する機関であるが、その預金の大部分はコーヒー局の価格変動準備金と社会保障金庫の準備金で、資金は主として国債に運用していたが、最近貸出が伸びてきていた。その貸出の内容は主として住宅建築のためであり、主としてルワンダの有力者に貸していた。ところが期日には一件を除いてはじつに正確に返済されている。ことに私の知らない人たち（主としてルワンダ人商人）はじつにきちんと期限前に返済しているのである。

このように、貯蓄金庫にはあまり問題はなかったが、一九六五年のコーヒー輸出では、価格が若干下ると予想され、従ってコーヒー局の準備金がかなり引出される情勢にあったし、また貸出が今後この調子で伸びると、国債消化にも支障が起るので、貯蓄金庫に対しなんらかの規制をしておくことが必要と考えた。ことに住宅建築貸出は一件二、三百万フランであって、資金が限られているためごく少数の人にしか貸せない。また建築した住宅は外国人に月四、五百ドルで賃貸されるので返済に問題はないが、貸出を受けた人たちはたちまち富裕になる。なかには第一回の借金はすでに返して新たな貸付で二軒目の貸家を建てている人がある。このような不公平はルワンダの社会的安定を侵害する惧れがあるように思われた。すでにルワンダ人のあいだで、少数の有力者が立派な家を次々に建てて、これを賃貸していることに対する批判が始まっていたのである。

私は八月貯蓄金庫に対し、百万フラン以上の貸付は中央銀行に事前協議すること、毎年中央銀行の定める金額の国債を引受け保有すること、国債処分は中央銀行に協議すること、国債の満期到来の際は新発行債に乗換えること、中央銀行の求める資料を提出すること、中央銀行は貯蓄金庫に対し、預金引出等により資金が必要なときは資金援助をすること、貯蓄金庫は中央銀行が必要と認めた貸出を行なうこと、ただし中央銀行はこれに必要な資金を供給すること、を内容とする協定の締結を申入れた。

私が意外だったのは、貯蓄金庫のカモソ総裁はこの協定を貯蓄金庫に対する中央銀行の協力と受けとったことである。彼は非常に感謝して、二、三の点の修正を申入れただけでこの協定に署名してくれた。これが貯蓄金庫と中央銀行、そして、その後家庭大臣、郵政大臣を歴任するカモソ氏と私の、長い協力関係のはじまりである。

ルワンダ商業銀行は主として外国人企業の預金を受入れ、資金の大部分は中央銀行に預けていて、貸出と国債とはほぼ同額であった。貸出は殆ど外国人企業に対するものだけで、ルワンダ人は有力者二人に対する住宅貸付と、少額の融通が数件あるのみであった。商業銀行の責任者にいわせれば、同行はきわめて慎重な貸出態度をとっていて、健全な取引先のみに融資を限定し、その金額も必要最小限に止めていたということであった。

しかし、私の見たところ、商業銀行の貸出が少額に止っていたのは商業銀行の慎重な態度によるものではなく、むしろルワンダに民間の資金需要がなかったためと思われた。経済状態が毎日悪化していく国に投資が行なわれるはずはない。外貨需要が極度に窮迫しているため輸入許可を極力削減しているので、外国人商社は資金があっても輸入できない。じじつどの輸入商も在庫は殆どない。しかも物資欠乏のため利潤は高い。このような状態では金を借りる必要はないのである。

商業銀行の貸出先を調べれば、その殆どが欧州人商社である。しかも大部分は資本金五百万フラン（当時の公定相場で三千六百万円）で、商業銀行からの借入金はほぼ資本金と同額である。公表利益は殆どない。これを見ると商業銀行の貸出態度は決して健全とはいえないと思った。

このように商業銀行の貸出態度が必ずしも健全でなく、ただ資金需要がないために貸出が伸びないのであれば、通貨改革の一環として輸入の自由化を行なった場合、商社はいっせいに手持の現金のみならず、借入を増やして輸入することが予想され、貸出が急激に増えることが必至と思われた。ことにルワンダの外国人商人の商業能力については当初の六カ月間で私はかなり軽蔑していたので、彼らが自由化と同時に過大輸入を行なって、かなり滞貨のでることも予想された。

また経済再建計画の重要な項目として、ルワンダ経済における競争の導入奨励を考えていたが、輸入の分野でベルギーのランベール銀行の系列会社の子会社のみが商業銀行の貸出を受けるようなことになれば、競争はむしろ制限されることになる。そして商業銀行の現実の貸出態度を見ているとその惧れは充分にあった。

このようなことから、商業銀行に対しても通貨改革後の情勢に備えてなんらかの規制をする必要があったが、七月に二つの事件が起り、商業銀行規制の私の決心を強めたのである。

住宅貸付と国債乗換え事件

その一つは商業銀行がチマナ蔵相に対し住宅貸付をしたことである。チマナ氏はすでに貯蓄金庫の住宅貸付で二軒住宅を建設し、これを高家賃（一軒は月八百ドル）で賃貸していたが、三度目の融資は貯蓄金庫に断られ、商業銀行から融資を受けたのである。私が商業銀行の責任者に「こんな貸出はいいと思うか」と質問したら、「二軒の貸家が担保に入っており、その家賃を返済に当てているので心配ありません」と答えた。なるほど私企業である商業銀行としてはこの考えかたでいいのだろう。しかしルワンダ唯一の民間銀行であることに伴う公共性についてはなにも考えていない。これを考えることは商業銀行の役割でないならば、中央銀行が商業銀行の運営が公共性に合うように規制をする必要があるということになる。

第二の事件は前項で触れた国債の件である。商業銀行の常務（ベルギー在住のベルギー人）がルワンダにきて私に面会したとき、私は一月ものの国債の利率が年三分とは、国債利子が免税である点からみて高すぎる。自分の意見では一年ものに対して年三分が妥当と考える。また現在保有の国債は当分のあいだは満期の際全額乗換えてもらいたいといった。ところが常務は私の事務室を出たその足で大蔵省へゆき、ヴァンデヴァルに会い、同月満期到来の国債を一部現金償還を受け、残りは一月ものに乗換えたのである。これは明らかに私に叛旗《はんき》をひるがえしたのであって、紳士協定で協力を得られると考えた私がおめでたかったことを、思い知らされた。

商業銀行の常務としてはこの際私に商業銀行は必ずしも中央銀行の意思どおりに動くとはかぎりませんぞ、商業銀行のほうが大蔵省とより密接な関係があるから、商業銀行の気に食わぬことを中央銀行がやろうとすれば大蔵省に直訴しますぞということを、私に知らせたつもりだったのであろう。じじつ商業銀行はルワンダの有力者とかなり密接な関係をもっており、また大蔵省の臨時顧問をしていたデンスを、退職後ランベール銀行で嘱託として傭《やと》っていたのである。

先方がその気なら私もあとにひけない。ルワンダ中央銀行法によれば、ルワンダにおける通貨信用の運営は中央銀行の専属権限である。そのことの可否は抽象的立法論としては論議がないわけではないが、少なくともルワンダの実定法ではそうなっている。また金融のことは勿論、財政のこともろくに知らないヴァンデヴァル風情に中央銀行の仕事をかきまわされてたまるか。ことに今後通貨改革を実施する際、商業銀行の全面的協力を得なければならないが、紳士協定による自発的協力が得られなければ法にもとづいてその協力を強制せざるをえない。

八月、私は貯蓄金庫との協定を結ぶのと同時に商業銀行に対し、国債を最低限一億フラン保有すること、今後国債の買増しは中央銀行と協議すること、保有国債は中央銀行に根質権を設定すること、輸出関係以外の貸出の残高は中央銀行の定める金額以下にすること、一件百万フラン以上の貸出は中央銀行に事前協議すること、輸出関係以外の貸出の最低金利は年九分とすること、輸出関係貸出は別枠で中央銀行に協議すること、そのうち中央銀行の承認するものは中央銀行の再割引適格とすること、輸入と住居のための金融は中央銀行がとくに承認する場合のほかはしてはならないこと、資金繰り上必要なときは中央銀行は必要な額を定めて、商業銀行に資金援助をすること、中央銀行の求める資料を提出すること、を内容とする協定の締結を申入れた。

この協定は私が原稿を書きクンラッ君に渡したが、彼は一読して、二、三フランス語をなおしてタイプに廻した。そこで私は「何事についても意見のある君がなにも意見をいわないのはどういうことだい」と聞いたら、クンラッ君は沈痛な顔をして、「総裁、私はあの協定の内容については全面的に賛成なのです。ただ、あまりに強烈な規制なので、商業銀行は締結に同意しないのではないかと心配しているのです。私は彼らをよく知っていますが、なかなか一筋縄でゆく連中ではありませんよ」と答えた。

彼は商業銀行が拒否したときに、中央銀行がひくにひけなくなることを、また政治的にベルギーで強い立場にあるランベール銀行がベルギーの政府を動かして圧力を加えてきたときのことを心配していたらしい。しかし私は、たとえ弱小であっても独立国であるルワンダで営業するルワンダ法人である商業銀行が、ルワンダの法律に従って中央銀行の発する規制に従うのは当然すぎることであり、たとえ規制の内容に不満でも協力は得られると思って、クンラッ君の心配を取越苦労と片付けて、この手紙を発送したのである。私は当時、新しく独立した国でいかに旧植民地的な考えかたがなお根強く残っているかについて、まったく無知に近かったのである。

手紙を発送して数日たっても商業銀行からはなんともいってこない。しびれを切らせてレイツ君に聞くとたしかに受けとって、今ブラッセルで検討中だとのことである。早く返事をくれるよう頼んだが、さらに二週間たって、とりあえず国債は自発的に一億フランまで買増しするが、協定案その他の事項は問題があるので、国際通貨基金総会の際、ワシントンで話合いたいとの連絡が電話であった。すでにそのとき私も総会へ出席のため出発する直前だったので、直接談判するほうがよかろうと思った。

ランベール銀行総支配人、面会にくる

九月末ワシントンに着くと、ランベール銀行の総支配人でルワンダ商業銀行の専務を兼ねているデヴィルシャン氏から面会の申入れがあった。彼は挨拶がすむとすぐ用件に入って、「今回の協定申入れは中央銀行が商業銀行のやりかたに不満をもっていることを表わしたものとしか考えられず、自分たちにとっては非常なショックである。自分たちとしては設立以来健全金融をやってきて、借入の申込は大部分は断っている実情で貸出規制をされる理由が納得できない。ついて

はなにか誤解があるのではないかと、総裁の真意を伺いたいと思って会見を申入れた次第である、どうかご不満ご批判を率直におっしゃってほしい」といった。言葉は丁重であったが、不服不満の気持を一生懸命に抑えているように見受けられた。私は答えた。

服　部「あなたがたはなにか誤解しておられるのではないか。ルワンダ商業銀行の運営に重大な批判があれば、私はそういいますよ。小さな問題は沢山ある、またなければおかしい。しかしこれはいずれも現地で注意すれば解決できる問題で、あなたがたに解決を頼む性格の重要な問題ではない」

デヴィルシャン「しかし、最近中央銀行がいろいろ商業銀行の仕事に干渉したり、文句をつけたりする事例が多くなってきている。これは前総裁の頃はなかったことで、あなたが着任してから、とくにクンラッ氏が総支配人になってから始まったことです。例えば従来商業銀行を信頼して商業銀行に委されていた自由外貨の取引について中央銀行が口をだされているが、自由外貨は市場の実勢に応じ自由に取引されるべきもので、中央銀行がこれに口をだすのはちょっと行過ぎではなかろうか」

服　部「自由外貨のことをいいだしたのはあなただということをよく念頭において私の話を聞いていただこう。まず前任者がどのようなことをやったかは、私にはまったく興味のないことだ。また今行なわれていることのいきさつなども、私はまったく興味がない。私は歴史家ではなくて実務家なのだ。そして私はルワンダの破綻に瀕《ひん》した財政金融を建直すためにルワンダにきたのだ。

そのためには現状を打破することが必要で、現状是認は私の任務に反するのだ。

あなたは自由外貨は名のとおり民間の商業銀行に委せるのが筋合とお考えのようだが、ルワンダの自由外貨市場の実体は自由でもなければ、自由市場でもない。商業銀行が唯一独占の仲介機関である独占的取引ではないか。これは商業銀行に対する批判ではない。事実の問題である。しかし独占は国益に応ずるよう規制しなければならないのは世界をつうじて認められた原則で、あなたの国の加盟している欧州共同体でも認められている。ルワンダの実情では自由外貨市場は独占であるので規制の必要があるということができる。これは原則の問題だが、ルワンダにおける自由外貨取引の実際で、規制を要する具体的必要がなければ私は原則論で規制を発動したりはしない。しかし商業銀行は過去において、自由外貨の持高が増加しているのに四週間にわたって規則的に相場を上げていた。このように外貨の価格である相場が経済法則と離れた動きを示したのは商業銀行がなんらかの考えで人為的な相場決定をした、つまり自由外貨相場は市場の需要供給で自由に決定されたのではない。それで私は商業銀行に対し、相場を動かすときは相談してもらいたいといったのである。過去においてこのような相場の決定をやった理由については私は興味はない。ただ今後相場が動いたときは、その理由を知りたいだけである。しかし、過去のようなやりかたをすれば、商業銀行はその独占的地位を利用し、利益のために相場を操作し、その結果ルワンダ・フランの対外価値を破壊していたといわれてもしかたがないでしょう。

自由外貨相場はその後安定しているのでこの問題は私としては解決していると思っており、あなたに話すつもりはなかった。あなたがいいだしたから話したまでだ」

デヴィルシャン「それはよくわかりました。そのほかになにかご不満はないでしょうか」

服部「さきにもいったとおり、商業銀行の業務のやりかたに問題がないわけではないが、いずれも現地で解決できる程度のもので、あなたがたをわずらわせるほどの重大な問題はない。私が問題にしているのは、八月に私が提案した中央銀行と商業銀行との協定案について、九月も終りになろうというのに、まだなんらの返事がないことで、私は待ちくたびれているのだ。早く返事がほしい」

デヴィルシャン「無理をおっしゃっちゃ困ります。あんな広範かつ強力な規制を内容とする協定は、わがほうとしても慎重に検討しなければならないし、またたとえ私が同意であっても私一人の権限を超えることがらだから取締役会に諮らなければならない。私はその前に国際通貨基金の担当官や、大蔵大臣の意見なども聞きたいと思う。しかし私の第一印象をあえていわせていただければ、いささか行過ぎだと思う」

服部「重大な事項だから取締役会に諮らなければならないというのはよくわかるが、私の知っているかぎり、取締役会長のレオン君は招集の話を全然聞いていない。またあなたが大蔵大臣や通貨基金担当官に会われるのはご自由だが、ルワンダの法律では通貨信用の運営は中央銀行の専属権限になっていて、筋違いの方面にこの件で話にゆかれる趣旨は諒解に苦しむ。

しかしあなたは協定の内容が行過ぎだとおっしゃったが、一体どういう点を指していわれるのか伺いたい」
デヴィルシャン「まず貸出規制の件です。あの貸出規制はまったく商業銀行の貸出の自由を奪うもので承服できない。第一に商業銀行は慎重な貸出態度をとっていて、規制を受けるような不良貸出をやった覚えはない」
服　部「しかし貸出の規制は世界どこの国でも行なわれていることで、お国のベルギーでもかなり厳しい規制が行なわれている。市中銀行が数行あるような国では枠を定めて競争を認めることも可能であろうが、市中銀行が一行しかないルワンダではどうしても厳しい規制とならざるをえない。独占ということは必ずしも強いということではない。むしろ御行は唯一の市中銀行であるためにかえって弱い立場にあるのではないだろうか。例えば、チマナ蔵相に対する住宅融資は不適当であることを知りつつも、断りきれなくて貸したのが実情と諒解している。協定ができれば、商業銀行としては中央銀行が承認しないといって断れるようになるのではないか。また民間の借入申込についても、今は貸出需要が少ないから、おっしゃるように慎重な貸出態度をとっていられるが、私としてはきわめて近い将来、資金需要が非常に旺盛《おうせい》になると思っている。その場合、国としては貸出を規制する絶対的必要が起るし、また規制があることで商業銀行は融資申込を断りやすくなると思う」
譲らぬランベール銀行総支配人

デヴィルシャン「次に国債の強制保有は承服できない。察すれば財政赤字を恒常的に中央銀行が金融しなければならない状態に困惑されて、その解決策として商業銀行による国債保有を考えられたものと思うが、中央銀行が困るからといって、その解決を市中銀行に押付けるのは納得がゆかない。このようなことを認めれば商業銀行は資金の全部が国債に凍結されて、コーヒー金融その他の正常な貸出をするためには、ベルギーから商業銀行に金融しなければならない事態も予想される。一時的に親銀行から子銀行のルワンダ商業銀行に資金を融通することに異存があるわけではないが、放漫財政の尻拭いとして国債保有が過度になった場合の、親銀行からの資金融通はそのままこげつく可能性が大きく、自分としては容認できない」

服部「それはまったく誤解もはなはだしい。私の送った協定案のどこからそのような解釈がでてくるのか理解に苦しむ。しかしあなたが悪意で邪推をしているとは思えないので、あるいは私が日本的常識で書いた協定案を、あなたがアフリカで外国人が仕事をする際の常識で読まれたために、このような誤解が生じたのかもしれない。

どこの国でも銀行業を行なうためには、営業保証として一定額の国債の保有を強制されることが義務付けられている。また市中銀行がこの営業保証のほかに、準備資産として国債を保有することは、世界中共通の慣行であり、ルワンダ商業銀行だけが国債保有を拒否することは考えられないし、あなたもまさかそんなことを考えているわけでもあるまい。とすれば問題は、国債を保有する手続きの問題になるかと思う。

現在商業銀行は、大蔵省からの直接の要請で国債を保有していて、金額、条件なども政府と商業銀行の直接の交渉で決まっている。これは望ましい姿であろうか。なるほど交渉であるから、商業銀行の意見を述べられるというのは、形としてはいいかもしれない。しかしなんといっても政府が相手では商業銀行は弱い立場にあり、一応意見はいっても、結局政府の要求を受入れざるをえないのではないか。また商業銀行が一方の当事者として政府と交渉するため、どうしても無用の摩擦が生じるのではないか。とくに交渉の性質が金の貸借であるのでその危険は大きいと思う。商業銀行の国債保有を中央銀行を経由して行なうことにすれば、商業銀行としては現在のやりかたの諸問題を回避し、資金運用のための国債取得という本来の姿に戻ることになる。商業銀行としてもそのほうがよいと思うがどんなものだろうか。またこれがルワンダの法律の趣旨に沿うことにもなるのだが。

おっしゃるとおり、財政の赤字は中央銀行の政策運営を困難にしている。そして中央銀行はこれをできるだけ削減するよう努力している。その場合、中央銀行が知らない間に、政府と市中銀行とのあいだに国債の発行が行なわれるのは、中央銀行としてははなはだ不都合なのである。しかし、いったんやむをえないと認めた財政の赤字は金融せざるをえず、それは中央銀行で独占したほうが少なくとも収益を生む点で中央銀行に有利であって、その国債を市中銀行に押付ける利益は、中央銀行の経営面からはないのである。それをあえて提案したのは、むしろこの収益を市中銀行に裾分けしたいと思ったからである。

私はまだルワンダのことを充分知ってはいないが、商業銀行はコーヒーの集荷、輸出のため、毎年六月から九月まで尨大な貸出を行なう必要があり、それに備えて巨額の資金を流動的な形で保存しなければならない。一年の三分の一に集中する資金需要に備えるため、八ヵ月巨額の資金を寝かせている。これでは銀行の収益性をあげることは不可能である。またルワンダ最大の輸出商品であるコーヒーの金融の金利を引下げることも不可能である。商業銀行は公共性を重視しなければならないが、その根本は民間企業として収益を考えなければならず、またルワンダのような国での危険を考えれば内部留保を厚くしていかなければならない。そのためにも充分な収益をあげなければならないと考える。

このような考えかたから私は、資金が遊んでいる期間その一部を国債に運用する方法を市中銀行に与え、その収益性を改善しようと思ったのである。その国債をコーヒーの季節には国債担保の中央銀行貸出を受けることによって資金化できるよう、市中銀行保有国債に中央銀行のために根質権設定を提案したのである。

このように商業銀行の収益が確保されれば、現地の支配人も自由為替を操作して利益をあげようという誘惑を感じることもなくなるかと思う。また将来国家的利益の大きいコーヒー関係融資の条件の緩和にも応じやすくなるのではないか。

しかしこのように、市中銀行の収益を改善する趣旨の措置であるから、市中銀行としても中央銀行に協力してもらわなければならない。それは貸出の自由や規制などの具体的な問題を超えて、常時相談することをつうじてあらゆる面で協力して、中央銀行と一体になって動いてもらうことである」

このとき、今まで心配そうに二人のやりとりを聞いていたランベール銀行のジレ氏（あとでデヴィルシャン氏の後任となった）が控え目に、

「私は総裁の説明を聞いて、趣旨は商業銀行にとって非常に有利で興味あるものと思います。協定案はむしろ、商業銀行として進んでお受けするのがよいと思いますが」

と口を出した。デヴィルシャンはジレをジロリと見て、

「ジレ君もいっているとおり、私も今日のご説明を聞いて納得しました。しかし私としてとくに申上げたいことは、われわれはルワンダで営業しているのですから、ルワンダの当局がなにかご希望があれば、われわれとして好意をもってご相談に応じることはいうまでもありません。しかし一方的な押付けは絶対に受入れられません」

と、最後のところは語気を強め、顔を突きだしていった。私はむっとしたが、できるだけ平静に、

「いやあなたはそれを受入れますよ。協定案の内容はいずれも法律で中央銀行の権限になっていることです。協定案をあなたがたが押付けだといって拒否すれば、私は法律上の与えられた権限で規制を制定して実行を命じますよ。私は市中銀行の自主性を尊重して協定案を提案しただけのことで、協定がいやなら法的規制をやるのが私の義務ですから」

と答えた。デヴィルシャンはちょっと顔色を変えたが、しばらくして怒りを抑えた調子で、

「なるほど、あなたには規制する権限はおありでしょう。しかしわれわれには商業銀行を閉鎖する自由があることをお忘れなく。これはおどかしではない。われわれが納得する条件で営業ができないような国では、われわれは仕事をやめる方針ですし、ルワンダにおける取引は、われわれとしてもたいして興味がある金額ではありませんからね」

といった。私もさすがに憤慨して答えた。

「閉鎖するのはご自由です。そうしたらしかたがないから、中央銀行で商業銀行業務をやりましょう。その例は多いし、私もルワンダでの商業銀行業務くらいはあわせてやる自信はあります。しかしデヴィルシャンさん、あなたは祖国もない流転の身から裸一貫で、今日ランベール銀行の総支配人になり、今は国際的な銀行家として国際通貨基金の総会に、個人的資格で賓客として招待されるまでになった人です。見受けたところ功成り名とげて隠退されるのも近いあなたの、輝かしい銀行家としての生涯最後の仕事が、アフリカの貧乏な小国がその経済を建直そうと真剣にとりかかったとき、それに協力を拒んだということでよいのでしょうか」

デヴィルシャン氏は、

「ともかくこの問題は私の一存ではいかないので、さいわい取締役の殆ど全員が今ワシントンにきているので、明日十時に緊急取締役会を開催してこのことを諮りたい。その際総裁も出席されてご自分から話していただきたい」

といって、その日は別れた。

その夜はさすがに眠れなかった。まず途上国で営業する外国銀行の傲慢な態度に腹が立ってしかたがなかった。それを受けなければならない途上国の屈辱的な地位を考え、またそれに対抗できる日本人という立場の強さを思った。さらにもし彼らが本当に閉鎖を断行すれば、私としては中央銀行の商業銀行兼営で一応の解決はつくが、ベルギー外務省のクラコ審議官の態度を想い起して、ベルギーからの圧力等を考えあわせると、はたして自分のとった態度が本当にルワンダのためになったのか、途上国としてはむしろ耐えがたきを耐え、忍びがたきを忍ぶのが宿命であり、生きる唯一の道であるのに、私は日本人という立場で売言葉に買言葉でルワンダに迷惑をかけたのではないか、などの反省がわいた。

ルワンダ商業銀行緊急取締役会

翌日示された会議にでた。取締役会長のレオン・ムバルシマナ君一人がルワンダ人で、そのほかは、デヴィルシャン、ジレがランベール銀行を代表し、あとはバンク・オブ・アメリカ、ドイツのコメルツ・バンク、フランスのバンク・ナショナル・ド・パリの代表者で、白人ばかりである。会議は実際にはデヴィルシャンが司会し、会長のレオン君はデヴィルシャンの提案することを「うん、うん」と同意するだけで、議事の内容も皆目わからないままに、すべてが白人ペースで決まっていくのを、あれよあれよと見ている様子である。私は、現地人参加の途上国の会社の、取締役会運営の実体をはじめて目撃したのである。

デヴィルシャンはまず次のように発言した。

「本日緊急にお集りをお願いしたのは、かねてご案内していました、中央銀行からの要請についてて結論をだしたいと思ったからです。ご存じのように、中央銀行からの今回の要請はきわめて広範なもので、当方としても充分検討したうえで、慎重に態度を決定すべき重大なことがらでありますが、なにぶんにも総裁は回答を至急にほしいということですので、昨日私はジレ氏と一緒に総裁に会っていろいろ話合った結果、その趣旨がよくわかったのですが、私から説明するよりは、みなさんに総裁から直接話していただくほうがよいと思って、総裁にこの会合に出席をお願いした次第です。なお昨日の懇談で商業銀行による自由外貨取引に関する総裁の批判がありましたが、これは私から、現地における誤りであると説明申上げ、ご諒承を得ましたし、この種のことはその後起っていないことをあわせて報告いたします」

私はすぐ次のように発言した。

「自由外貨の件は昨日の会談でデヴィルシャン氏が持ちだしたから話題になったもので、私としてはすでに現地で解決ずみのことと解釈しています。ただ今日また話がでたから申上げますが、この事件は人によっては、ルワンダ・フランに対する破壊行為と見られてもしかたのない過ちであったことを、念のためお知らせします。しかし過ちという説明を諒承しましたし、デヴィルシャン氏のいうとおり、この種の事故はその後起っておらず、さきにいったように私としては解決ずみの事件と考えております。
私として問題なのは協定の件です。これに関して昨日、私はデヴィルシャン氏と、礼譲よりは率直に重点をおいた長い会談をしました。その結果協定の内容よりも、中央銀行と商業銀行とのあいだの意思の疏通《そつう》が重大な問題であることがわかり、デヴィルシャン氏の招待に応えて本日の会合に出席することにした次第です。

まず協定の内容については、すでにみなさんご承知のことと思いますが、これはべつだん突飛なことはなにもなく、すべて中央銀行法その他のルワンダの法律で、中央銀行に委任された権限なのであります。ご存じのように、今ルワンダの経済は破綻寸前にありますが、政府は現在これを建直す方策の検討に真剣に取組んでおり、その中心的な役割は中央銀行が果しているのです。私が中央銀行総裁としてやらなければならないことは、ルワンダ経済建直しのために私が必要と思うことを、ルワンダの法律に従って実行することで、これは私の絶対の義務であって交渉の対象になるものではありません。

協定案に盛られた内容はいずれも私が、今後金融政策の運営のために必要と認めたことがらであり、みなさんのご意見は伺うし、ご質問にも応じるものの、両者の意見が合わないときは、私としてはこれを強行する義務があることをご承知願います。さきほどいったように私は、協定の内容を規則で強行する権限を持っているのですが、規則による強行の形をとらず協定の形をとったのは、私としては協定による合意のほうが商業銀行の自発的協力を得られると信じたからです。

昨日の会談でデヴィルシャン氏から商業銀行の閉鎖の可能性に触れられ、これに答えて私は、中央銀行による商業銀行業務実行の可能性を仄《ほの》めかしました。中央銀行と商業銀行との話合いでこんな極端な場合のことが語られることは、礼譲の点では問題があるにしても、両者が極限の場合をも想定して論議をつくした率直さを、私は評価したい。

私は世界でも強力な中央銀行に二十年間奉職してきたのですが、その日本銀行が、日本経済の発展のために少なからぬ貢献をしてきたと信じております。私はその経験を活かしてルワンダ経済の建直しに寄与したいと思っており、まず中央銀行と市中銀行の関係を日本における関係にもっていって、金融政策を行ないたいと思っています。日本ではこの関係はまず同じ銀行業に携っているという同業者意識と、国の利益は市中銀行の利益と同一であるという信念とから生ずる信頼関係、協力関係にもとづいているのです。具体的にいえば私は、中央銀行の政策運営は必然的に市中銀行の経理に影響を及ぼすが、中央銀行としては政策実行に際して、市中銀行の収益をつねに考慮しなければならないと思っています。それは健全な市中銀行がなければ金融政策を行なう場が崩れるからです。この中央銀行の配慮と支持を信頼するからこそ、市中銀行は中央銀行に進んで協力するのです。そしてこの信頼関係、協力関係から、国の利益は市中銀行の利益に一致するという信念が生まれていると私は考えています。一部の途上国では、とくに経済が乱れている国では、一見市中銀行が経済の乱れを利用して利益をあげているような状態がみられますが、こんなことは長い眼で見たとき、決してその市中銀行のために利益にならない。否途上国でも本来は国益と市中銀行の利益は一致すべきものだと私は信じ、そのためにはさきほど述べたような、中央銀行と市中銀行の信頼協力関係が不可欠だと考えるのです。このような考えかたから私は、規則でできるものをわざわざ協定の形で提案したのです。

またこのような協力関係信頼関係の樹立には、権限のあるもの同士の話合いが常時行なわれることが必要ですが、今現地にいる支配人レイツ氏は、日常業務に関する権限しか与えられておらず、ちょっと重要なことがらは全部ブラッセルにいる常務、専務に相談しなければならない状態です。従って現地支配人に相当の権限を委任してもらいたいのです。もし彼に、例えば常務の称号を与えれば対外的にも好都合だと思いますが」

と前おきして私は、協定案の内容を前日デヴィルシャンに話したように、取締役会に説明した。私の話が終るとバンク・オブ・アメリカの副頭取はすぐ発言した。

商業銀行保有国債は一億フラン

バンク・オブ・アメリカ副頭取「総裁、われわれのグループはアフリカ諸国の独立後それらの国に子会社の銀行を設立したのですが、これはアフリカ新興国の経済発展を見越して投資したわけで、われわれとしてはわれわれが進出している国の発展に対し重大な関心をもっており、できるだけの貢献をしたいと考えているのです。また後発の外国系銀行としてわれわれがとくに注意しているのは、各国の法律制度の遵守と各国当局とに対する協力なのであります。この方針はルワンダに進出する際、取締役会で確認され、私の知るかぎり今日も変っておりません。昨日の会談の内容は知りませんが、総裁が今日わざわざ取締役会にこられたのは、昨日必ずしも完全な合意がなかったためかと思われますが、取締役会としては、ルワンダに対する協力の方針に変りはないことには私だけでなく、ほかの取締役も同意であると信じますから、その点はどうかご諒承願いたいと思います。

しかし本日はせっかく総裁もこられたし、総裁も市中銀行と率直な意見の交換を歓迎するといわれたことでもあるし、今日協定の細部に関するわれわれの質問をお聞きになり、また中央銀行の考えかたをご説明いただくことをご承諾願いたいと思います。まず私からお伺いしますが、商業銀行が保有すべき国債は総額どの程度を考えておられますか」

服部「当面一億フランと考えています。商業銀行の資金ポジションはきわめて季節的に変動するので、正常な状態を判定するのは困難ですが、本年末の預金は約三億フランと予想され、預金の三分の一を国債、三分の一を貸出、三分の一を外貨、現金、預け金におくのを目途とするのがよいと考えたのです」

コメルツ・バンク代表「貸出に対する規制が厳しいように思いますが、民間金融機関としては貸出が本来の活動分野なのですから、貸出規制の運用に対する中央銀行の態度は、できるだけ柔軟にしていただきたいと思います」

服部「中央銀行としては、現在ルワンダでは、まず銀行信用全体を適正な水準にとどめることが急務であり、財政赤字が現在の規模でつづくかぎり対民間貸出は圧縮せざるをえません。しかし近くこの財政赤字もある程度縮小する見通しで、その際は銀行貸出についても若干の拡張を認めることができると思います。その場合でも貸出を増加できる金額はかなり限定されていること、また金融すべき事業が非常に多くなると予想されることなど、貸出については商業銀行だけの判断に委せることはできないのです。また貸出は中央銀行と協議して決めるやりかたはただ不健全な融資が断りやすいという消極面ばかりでなく、さきほどいわれたルワンダに対する協力の積極面からも商業銀行にとって好都合ではないでしょうか」

バンク・ナショナル・ド・パリの代表者「総裁のお考えは私も賛成です。一つの小さな点をお聞きしたいのですが、コーヒーの収穫が大きくて、その金融が商業銀行の資金量を超える場合は、親銀行であるわれわれからルワンダ商業銀行に外貨を送って、資金援助をすることを期待しておられますか。もしそうだとすれば、その金額はどのくらいか、また返済について中央銀行の保証はいただけるでしょうか」

服部「私としては、コーヒーのような季節的資金で、輸出代金で決済されるようなものについては、外貨で金融を受ける必要は認めません。これは必要とあれば中央銀行で再割引することによって、ルワンダ商業銀行がコーヒーの全量を金融できるようにするつもりです。ただコーヒーの輸出が始まる六、七月が、ルワンダとして外貨が最も不足する時期なので、その時期に百万ドルほど借入をお願いするかもしれません。

じつは昨日もデヴィルシャン氏より同種の申出がありましたが、借入をお願いする際は、ルワンダの外貨繰りのために行なうわけですから、中央銀行が直接借入をお願いします。私は外貨運営について責任のない商業銀行にこれをお願いするつもりはありません。また貸すほうとしても中央銀行に貸すほうが、返済の点でご安心だろうと思います。

ついでに申しますが、私は無駄は嫌いなのです。商業銀行に余裕資金が遊んでいることも無駄なら、ルワンダ・フランによる資金需要を外貨で金融することも無駄というものです。無用な規制も勿論無駄です。今回提案した協定による規制は従って、中央銀行と商業銀行が無駄なく仕事をするために行なわれるものであることを、よくご諒解願います」

取締役会、合意をみる

ここでバンク・オブ・アメリカの副頭取がみなを見廻して、

「現地当局に協力するというわれわれの方針からいって、今回の総裁の提案は当然受諾すべきものです。しかし総裁から直接お話を伺い、商業銀行に対するまことに深甚なご配慮があることがわかり、われわれとしては単に協定を受諾するという受身の行為ではなく、今後中央銀行と密接な連絡をとって、こちらから一心同体となって行動するという、積極的協力を約束することを決議しようではありませんか」

と提案した。一同は賛意を表したが、デヴィルシャンは、

「問題がまことに円満に解決しなによりです。さきほど申上げたとおり、私としては昨日の総裁との会談で充分納得はしたのですが、なにぶんことがらが重大だったので取締役会に諮ることとしたわけです。その結果総裁から直接みなさんにお話をしていただき、今後の協力の万全を期することができました。

形式の問題にすぎませんが、協定という文書に双方署名するのはいかにも固すぎるし、また他のアフリカ諸国で、精神を理解しないで真似をすることも心配ですから、協定の内容を取締役会が受諾したという取締役会の議事録で代用できないでしょうか。またレイツ氏を常務にすることはまだ若年未経験のことでもあり、商業銀行の貸出審査や人事などを委せるわけにはゆかないので当面見送ることにしたいのですが、総裁の今回の要請に関する事項については、全面的に権限を与えることをあわせて取締役会の議決にしたいがそれでよいでしょうか」

といった。私は、

「この話は実質が大事なのであって、今日の会合の結果、今後の密接な協力の地盤ができたのであるから、議事録で勿論結構です。また支配人の権限については私としては常務の称号を与えるほうが現地における対外関係にはよいと思うが、個人的問題や商業銀行の経営を事実上行なっているランベール銀行の内部の事情もあるだろうから、私としてはこれ以上主張するつもりはありません。

本日は問題が解決したばかりでなく率直な懇談ができお互いに理解を深める機会となったこと

はなによりでした」

といって席をたった。バンク・オブ・アメリカの副頭取は私のところにきて、

「今日の中央銀行と市中銀行との関係に関するお話には非常に感銘を受け、日本のすばらしい発展の一つの秘密を知った気がします。米国でも当局が市中銀行に対し、日本銀行のような理解と配慮とをもってくれれば、米国の経済ももう少しうまく発展するのではないかとうらやましく思いました。どうか総裁のお考えを実現されるようご成功を祈ります」

といい、コメルツ・バンクの代表も、

「あなたがルワンダにこられたことは商業銀行にとっても、ルワンダにとっても、まことに幸運なことに思います。ご苦労は多いと思いますが、ご成功を祈ります」

といった。デヴィルシャンも入口まで送ってきながら、

「本日は本当にありがとうございました。今日のお話の精神で、協定の項目を超えて全面的に協力致しますからよろしくお願い致します」と約束した。

その日の午後、通貨基金のアフリカ局のワイツネガ次長がきて、

「一昨日デヴィルシャンがやってきてだいぶ興奮して苦情をいうのです。私はルワンダ中央銀行の行為に対しては通貨基金は介入できないと取りあわなかったのですが、デヴィルシャンに会いましたか」と心配そうにいったので、

「いや昨日デヴィルシャン氏に会い、今日取締役会にでてよく説明したらこちらの要求したこと

を全部受諾したよ」といったら、彼はホッとしたような顔で、

「それはよかった。彼らが怒ると理由がなくてもベルギー政府に働きかけたりしてうるさいですからね」といった。

またその日の夜ルワンダ大使館で、チマナ蔵相から、

「一昨日デヴィルシャンがだいぶ怒って文句をいってきたので、その件は自分は聞いていないが、自分は服部を信用しているから彼が中央銀行総裁としてやったことは正しいことだと思う、文句があるなら服部に会うのが筋だ、といっておいたが、今日取締役会にでたそうですね」といったので私は、事件の概要を説明するとチマナ氏は、

「それはよかった。じつは数年前ルワンダに支店をもっていたベルギー系の銀行が、コンゴの内乱でルワンダにある支店を閉鎖したので、ルワンダに銀行がなくなってしまった。私は大統領の命令でルワンダに銀行を誘致するため、ベルギーにいったが、そのときはまったく当ても成算もなかった。ブラッセルに着いた翌日道を歩いていたら、大きな建物があるので見ると、ランベール銀行と書いてある。約束も紹介もなかったが総支配人に会いたいといったら、デヴィルシャンが会ってくれた。事情を話してルワンダに銀行を設立してほしいと頼んだら、断ると思っていたのに意外にも『考慮しましょう、来月調査員を派遣する』と答え、きわめて順調にルワンダ商業銀行の設立となった。このような事情で、どうもランベール銀行はルワンダに貸しがあるような考えで大きな顔をして不愉快だが、なにしろ銀行がない事態を考えるとしかたがないと我慢して

いるわけです。総裁にビシビシやってほしいと思います。私は全面的に支持しますから」といった。

このようにデヴィルシャン氏は、私に会う前に、すでに私の派遣を世話した国際通貨基金や、ルワンダ政府に向かって、私に対する攻撃を開始していたのである。そしてこの両者が私を支持してくれたのはなによりもありがたかった。一生懸命仕事をしているときに、ことに相手と闘っているときに、本来味方であるべき上司から裏切られる辛さを私は数回経験しているだけに、この支持はうれしかった。しかしこのように私に対して攻撃的だったデヴィルシャン氏が、なぜ取締役会で態度を一変したのだろうか。ジレ氏の諫言《かんげん》を受入れるような人柄とは到底思えない。

私はもう一度取締役会の発言をふりかえってみた。

バンク・オブ・アメリカ、バンク・ナショナル・ド・パリ、コメルツ・バンク、ランベール銀行と米仏独白四ヵ国の戦後急進した銀行が、類をもって集ったグループの中で、バンク・オブ・アメリカの副頭取は、終始議事を支配していて、さすが大国の大銀行の貫禄を感じさせた。しかし彼は私の説明が終るとすぐ、私に対する協力の原則を（デヴィルシャンと私とのあいだの衝突を察知しつつ）表明しているのである。ドイツ側がただちに同じ立場をとったことと照らし合せ、ベルギー側の植民地意識に対する反感ないしは不信の念が、植民地経験のない米独側にあったのではないか、そしてデヴィルシャンは敏感にそれを感じとり、態度を変えたのではあるまいかと思った。

いずれにせよ、そのときからランベール銀行、ルワンダ商業銀行はまったく態度を改め、ただ中央銀行の指示を忠実に実行するにとどまらず、あらゆる面で積極的に協力するようになったのである。この協力関係はその後政府関係開発事業に対する融資、開発銀行と倉庫会社とに対する出資、民族資本育成のための金融等を可能ならしめたもので、通貨改革およびその後の激動期に中央銀行、市中銀行が一体となって動くことができたのである。またデヴィルシャン氏も別人のごとくルワンダに積極的に協力し、それ以来私の一家と個人的なつきあいが、今日もなおつづいている。

IV 経済再建計画の答申

ルワンダ独立記念日（著者着任以来、日の丸も加えられた）

経済再建計画のための準備調査

三月二十三日、大統領から経済再建計画立案の依頼を受けたが、私が実際に構想を得て筆を取りだしたのは七月半ばである。それはまず、三月頃は中央銀行の建直し（計理組織の改善、人事、教育など）に追われたこと、五月からはコーヒーの集荷輸出が始まったこともあったが、根本的には性急な平価切下げをやめて、ルワンダ国民の福祉増進を目標とする経済再建を大統領が選んだため、私としてはまずルワンダとルワンダ人とを理解することが必要となったからである。ルワンダ人の福祉とは、ルワンダ人が望ましいと思うことを実現することである。また政策措置はルワンダ人がどのようにそれに反応するかの予見がなければ、意図する効果をあげるとはかぎらないのである。その意味で私は、与えられた六ヵ月の時間をまずルワンダ人を知ることにつかうことにしたのであって、日常の仕事、日々の生活のなかで、私は貪欲にルワンダ人についての知識を求めたのである。その意味では、大統領の依頼のあった翌日から経済再建計画の作業が開始されたのである。

このルワンダ人理解の努力は、五月頃から別の理由で拍車をかけられた。それはその年二月に通貨改革を断行した隣国ブルンディの経済に、早くも陰影がみられるようになったことと、さきに国際通貨基金の指導援助で通貨改革を行なったアフリカの諸国の経済が、当初予期された効果をあげず、かえって行詰りをみせるものも数件でてくるようになったからである。国際通貨基金の指導した通貨改革、経済安定計画の大綱は、ほぼ各国に共通であり、理論的には必要なことがらを網羅していて完全に近いものであるようにみられた。その計画がアフリカ諸国で実施される場合行詰っているとすれば、これはその実行措置が各国の実情に沿わないからではなかろうか。とくにアフリカの後進農業経済の反応に対する認識が不足しているためではなかろうか。ブルンディ出張の印象をふりかえって私はそう考えるようになったのである。ほかの国で、ルワンダよりも整備した資料を使い、ルワンダよりも能力があり、かつその国で長い経験をもっている技術援助員が参画した通貨改革が行詰るのであれば、アフリカの経験のない私が経済再建計画を立案する場合、ルワンダとルワンダ人との理解への努力の必要がことのほか痛感されたのである。

しかしこれは困難な仕事であった。書かれた資料が殆どなく、あっても数が少なく信頼できないものばかりで、事実を知る方法は人の話を聞くことに頼らざるをえなかった。私はつとめて人に会った。銀行に用件でくる人からも、できるだけその人のルワンダに関する知識を吸収するように心がけたが、それだけでは不充分であるので、こちらからでかけて話も聞いた。銀行の執務時間は殆ど人と会うことで費され、銀行の仕事は家でやり、翌日出勤してクンラッ君に書類を渡し、当日の仕事を頼み、行内を一時間巡視してまた人と会うという生活であった。

ところがこうして会っていても、当初私の耳に入ってくるのは外国人の意見ばかりであった。それは第一には、ルワンダ人との対話が困難だったからである。外国人に対して最もコンプレックスを感じていないように見えるチマナ蔵相でさえ、私の話はよく聞き、熱心にメモをとるが、自分の意見はなかなかいわない。たまにいっても結論だけで理由はいわない。その他の大臣がたは親しみをもって私を迎えるが、仕事の話は避けているような態度をとる。話が少しむつかしくなると、それは外国人技術顧問に聞いてくれという。その場合、ルワンダ人である次官や局長に聞いてくれということは皆無であった。

このルワンダ人との対話をさらに困難にしたのは、ルワンダ人は決して外国人排斥の思想をもっていないが、外国人は外国人、ルワンダ人はルワンダ人という態度で、両社会の交流は仕事以外では殆どなかったことにもよる。

これに反してルワンダにいる外国人は、職業が政府の顧問であろうが、商人であろうが、農園主であろうが、外交官であろうが、僧侶であろうが、たれもが自由にルワンダとルワンダ人について語り、なにかの意見をみなもっていたのである。このため当初私の耳に入ってきたのは外国人社会の意見であった。

彼らによれば、ルワンダはアフリカの中央に隔絶された途上国で、国土は狭すぎ、人口は多すぎ、資源は乏しく、経済的に自立不能である。国民の程度は低く、怠け者で、植民地時代は働かないと罰を受けたので、道路も補修され、コーヒーの生産もあがったが、独立後は本来の怠惰に戻っている。国民は税金を納めず、政府は予算を浪費しているので財政は赤字である。大臣はじめ政治家は政府の仕事には関心なく、政治活動に熱中している。要するに独立はルワンダ人にとっては不幸であり、今日ルワンダがこれ以上のテンポで悪化しないのは、政府の外国人顧問のおかげである。また経済活動も鉱山開発、輸出入などは外国人がいなければたちまち行詰るので、ルワンダを救っているのはわれわれ外国人である。われわれとしても金銭的利益の点では、ルワンダに働く意味はない。ただルワンダに生まれたから、父の遺産がルワンダにあるから、気候がよいから、自然が美しいからなどの理由、一言でいえばルワンダを愛するからルワンダにいるのだということである。

彼らのあげる事実は、この結論を支持するかのようにみえた。ただ気になったのは私がパリに駐在していた一九五六―五九年頃、アルジェリア独立に反対するアルジェリア在住の白人（コロン）も、まったく同じようなことをいっていた点である。

しかし仕事上の接触をつうじて、ルワンダにいる外国人の理解力についてだんだん疑問がでてきた。また彼らの論理が自己防衛の意図から組立てられていることにも気がついてきた。しかし私が彼らの意見が正しいかどうか自分で確かめる決心をしたのは、もし彼らの意見が正しければ、ルワンダには望みはなく、私が働くことが無意味になるからである。

そこで私は、ルワンダの外国人があげた事実をルワンダ人に確かめることにした。またそれらの事実になにか特別な理由があるのではないか、またそれらの事実から別の結論が可能ではないかと考え、これもルワンダ人に問うようにした。その結果だんだんにではあるが、ルワンダの外国人のあげている事実は殆どが事実であるが、その解釈がまったく間違っていることを発見した。

例えば大臣が政府の仕事がわからず、関心もなく、外国人顧問に委せているという点について次のような事件があった。

ルワンダにはルワンダの事情が

ある日夕食の席でケサベラ農林相と隣りあわせた。彼は少なくとも百キロ以上はあると思われる巨漢で、小さすぎるモサリ服のボタンを全部かけているので、まさにパンク寸前という印象を与える。まことに体軀《たいく》が堂々としているだけで風采のあがらない、〝百姓〟という表現がぴたりとくる人である。彼いわく、

「私の外国人顧問はルジジ地方に棉花《めんか》を植えることを進言しているのですが、本当に困っています。米を植えれば農民は一ヘクタール七千五百フランの現金収入を得られるのですが、棉花を植えれば三千フランにもならないのです。農林大臣である私が農民にどうして七千五百フランの収入を捨てて、三千フランのものを植えろといえるかといったのですが、顧問は棉花は輸出して外貨が入るが、米は国内で消費されるから棉花を植えるべきだというのです。外貨で苦労しておられる総裁には悪いが、私としてはどうも農民にそんな犠牲を強いることはできませんし、また私がいっても農民が承知しませんが、総裁どんなものでしょう」

私はまったくびっくりしてしまった。外国人社会ではルジジ地方に棉花を植える立派な計画があるのに、農林相が政治的理由で決定をしぶっているといわれていたのであるが、事実は彼には

立派な理由があって反対しているのである。私は、

「大臣、もし農民の収入が減少するのであれば、私は中央銀行総裁として棉花を植える計画には反対します。国際収支は本来国の生産の過剰分が黒字になって現われるのであって、黒字を達成するためには、農民にとって最も収入の多い生産を選ぶことが大事なのです」と答えた。

この話を契機として私は、ルワンダの大臣たちの態度が理解できるようになった。彼らは政府の仕事に無関心なのではない。彼らはルワンダ人の利益にじつは専心しており、ただルワンダの対外面、近代化された面を外国人顧問に委せているにすぎない。外国人顧問にとってはルワンダの対外的な面、近代化された面だけが政府の仕事であり、ルワンダ農民のことは関心外であるから、大臣は政府の仕事に無関心であると映るのである。日常生活におけるルワンダ人社会と外国人社会とが併立しているのと同じように、政府においても、対ルワンダ国民に関する仕事は大臣その他のルワンダ人責任者、対外面、近代面は外国人顧問という分裂が存在しているのである。

私はルワンダの大臣を見直したのは大きな喜びであったが、一方これは重大な問題だと思った。経済再建計画が本当にルワンダ人の福祉につながるためには、ルワンダ経済を、近代的な部門に引入れなければならず、このルワンダ社会のいわば二重構造は一本化しなければならないのであり、そのためには各大臣はじめルワンダ当事者に、ルワンダ社会の立場からの、近代化ルワンダ経済に対する認識ができてこなければ、経済再建計画の実現はむつかしいのである。

私はそれからつとめてルワンダ当事者の意見を求めることにした。私は政府の多くの委員会の

委員に任命されていたし、政府の会議にもよく出席を求められていたが、その会議は当初は商業銀行の取締役会と同様、ルワンダ人は殆ど発言せず、議事は外国人ペースですべて行なわれていた。私はできるだけ事前にルワンダ人出席者に会って意見を聞いたうえで出席し、ルワンダ人の発言を促し、ルワンダ人が有効に会議に参加し、その結果に責任を感じるように仕向けた。この努力はルワンダ人に接触する機会を増し、ルワンダ人も私に対して緊張感なく相談できるようになった。

私が一番関心をもったのは、ルワンダ人は怠け者かどうかであった。国民が働かなければどんな計画でも失敗に終る。そして私は中学時代、朝六時から働きにでる農民と、お茶ばかりのんでおしゃべりで一日の大部分をすごす農民とが同じ日本にあることを見ているので、ルワンダでも怠け者の存在の可能性は認めたし、それをおそれもしていたのである。そして家事使用人や一部の官吏から受ける印象は、怠け者という外国人社会の判断を支持するようにも見えた。しかし私が田舎を廻るとルワンダ人の藁葺きの小屋は清潔で、円型の生垣のなかはチリ一つ落ちていない。表の道から小屋までの小道には両側に花を植えている。朝は六時から起きて働く。とても外国人のいう酒飲みの怠け者という感じは受けない。

また、キガリの空港と町とのあいだは、私が着任した一月頃はまったく荒地であったのが、少しずつ開墾《かいこん》されていく。聞けばルワンダの役人が貯金しては土地を買って畑にしているとのことである。私はルワンダ人は官吏や家事使用人はなるほど怠け者が多いが、ルワンダ人の大部分を占める農民は働き者であるとの印象を受けた。いや官吏でも役人として働く時間は怠け者であっても、時間後自分の畑に帰ればたちまち本来の働き者になるのである。考えてみれば、後進経済の厳しさは怠け者の存在を許すわけはない。流通機構が整備されておらず、政府の財政力も乏しく、かつ行政能力も低い自活経済の農民は、働かなければ餓死するのである。狭い土地で人口が多いルワンダではそのことはとくにひどい。

それでは生産はなぜ落ちているのか。私は彼らと話しているうちに、外国人の説と反対に彼らが価格について一つの考えかたをもっていることを発見した。ある日コーヒーの会議の席上で、一人のルワンダ人がコーヒーの生産者価格を引上げてほしいと述べ、

「独立前はコーヒー一キロを生産すれば鍬《くわ》が一本買えたが、今は倍生産しなければならない。昔は晒木綿《さらしもめん》が三メートル買えたのに今は一メートルしか買えない」

といった。私は会議のあとでほかのルワンダ人数人に、コーヒーの生産は今農民にとって有利かどうか聞いたら、彼らは一致して、

「昔は農民は一人何本コーヒーを植えなければならないと強制されていたが、そのうちこ

マルシェ近くの縫製工場にて

れが現金収入の一番確実な方法であることがわかり、コーヒーに力をいれるようになりました。しかし最近はコーヒーを売って現金が入ってもそれを使って買う物資が殆どなく、物価も上っているので、コーヒーを作ってもつまらないと力をいれなくなりました」との答えだった。

なるほどルワンダ人は家族の食物は自作しているので、現金は税金と鍬や繊維製品などの輸入物資のために必要なのであり、輸入品がなければ現金を手に入れる必要はないのである。コーヒーの生産が落ちているのはルワンダ人が怠け者だからではなく、物資の供給が不足し、価格体系が悪いから、彼らにとって価値を失った現金収入を捨てて自活経済に後退したというにすぎない。これは彼らが経済的に合理的に反応することを示すものではないか。私は非常に力づけられた。ルワンダ人の殆ど全部がもともと農民であり、そして農業に従事しているときは働き者である。彼らは彼らなりに自分の生活を大切にしているから、価格体系を是正して物資の供給を潤沢《じゅんたく》にすれば彼らはよく働き、農業生産は増進するはずである。これはまた、大統領の命じたルワンダ国民の福祉に直接つながるのである。ルワンダでは工業化による経済発展などという、途上国の多くでとられている性急な政策をとる必要はなく、まず農業中心で農民の繁栄をはかればよいのである。これで経済再建計画の基本方針が定まったと思った。

現状の分析

経済再建計画といっても、ルワンダとしてはまずやらなければならないことは通貨改革であった。一ドル＝五十フランの公定為替相場がまったく無意味なものになっているのは明らかであった。また政府保有外貨も殆ど底をつき、翌一九六六年の秋、コーヒー代金が入るまでは同年はガソリンすら輸入できず、五つしかない在外公館も閉鎖しなければならないのである。しかし私ははじめから平価切下げを内容とする通貨改革に決めていたわけではない。ルワンダ高官が平価切下げを惧れていたこともあって、なんとか代案はないかと当初は考えてみた。ことに外貨の運営管理も国内信用の管理も中央銀行の専属権限であるので、強力な統制経済を中央銀行が中心となって運営することには正直のところ若干魅力を感じた。しかしルワンダの行政能力が貧弱なこと、腐敗の危険性が大きいこと、かりに私の能力でできるとしても、私の去ったあと支障なくつづけられるかとの不安があったことなどで、さすがの私も決心しかねた。

ところが時がたつにつれて、ルワンダの経済事情は悪化するばかりで、外貨も急速に減り、平価切下げ以外の途はない事態になってきた。またルワンダとルワンダ人を理解するにつれ、国民の大多数を占める小農の個別的自発的努力を動員することが経済再建の基本であると確信するに至ったのである。そのためには統制経済よりは自由経済の原則、これをとることに決心したのである。

平価切下げを含む通貨改革を行なうとすれば、今までに国際通貨基金の指導援助で行なったアフリカ諸国の例、とくにルワンダと経済社会事情が酷似するブルンディの例を研究するのが早道である。これらの通貨改革は例外なしに為替平価の一本化、輸入等経常取引の自由化、財政の均衡、銀行信用の引締めを内容としている。そしてこれらの事項を遵守することを条件に通貨基金が三年間の資金援助をしているのである。

これらのことは当然必要なことであるが、その論理は大体次のようなものである。まず中央銀行と市中銀行の勘定を統合して貸借対照表を作れば、負債は現金と預金すなわち通貨からなり、資産は外貨、政府に対する信用(国債、貸上金など)、民間に対する信用とその他資産になる。そして資産負債は同額となる。従って、負債側である通貨の量が変らなければ、その期間中は資産の総額も変らず、そして政府と民間とに対する信用が増えなければ、外貨も増減せず、国際収支は安定するということに、計理的になるのである。国際通貨基金は加盟国に対し、国際収支が困難になったとき一時的に資金を融通するのであるから、融通期間中、その国の国際収支がさらに悪化しては困るのであり、それを防止するため政府と民間とに対する信用が増加しないことを借入国に約束させるのである。

たしかにルワンダの国際収支の赤字は、財政の赤字が原因であることは明らかで、その意味で国際収支を均衡させるためには財政の赤字を解消させなければならない。私はまずルワンダの財政を調べることにした。

一九六四年の財政は次の表のとおり、一般会計歳入五億三千五百万フラン、歳出六億六千万フラン、差引き赤字一億二千五百万フラン、特別予算歳出五千七百万フラン、特別会計および特別勘定受取超過五千六百万フランで、合計一億二千五百万の赤字であって、そのほか地方への国庫送金が六千万フランあるため、資金不足は一億八千六百万フランあり、これが国債一億八百万フラン（商業銀行、貯蓄金庫等引受け）と中央銀行からの借入七千八百万フランで金融されている。

これはきわめて深刻な事態である。国債と中央銀行借入が一年で二億近く増えることは、ルワンダの外貨がそれだけ減る要因になる。そして一九六四年末のルワンダの外貨は三億五千万フラン弱しかないのである。

私はさらに詳細に、この国庫の数字を予算と照らし合せた。歳出の予算は七億三千万フランであるのに対し、実際の支出は六億六千万フランと実行面で予算の約一割の節減をしている。しかし問題は歳入で、予算六億二千五百万フランに対し、実績は五億三千五百万フランと八六パーセント弱しか入ってこない。しかも当初予算に計上されなかったベルギーの予算援助四千二百万フランを控除すれば、四億九千三百万フランで八割弱である。さらに問題なのは投資的支出の特別予算で、これは歳入はまったく計上されないで五千七百万フランの支出が行なわれているのである。

ところがこれ以上に問題なのは、一九六五年の予算で一般会計八億四千七百万フランと前年予算の一六パーセント増、前年実績の二八パーセント増となっていることである。しかも歳入予算は七

1964年財政（単位：百万フラン）

一般会計	
租　税	281.2
関　税	156.0
その他	56.2
援　助	41.6
歳入合計	535.0
歳出合計	659.6
赤　字	-124.6
特別予算	
歳　出	-56.5
特別会計	24.0
特別勘定	31.7
総　計	-125.4
地方財政官現金増	-60.3
資金不足	-185.7
国債増	108.0
中央銀行借入増	77.8

億一千百万フランと前年予算の一四パーセント増、実績に対しては三三パーセント増、ベルギー援助を控除した実績の四四パーセント増となっている。

たとえ英雄的な努力を払っても歳出を実行面で一割以上節約することは無理と思われたが、歳入を一挙に前年比四四パーセントも増加することが絶対不可能なことはたれにも明らかと思われた。この予算で痛感したことは、予算作成に関与している連中の無能、不真面目さであった。なるほどこんな予算を作る事態では、大統領が私にたれにも相談するな、一人でやれといったわけだと思った。

そこで歳出予算の細部を一つずつ調べてみた。ところが外国人社会ではルワンダ政府はぜいたくをしている、身分不相応のことをやっているといわれていたが、これはまったく間違いで、むしろきわめてつましい予算であるとの結論がでた。大統領の月俸が五百ドル、大臣は二百五十ドル、大学卒業者の初任給が九十ドルである。大蔵省の官吏は税関、税務署、印刷局を含めて八十五人にすぎない。ルワンダは独立後越境事件が多く、軍隊がなければ独立を失う危険のある国であるが、これも総勢二千人程度にすぎない。在外公館も五つしかなく、大使の月俸は六百ドルである。

この予算では国家として必要な教育、農業関係の仕事にもこと欠くもので、独立国の予算としてはむしろ少なすぎるのである。調べてみて、冗費を節約してもそれは一億フランを超えることはない。むしろ独立国としての最少の活動をするためには少なくとも五割増加を見込まなければならないと思った。

ところが歳入面のほうを調べてもっと驚いた。ルワンダ農民が人頭税、家畜税で租税収入の七八パーセントを負担しているのに対し、商業、鉱工業を独占している外国人社会は二〇パーセントしか負担していない。とくに輸入は年間七億五千万フランあり、これが全部外国人の手で輸入され、物資欠乏の状態で利潤がきわめて大きいと思われ、かりにこれを平均二〇パーセントとみても一億五千万フランの課税所得があり、平均三〇パーセントの税率とすれば四千五百万フランの税収があるはずであるのに、法人税、個人事業税を合せて二千六百万フランしかあがっていない。しかも個人所得は勤労、投資、賃貸の各所得の分離課税で、投資所得については二〇パーセント一本の税率、勤労、賃貸所得についてはそれぞれ基礎控除があり、税率はそれぞれ同一の累進税率となっている金持優遇の税制となっている。これではまったくルワンダ国民に過大な税負担を強い、富も所得も格段に違う外国人優遇の税制ではないか。そして税法で優遇された外国人の所得は外国に送金され、ルワンダの経済発展に再投資されることはないのである。しかもこの外国送金が、政府外貨により、優遇為替相場で行なわれるのである。

こんな税法で財政の均衡を試みても、所詮無駄である。国の生産から生まれる利潤が殆ど外国人の手に入り、それが軽く課税されて海外に送金されるのでは、生産があがっても税収は増加せず、国はますます貧乏になるのである。財政の均衡はまず外国人に偏っている利潤の配分を正常化し、公正な税制で課税して、税収を増加することから始めなければならないと気がついた。

この発想から私は、国際通貨基金の通貨改革の論理を考え直した。そしてそこに生産の増加についてあまり考えられていないことに気がついた。なるほど、途上国は低成長国で生産の急速な伸びは期待できないという通説をとれば、通貨基金の論理にも一理がある。しかし途上国はすべてが不足しているのであるから、なにをしても改善になるはずである。私は途上国は本来高成長国であるべきであり、かりに低成長であればそれは人的障害によって本来の力をだせないためであると考えていたし、またルワンダ人を観察した結果、ルワンダの生産増進に確信をもっていたので、途上国低成長の前提を、ルワンダ高成長の仮定におきかえてみた。

生産が増大すれば通貨量が増えるということは前世紀以来多くの学者の主張するところで、現に日本銀行でもこの種の研究をしている。通貨量が増えれば銀行制度の綜合貸借対照表の負債が増えることになり、従って資産の総額も増えるはずである。信用の増加を抑制すれば、外貨は通貨量の増加だけ増えることになる。万一政府の財政赤字が増えても、通貨量の増加で表わされる生産の増加の範囲内なら、外貨の減少は起らない。従って財政の赤字を一挙に解消しなくても、赤字幅を生産増加の範囲内に止めれば国際収支の均衡は確保できるのである。さらに進んで財政の赤字と通貨量の増加との差額までは生産的な投資を銀行貸出で金融しても、外貨の減少を招くことはなく、銀行が将来の生産増強に貢献する可能性がでてくるのである。

新しい通貨制度

経済再建計画の第一の課題はルワンダ経済の諸悪の根源である二重為替相場制を廃止し、ルワンダ・フランの対外価値を確定することである。これは自由外貨を政府外貨に統合することを意味する。またルワンダ・フランの平価を定めることを意味する。

自由外貨を政府外貨に統合し、二重為替相場制度を一本化すること自体はとくにむつかしいことではない。むつかしいのはルワンダ・フランの新平価をどこに定めるかという問題であった。

抽象的にいえばこの新平価はルワンダの国際収支を均衡させ、近隣諸国とルワンダとの物価水準を均衡させ、生産、輸出、投資の増大を利するものであり、かつ政府に若干の財源を供するものであることが必要である。また一九六五年二月に設定されたブルンディ・フランの平価一ドル＝八十七・五フランが最高で、当時のルワンダ・フランの自由相場百十フランないし百二十フランが最低という限度は与えられているが、そのあいだのどの点にもってゆくかについて決め手はなかった。

幸いなことに大統領顧問のフライ氏が、通貨改革の手伝いをするためスイスから呼んだガブロンスキー教授が、ウガンダに出張して首府カンパラの物価を調べた報告が、六月完成した。この調査を利用して私は、当時カンパラとキガリとの物価を比べると、ルワンダ・フランの購買力は一ドル＝百ないし百二十フランになると判断した。アフリカ人の消費する物資だけについていえば百二フラン五、全物資では百八フラン五であった。この数字はしかし決してそのまま使えない。というのは、これはルワンダにおける物資不足による価格の上昇が入っている一方、外貨の価格が不当に低くなっていることも考慮されなければならないからである。

私はこの基礎の数字について一ドル＝九十フラン、百フラン、百十フラン、百二十フランの四種の平価を仮定していろいろ試算してみた。とくに輸入品の生産者価格が生産を増強するに足りる水準まで引上げられるか、輸出税を課する余地があるか、その税収はどのくらいか、主要輸入品の消費者価格はどうなるか、それに対する輸入関税はどの程度とれるか、さらにその仮定平価が予算にどのように作用するかを計算してみた。またこれら仮定平価で輸出入はどう動くかも計算してみたが、ルワンダでは輸出は量的には価格に敏感に反応せず、また輸出単価は国際価格で決定されるので当面の影響は少なく、輸入も国内物価が物資欠乏を反映して異常に上昇しているので、平価切下げに伴う輸入原価の上昇はおそらく利潤で吸収されて、輸入金額には影響あるまいとの結論で、平価変更の国際収支に対する影響は短期的には少ないと仮定した。

このような計算から私は、一ドル＝百フランを新平価とすることに決定した。細かい計算をすれば一ドル＝百二フラン五であるが、平価はなるべく簡単なほうがよいし、二・五パーセントの差ぐらいは関税でどうとでもなると思ったからである。後日譚《ごじつたん》になるが、経済再建計画の答申がでて、政府で討議された段階で私は大統領に呼ばれて、「大蔵大臣が新平価は百二フラン五が適当であると主張した。理由を聞いたらそのほうが科学的だといった。自分としては百フランのほうが簡明でいいと思うが、科学的といわれると迷ってしまう。総裁はどうお考えか」と聞かれた。私は「大臣のいうとおり、科学的計算では百二フラン五という数字がでます。しかし平価というのは科学的計算からいちじるしく離れてはならないが、二、三パーセントくらいの差異は、平価維持の決意さえあれば少しも不都合はありません。むしろ簡単な平価はそれ自体安定要素となるものであります」と答えたら大統領は、「よし、百フランに決めた」といった話がある。

次に為替管理の改正であるが、これは居住者、非居住者を区別して、そのあいだの支払い、債権債務の発生をすべて中央銀行の許可を要することにし、居住者の取得した外貨の全面集中を強制し、また標準決済規則を設けるなどの制度を定めることにした。

その制度の運用は輸入については全面的に自由化することとした。これは外貨割当制度が無能な輸入商の独占を保護しているので、これを全面的に廃止し、たれでも輸入したいものは自分の危険負担で輸入できるようにしたのである。輸入商はもはや中央銀行からどうやって輸入許可を取ってくるかに精力を費す必要はなく、ルワンダ人の求めているよい品物を安く輸入するという輸入商本来の仕事に専心すればよいのである。

しかしルワンダでは輸入は外国人商人に独占されていて、輸入原価を過大に申告してその差額を外国に貯金する風習が、外貨割当制のもとでかなり一般化していたと思われ、この風習が通貨改革後急に改まるとも思えなかった。そこでこれを防止するため、輸入は自由化するが、対外支払いは許可制とすることにし、輸入価格の審査はつづけることにした。勿論私はこれに大きな効果があると期待したわけではない。ことに商業の正常化の大目的のための輸入の自由化であるから、過大申告防止のために審査をあまり厳重にすれば、自由化が阻害されることになる。従ってこの審査は極端な過大申告を防止するにとどめるよう弾力的にやるようにした。

輸出は従前どおり申告制をつづけることにしたが、輸出価格の過小申告も一般化していたので、その審査をすることにした。もっとも輸入の場合同様その実効は限られていることは当初からわかっていた。

次は貿易外取引であるが、この第一は俸給送金である。ルワンダに働いている外国人の大部分は出稼ぎであり、本国に送金することが動機でルワンダにきているのである。彼らの俸給はきわめて高く、その送金はルワンダの国際収支のかなりの負担になっている。そこで当然ながらこれを制限する考えかたもでてくるのである。しかし私は考えた。ルワンダに現在いる外国人勤務者はなるほどお粗末である。しかし今後ルワンダが発展するにつれて、外国人技術者の必要性はますます増大するし、有能な外国人技術者はそれだけの俸給を要求するはずである。いや必ずしも俸給ではない。彼らが要求するのは本国にどれだけ貯金ができるかということである。

従って俸給送金はできるだけ自由にしておかないと、今後ルワンダの必要とする有能な外国人技術者はこないことになる。ルワンダにいる外国企業は今たしかに外国人職員に過大な俸給を払っているが、今後経済が正常化すれば今までのような独占利潤はだんだんに減少し、よく働いて儲ける以外には収益の方法がなくなり、企業の経理も合理化され、能力に応じた俸給しか払えなくなるはずである。従って俸給の送金を自由化しても実害はない。しかしこれを完全に自由化することは政治的に無理であるので、毎月税引俸給から百五十ドルを控除した金額の送金を認めることにした。百五十ドルをルワンダでの外国人としての最低生活費と見なしたのである。

家賃収入の送金はむつかしい問題であった。住宅が欠乏していたので、家は奪いあいの状況であった。家賃もきわめて高い。家主は当時は殆ど外国人で、キガリの各国大使館に法外の家賃を外貨払いで契約していた。相手が外交特権をもっているので規制が及ばない。私の気持としてはルワンダにある財産から生じた収入であるから、またその収入も不当に高いものであるから、むしろ送金禁止にしたかったのであるが、実行できない規制は通貨改革の威信にかかわるので、大統領に事情を話して、家賃収入の二割を修理の基金として中央銀行に封鎖し、税引手取額との差額の送金を認めることにした。

企業の利益送金は会社の配当送金は原則として自由、その他の企業は厳しい条件を充したとき認めることにした。

貿易付帯経費の支払いは勿論自由化した。

資本取引は全部許可制で、とくにルワンダにある不動産の売買は厳重に規制することにした。とくに外国人所有の不動産の処分はできるだけルワンダ政府、政府機関、公共団体またはルワンダ人に売却するように指導することにした。これは売却代金の送金を伴うので、一見奇異にみられるが、当時の外国人地主は多くが老齢で子供もルワンダで働く意思がなく、老後のために資産を処分したいものが多かったので売値はきわめて安かったからで、このように決めたのである。私はこれを自発的国有化といってルワンダ政府に説明した。

市場機構の整備

さきに述べたように生産増強の重点は農業におき、その方法は農業生産を自活経済から市場経済に引出すことにしたのであるが、そのためには市場機構を整備しなければならない。まずルワンダ農民の欲する物資を安価で豊富に供給しなければならない、そのために輸入を自由化することにしたことは前項で述べた。この輸入された物資を農民に届ける仕事も民間の商人に委せることにした。これは政府の低い行政能力では政府による配給制は到底考えられなかったことと、当時スイスの技術援助で運営されていた協同組合トラフィプロも、広言を叩くわりには商業能力がいちじるしく低く、とてもその任に堪えないと判断したからである。

トラフィプロは独立前ルワンダ人のための消費協同組合として、カイバンダ現大統領らが発起人となり、教会の協力を得て発足したものであるが、間もなく行詰り、大統領の要請でスイス政府が巨額の資金援助と十数名の技術援助員を送込んで建直したものである。ところが私がルワンダにいった頃はトラフィプロのスイス人支配人ロボール氏はいささか野心的になりすぎていた。一方では店舗網を急速に拡大し、他方では外貨割当のうえで非常な優遇を受け、そのほかにコーヒーの集荷にも乗りだしていた。これはいずれもそれ自体結構なことであるが、三十にのぼる店舗の管理監督をどうやっているか不安であった。

ルワンダで企業をやる場合、最大の隘路《あいろ》は管理職の人材が不足していることで、トラフィプロが例外であると思えなかった。フライ氏はトラフィプロを、輸出入でも国内流通でも商業の独占機関にすることを考えていたし、支配人ロボール氏もそのつもりであった。彼はトラフィプロを拡張して大きなものにし、政府が支持せざるをえないようにするのだと公言していた。このようなことを聞くと私としては用心せざるをえない。トラフィプロが大きくなりすぎることは国の中に国ができることになる。そしてトラフィプロに経済政策がふりまわされることになる。ロボールは有能な支配人かもしれないが、国の経済政策を決定する識見をもっているとは到底思えなかった。

私は少し気をつけて、トラフィプロの仕事のやりかたを調べた。その結果、トラフィプロが繁栄しているのは、外貨割当の優遇と国内の物価高によるものであることがわかった。これでは商業が正常化したらたちまち経営困難になるのである。勿論政府の梃入《てこい》れがあればこれを回避することはできるが、それは税金と物価高によってルワンダ国民が負担を蒙ることである。スイス人の経営の不始末をルワンダ人が負担することは、私には納得できなかった。

トラフィプロのスイス人経営者の論理は、次のようなものであった。

「ルワンダにいる外国人商人は不正直強欲な連中で、ルワンダ人から搾取し暴利をむさぼっている。ところがルワンダ人は遅れていて商業などはとてもできない。従ってスイス人がトラフィプロを経営してルワンダの商業を独占といかないまでも、その大部分を支配してルワンダ人の利益を守ってやらなければならない」――そしてこれらスイス人は、このようなことを公言していたのである。

なるほど当時のルワンダの実情にはこのような考えかたを正当づける面も多かった。しかし、外国人商人が巨利をむさぼっているのは、外貨割当制による輸入の独占と競争の制限、それに割当外貨の絶対的不足によるもので、彼らがいかに不正直で強欲であっても、競争が行なわれていればそんな暴利は得られないはずである。またトラフィプロの経営をみて私は、スイス人経営者の能力がそれほど高いようにも思えなかったし、彼らがとくに商人として正直であるとも思えなかった。

しかしトラフィプロに特別の支持をしないということを決定したのは、ルワンダ人に意外にも商業能力があると私が判断させられたからである。私も当初は、外国人社会の通説である、ルワンダ人に商業能力はないとの説を信じていた。

しかしある日、ルワンダ人がトラックを買いたいから輸入許可をもらいたいと私のところにやってきた。彼はキガリから三十キロメートルくらいの市場で小売をやっている商人だが、商品がないので商売は最近まったくなく、金を遊ばせるのも無駄だからトラックを買って運送業を始めたいというのである。私は彼の話に非常に興味を覚えた。まず彼は商売をしていたということ、次に新しい仕事をやろうという意欲、それに金を遊ばせないで役に立つことに使いたいという考えかたをもっているではないか。それで私は彼にたずねた。「もし来年の春には商品が潤沢に出廻ると私が保証したらどうするか」。彼は「私はトラックをやめて小型トラックにします」と答えた。理由を聞けば、「私はもともと商人で、ただ品物がないから運送屋を始めようかと思ったのです。来春品物が沢山出廻ることを総裁がおっしゃるなら、私はまた商売をやりたい。そのためには有金を全部トラックの買取りのために使ってしまっては来春商品を仕入れる資金がなくなるので、小型トラックにします」という。

ちょうどこの頃、世界的企業ユニレバーの子会社で、ハトン・アンド・ククソンというルワンダ法人で、当時ルワンダ一の貿易商社が、外貨割当が削減されたので使えない資金を遊ばせてはもったいないと、立派な店舗を建築中だったのである。しかもその支配人は近く通貨改革があり輸入は自由化されるのを充分予想していたはずである（結局この会社は通貨改革実施後、運転資金の不足から競争に敗北し苦境に立つことになるのである）。

私は感心した。世界的企業の子会社で、アフリカに十五年も働いている支配人をもつハトン・アンド・ククソンが資金の使い方を誤っているのに、このみすぼらしいルワンダ人商人が正しい使い方を心得ているのである（私は勿論許可を与え、ときどき彼の店舗も訪問した。通貨改革後商売は順調に繁栄したが、一九六八年自動車事故で不幸にも他界した）。

この会話を契機に私は、ルワンダ人も商業的能力はあるのではないかという眼でルワンダ人と接するようになった。この姿勢をとると今まで気がつかなかった彼らの能力がわかってくるようになった。これは彼らがすばらしく優秀だといっているのではない。ただルワンダにいる外国人商人に比べてひどく劣っていないというだけであるが、ルワンダで商売をやるのにはそれで充分である。否、貧困なルワンダ農民相手の小売業は外国人商人にはたいして興味がある仕事ではない。しかしルワンダ人商人にとっては充分引合う仕事なのである。このルワンダ農民相手の商売が私の計画では最も重要なのである。これが整備されなければ、農業の市場経済化は進まないのである。しかも人口密度の高いルワンダで、いつかは農村の過剰人口をどこかの部門に吸収しなければならないのであるが、これは商業に吸収するのが一番近道ではないか。私はルワンダ人商人を育成することを、経済再建計画の重要な課題にした。

しかし、ルワンダ人商人を育成することと、トラフィプロ育成とは両立しないのである。今のような形のトラフィプロは、じつはルワンダ人商人の最大の競争相手になる可能性が大きい。このような考えで私はトラフィプロ支持は行なわないことにし、国内商業も自由化し、自由競争と、たれでも商業活動を始めたいものはこれができる参入自由の原則とにより、国内商業機構が整備されることにした。

しかしルワンダ人商人を積極的に育成する方策は種々考えたが、経済再建計画の答申には記載しないことにした。それは通貨改革後のルワンダで、ルワンダ人商人が早くこれに順応することが先決であったからである。彼らはおそらく自力で立派に順応する力をもっていると信じていたし、また当初から特別融資などの方策が宣伝されると、かえって彼らに依頼心を起させ、自立するのを遅らせると懸念されたからである。それにこれらの方策はいずれも私の権限でできることがらだったので、強いて答申に謳《うた》う必要もなかったのである。

この国内商業の自由化のため、私は物価統制の廃止を強く勧告した。この物価統制は一九六五年の春に発布された緊急大統領令によって行なわれたもので、卸売の利益率を二五パーセント、小売の利益率を三五パーセントに制限し、若干の重要物資には公定価格を設けるものである。当時の物価騰貴に直面し、政府がなにかの対策の必要を感じたことは理解できるが、その運営の実情はまったくルワンダの国益に反するものであった。まず重要物資の公定価格であるが、これら物資が殆ど輸入品であるので、その卸売の公定価格は外国人輸入商との協議で定められていた。まだ独立後日も浅く、心理的に交渉上劣位にある政府の役人は業者の殆どいうなりに公定価格を定め、はなはだしいのは通関価格の二倍以上に定まったものもあった。しかし小売はインド人、アラブ人その他少数のルワンダ人が営んでいて、交渉能力が低く、また教育のないルワンダ官吏もコンプレックスなしに立入検査ができる関係から、小売に対する検査は厳重をきわめた。この検査も小売商全部について定期的に行なわれればまだよいが、予算の制約と人材の不足で検査官は最も多い時期で二十人を超えず、全面的な検査は不可能で、少数の不運な商人が検査を受けるというきわめて不公平な結果となっていた。その他贈賄や饗応《きょうおう》などの、統制に伴う腐敗は当然に起っていたと思われる。

このような小売に対する厳重な検査は、ルワンダ人商人の自由な発展を阻害するものである。また輸入を自由化し、国内商業を自由化すれば、競争が行なわれる結果物価も安定し、統制の必要はなくなるのである。

このほかに私が物価統制の廃止を主張したのは、これが原価、経費、利潤の積上げ方式であるため、不良経営を保護し、能率的経営を優遇しないという根本的欠陥があることのほかに、輸入の段階ではただでさえ一般化している輸入原価の過大申告の悪習を、さらに奨励することになるからであった。

商業活動の自由化、競争の導入のためには、価格協定その他の独占的取決めや物価操作は禁止されなければならない。また農業生産の市場経済化に伴って当然貯蔵設備が必要となってくるので、キガリその他の町に農業倉庫の建造も勧告した。

農業生産の増強

このように通貨制度を改革し、市場機構が整備されれば、農業生産の市場経済化の基礎ができる。次はこの基礎のうえにどのように農業生産の増強を図るかである。この農業生産の増強は、私は必ずしも物量の増加だけを考えていたのではない。むしろ価値の増加を考えていたのである。今後ルワンダの発展につれて都市の食料需要は急速に増えるはずであるし、またルワンダ人の食生活も今よりは高度化するはずである。その新需要に応える生産は最も有利なはずである。ことに現在輸入している米、小麦、落花生等や、現在欠乏している野菜類を生産すれば、現在の豆と芋などよりは数等高額な収入を得られる。このように農民が豆、芋、バナナ、コーヒー等の生産をより有利な作物に転換することが、私のいう農業生産の増強だったのである。

公邸前に野菜を売りに来た少年たち

このことは、ルワンダが人口が多く農家一戸あたりの農地が少ない事情から、どうしても限られた農地を集約的に効率的に利用する必要があったからである。集約的な農業をやるうえでは、ルワンダの農地が多数の小農に分れているのは有利である。

しかし農民の現在の殆ど唯一の現金収入の作物はコーヒーである。ところがコーヒーは非常に厄介な作物であった。植民地時代にベルギーが、ルワンダ農民に現金収入の途を与えるためコーヒーを導入したのであるが、農民に一定数のコーヒー樹を植えることを強制し、その計画は一応成功した。専門家にいわせるとルワンダほどアラビカ種のコーヒーの栽培に適した土地は少ないそうである。しかしこれを輸出するためには、千八百キロメートルの陸上輸送をしなければならず、商品としては決して有利なものではない。しかもコーヒーは世界的に生産過剰であって、国際協定によって輸出割当が各国に与えられていて、これを超える生産は国内で貯蔵するか、新市場と称される少数の国へ安値輸出するほかはないのである。

生産が過剰であるので、価格は長期的には下降するほかはないのであり、その場合、陸上輸送費を多額に負担するルワンダはきわめて不利である。このようにコーヒーは、

改革前後のコーヒー生産者所得の比較

	改革前	改革後
生産者価格	25フラン	36フラン
収穫	40キロ	40キロ
収入	1,000フラン	1,440フラン
人頭税	-400フラン	-400フラン
鍬	-57フラン	-114フラン
差引可処分所得	543フラン	926フラン
予想物価指数	100	130
実質可処分所得比	100	130

ルワンダとしては決して有利な作物ではないが、現実にルワンダ農民の殆ど唯一の現金収入源であり、またルワンダの外貨収入の主力をなしているのであるから、その生産は止めるわけにはゆかない。ただ、コーヒーの生産が輸出割当を超えないように配慮しなくてはならないのである。

このコーヒーの生産者価格をどう決めるかが問題であった。平価を切下げて当面はコーヒーの輸出価格のルワンダ・フラン額は増加するのであるから、生産者価格をそのぶんだけ増加させることが公正であるとも考えられた。しかしこれを実行すれば将来国際市価が下落した場合（そしてこれは長期的には不可避なのである）、生産者価格を切下げることを農民は納得するであろうか。温順なルワンダ農民が百姓一揆を起すことはないにしても、経済再建計画、ひいては政府に対する信頼は完全に失われるのではないか。ことに心配なのは、生産者価格を大幅に引上げたとき、農民がわれもわれもとコーヒーを植えるようになることが必至と思われたことだった。それは限られた土地の非効率的使用の問題だけではない。新しく植えたコーヒーが三年後果実を結ぶとき、生産が輸出割当を大幅に超過する可能性があるからである。

私は各方面のルワンダ人に、コーヒーに対するルワンダ農民の考えかたを聞いて廻った。その結果、ルワンダ農民はなによりもコーヒーの生産者価格が安定することを希望しているとの確信を得た。そこで私はコーヒーの国際市況を一九五三年から調べ、ルワンダのコーヒーのモンバサ渡し価格は、三年間をとれば平均一キログラム七十七米セントを下廻ることはまずないが、一時的には七十セントまで下ることはありうるとの結論を得て、七十セントの価格から陸送費、精製費、包装費、集荷費、輸出業者のコミッションを差引いた三十六フランを生産者価格とすることにした。これは予想される最悪の市況でも保証できる生産者価格ということになる。

一方私は、この価格がはたして輸出割当を超えない範囲内でコーヒーの増産を促すのに充分であるかどうかを検討した。現在の一キログラム二十五フランの生産者価格に比し、新しい価格は四四パーセントの増加となる。しかしこの計算は不充分で、実際の比較は農民の可処分所得の実質購買力で行なわれなければならない。この比較は右表のとおり、三〇パーセントの増加となってほぼ妥当と判断された。

このように、最悪の市況を前提としてコーヒーの生産者価格を定め、これを今後変更しないことを政府が表明することにした。そして市況が、モンバサ渡し一キログラム七十セントより高いときは、輸出税とコーヒー局の価格変動準備金、その他の課徴金で吸上げることにした。

農民の現在の現金収入源の主力であるコーヒーの生産者価格を固定することにより、農民は自分の農地に最も適した作物の生産を選ぶことによって、農業生産の多様化高度化が進むことを期待した。コーヒーの生産に適した農地では、コーヒー樹一本当りの収穫が多いから、コーヒー生産に集中するはずである。他方、コーヒー不適地では、コーヒーの生産者価格が低目に抑えられている関係もあって、ほかの有利な作物に生産を転換してゆくはずである。

このためには農業の技術指導と作物指導がなければならないが、そのほか、農作物の流通機構を整備しなければならないので、これに関する一項を答申に書き加えた。

財政

ルワンダの国際収支の赤字の直接の原因は財政の赤字であることは、さきに述べたとおりである。従って、答申の大部分が財政建直しに関するものであった。しかもそれまでの調査で、政府も国会も予算や国庫に関する基礎知識は皆無に近いと思われたので、初歩の原則から書き起し、細部の問題まで具体案を起草しなければならなかった。

まず私は政府の人件費、物件費、国際機関への分担金などの確定支出は、租税、関税などの確定収入で賄い、政府の意思で繰延べたり、繰上げたりできる投資支出のような任意支出は、確定収入の剰余、外国からの援助の見返資金、または貯蓄の動員で賄う原則をたてた。もっとも、行政費だけで租税などの収入の総額を三〇パーセントも超える実情では、通貨改革後ただちに確定支出と確定収入の均衡を取戻すことは到底不可能であったので、初年度は確定支出の一部を貯蓄の動員で賄うことを認めることにした。

一九六六年の予算は、一九六五年の実質規模と同一にし、金額的には対外支払い（在外公館経費、国際機関分担金、海外旅費等）は二倍に、その他の行政費は三〇パーセント増にした。これは官吏の俸給を三〇パーセント増額すること、平価切下げに伴う物価騰貴を三〇パーセント見込んだのである。こうして一九六六年の一般会計（確定支出）予算は、一九六五年の実効予想額の四割増の十一億フランとなった。

これに対する確定収入であるが、次のように大幅の税制改革を行なって、一九六八年からは確定支出の金額を賄う収入をあげることにした。ただし初年である一九六六年は一億五千万フラン、一九六七年は一億フランの歳入不足となる。

この税制改革は暫定的なもので、将来経済が正常化したのち、根本的な税制改革をする条件で、とりあえず平価切下げに伴う利益の大部分を吸収することを狙ったものであるが、同時にルワンダ人に対して過重となっている税負担をできるだけ是正し、少しでもルワンダ国民のためになるよう配慮したのである。

まず農民が負担する人頭税（四百フラン）、牛税（二百フラン）、羊、山羊、豚税の金額は変えないことにした。農民の収入はコーヒーの生産者価格の引上げによって増加するのであるから、この措置は農民減税を意味する。

次に法人税、勤労所得税の税率も据置くことにした。ルワンダ経済が近代化するためにはこの種の経済活動は必要であり、また現行税率もさして不合理と思われなかったからである。

しかし建物税、空閑地税、雇傭税、自動車税、鉱区税の金額は二倍にすることを提案した。これは税収としては大きな金額ではないが、税額がいかにも低く不当であったことと、資産の資本価値は平価切下げによって倍増するはずだからである。

投資所得税は税率を二〇パーセントから三〇パーセントに引上げ、家賃所得税の税率は累進税率を強化した。

さらに企業の資産再評価を強制し、評価益に対し六パーセントの再評価税を三年にわたって分納させることにした。これは将来企業の減価償却が正常にできるためである。

しかし歳入増加の主役は関税である。輸出入のフラン価格が倍増するばかりでなく、切下げ利得の配分を公正にするための課税の余地も大きいのである。

輸出税については、コーヒーの生産者価格、集荷、精製、包装、陸送の諸費用に輸出業者のコミッションを加えた金額と、一九六六年に予想されるモンバサ渡しの価格とから逆算して、輸出価格の二〇パーセントの輸出税をコーヒーに課することにした。この二〇パーセントの輸出税は茶、除虫菊、鉱物にもかけることにした。ただ錫鉱石についてはルワンダの鉱物輸出の主力であり、鉱山も老朽化してきていて再投資の必要があったので一〇パーセントの輸出税にした。

輸入関税については、全面的に関税率を変更し、とくに外国人社会の消費する物資については大幅の税率引上げとした。これは奢侈《しゃし》品ということもあるが、おもな理由はこれら物資は従来一ドル＝百二十フランの自由外貨で輸入されていて、一ドル＝百フランの新為替相場では原価が下り、ルワンダ人の消費する物資の価格が若干上昇するなかで、外国人の消費するウイスキーや肉類の価格が下るという奇異な現象が起っては、ルワンダ人としては通貨改革がルワンダ人のために行なわれたという信頼を失うことを惧れたからである。

次に投資予算であるが、これは従来財源がないままに支出されていたので、まず一九六六年の予算規模を一九六五年並みの八千万フランとし、その支出は貯蓄の動員と援助見返資金が確保された限度で行なう、という原則をたてた。

このようにして、一般会計では歳出十一億フラン、歳入九億五千万フラン、差引き一億五千万フランの赤字、特別会計では八千万フランの赤字、合計二億三千万フランの赤字となるのであるが、米国援助が百万ドル（一億フラン）予定され、また貯蓄金庫の預金増とコーヒー局の価格変動準備基金課徴金とが、一億五千万フランあると予想されたので、これを引当てに国債を発行すれば、財政の赤字は全部貯蓄と援助とによって賄われることになるのである。

次に予算執行の準則をつくった。まず予算は三カ月ごとに大蔵大臣が各省に予算を配布する制度をつくった。これは各省で年の前半に予算の大部分を使いはたし、後半は給与の支払いにこと欠く状態であったので、支出を平準化することと、若干の計画性をもたせるためである。

次に各省で支出の原因となる行為をするときは、大蔵省の予算局長に予算残高があることを確認させる制度を決めた。これは各省で勝手に人員を傭ったり、物品を発注して予算超過になることを防ぐためである。

また予算費目のあいだの流用は禁止した。予算外支出は各種「資金」の支出であるが、会計観念のない連中（外国人顧問を含む）が取扱っているため、資金の残高がなくなっても支出をつづけたり、目的外に使用したりする例が多かった。例えば食料備蓄基金は資金残高がなくなっているにもかかわらず、その負担で農林省用のトラックを買っているのである。一番傑作だったのは官吏に車を買うため、俸給引当前貸資金という勘定を開き、基金がないままで貸出を開始したことで、これは例のヴァンデヴァル君の発明である。私はこの種の資金の全廃を提案した。

最後に国庫仮勘定の縮小と整理と、その運営では国庫内振替以外は禁ずることを提案した。この仮勘定は例えば会計官と国庫との送金、科目不明の収入金、予算費目不明の支出等を計理するもので、それ自体は国庫の運営上必要な諸勘定である。ところが予算は毎年締切があり、年を越えての繰越ができないのに、仮勘定にはこの締切がないのを悪用して、予算で認められていない支出をここで計理していた。ある日予算費目不明支出の勘定でタイプライターが買われた。聞いてみれば、予算がなくなったので翌年の予算で清算する約束で、仮勘定から支払われたということだった。これもヴァンデヴァル君の創意工夫によるものだった。

なお話は前後するが、税制改革の構想で私は税収的には間接税にその大部分を依存することにした。これは一見大衆課税の印象を与えると思うが、ルワンダの実情ではむしろルワンダ人と外国人との税負担の不均衡是正のため間接税中心にしたのである。なるほど累進税率の所得税のほうが社会的に公正であるように見える。しかしこのような所得税は納税者の申告によらざるをえない。それがうまく実行されるかどうかは一つには納税者の善意と、一つには徴税官吏の検査査定能力の二つの条件にかかっている。

途上国に働いている外国人には納税思想を期待するのがそもそも無理なことである。税金は彼らにとっては外国政府による収奪としか映らない。第二に途上国の官吏の会計帳簿の検査能力や所得の査定能力が低いのはいうまでもない。これらの能力は学力ばかりでなく、経済や企業に対するある程度の常識が必要なのであるが、近代的な経済事象に対する常識は途上国では最も欠乏しているものなのである。とくに途上国官吏の外国人に対するコンプレックスは大変なものである。検査や査定は必然的に企業責任者との面談を意味するから、役人はできるだけこれを避けようとする。たまに検査にいっても突込んだ調査ができるわけはない。その結果虚偽申告と脱税が横行することになる。

これに反し、間接税は物資が国境を越えるときまたは倉庫を出るとき、客観的無差別に課せられるので、官吏と企業責任者との談判の余地がない。問題は物資の関税評価が正当かどうかであるが、ビール消費税については公定価格の基礎となる倉出価格であり、輸出については中央銀行が随時税関に通知する価格を使っていたので、一応妥当なものであるといえよう。

輸入については、中央銀行が発行した輸入許可書記載のルワンダ到着価格が課税基礎であったが、輸入に関する対外支払いは通関後でなければ認められなかったので、輸入品の支払いをするためには、支払額を基礎とした関税を納付しなければならなかったのである。

金融政策についてはおおむね準備ができていたし、中央銀行の権限に属することでもあったので、ただ金融引締めを行なうこと、とくに輸入に対する金融は一切しないことのみを記載した。以上の計画を実施するためには、ルワンダの手持ちの外貨は不足であるから、国際通貨基金から資金を引出（借入）すことが必要である。

その他の提案

当時私はルワンダの輸出産業としては鉱業をとくに重視していた。農業の増産は通貨制度と市場機構とを正常化すれば、価格政策により、ルワンダ農民の協力を期待することができ、その効果も比較的早いと思われた。しかし鉱業は外国人企業による開発に頼らざるをえず、当時のようにこれら外国人企業がルワンダに対して不安不信の念をもっていては、鉱山設備の維持すらも期待できないのである。

いったん荒廃した設備を復活することは困難である。しかも私の農業生産の長期予想が実現すれば、コーヒー輸出による外貨取得は頭打ちか減少するので、確実な外貨源として鉱石輸出は今後増強しなければならないのである。従って鉱山を経営しているベルギー系会社が設備の維持は勿論、増産投資を行なうことがぜひとも必要であった。

しかしこれは、平価切下げによる増益を鉱山会社に帰属させることで実現できることではない。ルワンダに対する不安不信が支配している状態では、鉱山会社は増益分を再投資せず、ベルギーに送金する可能性が大きいのである。私は六月、ブラッセルで鉱山会社の責任者と会ったときの光景を思いだした。彼らはみな老齢である。ルワンダで経済運営が改善されても、彼らはおそらく積極的に反応しないだろう。彼らはかなり頻繁に会っているらしいが、年寄の常としてよき昔を懐旧し、世の様の移り変るのを愚痴ることにすごすのではなかろうか。こう考えれば会社の収益性は考えなければならないが、これをあまり多くすることは、かえってルワンダにとって不利である。第一は、彼らの不信感不安感を一掃することである。こう考えて私は、中央銀行でこの面でできるだけの努力をすることに決め、政府に対しては、鉱区の明確化、鉱業権の内容確定を進言した。

さらに私は会社法の立法を進言した。そしてそのなかで、ルワンダにおける商業活動はルワンダ人またはルワンダ法人（外国人出資のものを含む）のみに認められること、取締役会はルワンダで開催されるべきこと、ルワンダに会社運営の責任者をおくこと、会社の帳簿はルワンダの本店に備付けることなどを提案した。これらの提案は商業銀行との交渉の教訓にもとづくもので、ルワンダで仕事をしている外国人企業が、ルワンダに責任者もおかず、取締役会の記録もなく、計理もわからない状態は到底容認できず、将来必ず問題を起すと予想したからである。その後ウガンダで、銀行についてまったく同種の問題が起り、またコンゴでユニオン・ミニエールについて、この問題が国有化までに発展したことを考えれば、ルワンダで一九六五年に、この対策をすでに考えたことは、その後外国人企業との紛争予防に大きく役立ったと思われる。

また外国人の商業活動を法人に限ったのは、配当送金の利益を受けることとも関連するが、当時事業所得税の税率が勤労所得税と同様累進課税となっており、最高率が四〇パーセントで頭打ちになっているのに対し、法人税は四五パーセントの一律課税であることを考慮し、事業所得税による優遇課税は、ルワンダ人商工業者にのみ適用しようとの意図もあったのである。

最後に私は、各都市間の定期交通便の創設を提案したが、これについては別章で述べる。

答申の作成と提出

このような構想がまとまり、諸計表も完成し、いよいよ答申の本文の作成にとりかかったのは八月半ばすぎであった。約六ヵ月間、ルワンダ経済再建計画のことばかり考えてきたので、その頃はルワンダの将来にかなりの自信をもつようになっていた。

まず私は、現在のルワンダ経済の窮状を要約し、財政赤字が国際収支の悪化を招来している機構を説明し、ついで価格の本来の機能を解説し、二重為替相場制度、不公正な税制、物価統制の三悪がいかに価格を歪めているか、そしてその結果いかに経済活動を阻害しているかを説明した。しかしルワンダ経済の現状はきわめて困難であるが、絶望的ではない。国民は働き者で、社会的階級制度はなく、政府は真面目で国民に直結しており、欲望は控え目で、過大な野心なく、有望な農業鉱業資源にも恵まれている。いまや勇気をもって経済再建の諸施策をとり、ルワンダ国民に経済発展を保証すべきである。

ついで私は、平価切下げに反対する空気がルワンダ政府に多いことを考慮して、現平価維持がいかに無意味、非生産的なことかを説明した。

次に、経済再建計画の大綱と具体的細目がつづくのであるが、とくに通貨改革のことを「正直な通貨の設定」という表題にした。

最後に私は、今後五年間の経済見通しを画き、予算規模を三年間現在の水準に固定すれば、一九六九年からは財政も均衡し、国際収支も黒字となり、国際通貨基金からの借入も返済できる可能性を示した。

この答申を書き終ったのは、九月半ばであった。大統領から命ぜられた秘密厳守のため、夜自宅で手書きでやったため予想外に時間がかかった。ところが困ったのはタイプをどうするかの問題である。銀行や官庁のタイピストにやらせれば、タイプが出来上る前にキガリ中がその内容を知ってしまう。といって私は、とてもこの大部の答申を自分でタイプするだけの自信も時間もなかった。しかたがないので考えた末、米国のウィザース大使に会って、極秘の書類をタイプしたいのだが協力してくれないかと頼んだ。この活動的で人のよい大使は快く引受けてくれた。私はさらに念をおして、これはとくにベルギーには秘密にしたいのでよろしく、というと大使は、米国人タイピストにやらせるから心配するなといってくれた。私は安心した。米大使館の米人タイピストは一言もフランス語を解しないのであった。

こうして答申書が出来上ったのは九月二十三日、私が国際通貨基金の年次総会出席のため出発する日の朝である。私は急いで署名し、留守番のビララ理事に本書を渡し、それを大統領に手渡し、大統領が承認すればただちに国際通貨基金当局との交渉を開始するから電報で大統領の反応を知らせてほしいと頼み、私は写し四通をもってワシントンに出かけた。

V 通貨改革実施の準備

キガリ露天市場に面したラジャンの店（小川忠博氏撮影）

国際通貨基金との交渉

ワシントンに到着して三日目の夕方（ルワンダ商業銀行の取締役会のあった日）、ビララ君から「大統領に答申を手渡した。大統領は答申に非常に喜んで、ただちに国際通貨基金との交渉を始めるよう指示された」との電報を受けとった。私はそこではじめてチマナ蔵相、ハビさん、クンラッ君に答申を見せたのである。チマナ蔵相は大統領から少しは話を聞いていたとみえて、「例の答申ですか、ご苦労でした」と格別驚いた様子もなく受けとってくれた。一晩勉強して、翌日は総会の開会式で演説を聞かずに答申を読み返していた。のぞいてみるとあちこちに赤線や書込みがしてある。よく読んでくれたなと思った。彼は読み返しながら、「これぐらいならできる」「そんなにむつかしくないな」などと独りごとをいっていたが急に私のほうを向いて、「よし、これでやりましょう」と一言いった。それで翌日から会議のあいまをみて、国際通貨基金との新平価の設定と、通貨基金の資金援助に関する交渉を開始することになった。

ここで気の毒だったのはクンラッ君である。彼はそれまで私の考えていること、していることについては自分は全部知っていると信じこんでいて、私が答申を書いていることにはまったく気がつかなかったので、答申の写しを受けとったときの彼の驚愕《きょうがく》ぶりは、本当に気の毒なくらいであった。翌日も冴えない顔色ですっかり考えこんでいる様子だった。しかし彼はこんな重要なことを相談もしてくれないとは、なんと水臭いのだろうと思っただろうに、そんな様子は一つも見せず、答申を勉強して自分のものに消化し、その後の通貨基金との交渉では、私と一体になって答申の防戦をしてくれた。私がもし彼の立場だったら、このように個人感情を自制して行動できただろうかと、少なからず反省させられた。

通貨基金との交渉はこのように始まったのであるが、交渉相手のアフリカ局の態度は三月にルワンダにきたときの性急さに比べ、いちじるしく慎重になっていた。これは二月に実施されたブルンディの通貨改革が、必ずしもうまくいっていないことからくる反省が作用しているように思われた。一方、通貨基金アフリカ局としては、加盟国から資金援助の要請を受け、これに対して財政金融の安定計画を採用することを条件として承認する、という形の交渉が通例だったのに、ルワンダの場合では、ルワンダ側から経済再建計画（勿論財政金融の安定もその一部であるが）を提出し、その実施のため資金援助を要請する、という形をとったので、交渉の勝手が違ったことによるとまどいもあったと思われる。

このように、通貨基金側の態度がいちじるしく慎重であったのに加えて、彼らとして最も関心のある翌一九六六年の予算の均衡について、チマナ蔵相が明確な態度をとらないため、交渉はいちじるしく難航した。チマナ君は独立以来大蔵大臣を勤めているが、そのことは彼が予算の作成の能力をもっていたことにはならない。税制がルワンダ政府の最低活動すら賄うに足りず、しかも徴税能力が低いという前提条件に立った従来の予算編成は、各省の金額的にも内容的にもでたらめな予算要求を腕力だけで削り、それでも足りないので今度は収入予想を水増しし、なお足りないぶんは国債発行を予定するというものであって、こんな経験はなんの役にも立たないのである。その彼が平価切下げ、給与引上げ、税制改正など、彼の知らない前提を基礎に、私が計算した予算の計数を二、三日前に見せられて、一応これを理解したものの、通貨基金に対し蔵相としてこれを確約するだけの自信がなかったのは、むしろ当然であったといえよう。

しかし通貨基金側は、答申で二億三千万フランの財政赤字を一九六六年に予定していることに強い不満をもっていて、これが援助と貯蓄の動員で金融される確約を求めてきたのである。二月にルワンダにきたシャトレーヌ氏は、「国際収支の赤字はコーヒー価格の下落などでやむをえない場合も考えられるが、財政赤字は政府にその意思さえあれば自力で解消できるものである。財政を均衡させる強い決意がみられない以上、この安定計画は承認できない」と主張し、この意見が通貨基金側を支配していた。

そこでわれわれは交渉を中断し、米国国務省と米国援助に関する交渉に移った。この援助は余剰農産物と一般輸入品との二本建であった。まず余剰農産物については、ルワンダに近く食料不足の事態が迫っているという名目で、小麦粉五千トン、食用油、粉乳の贈与百万ドルを、また一般輸入品については米国製トラック、部品その他今後取決める物資につき、百万ドルの無償援助を受けることにつき原則的承認を取付けたのである。

この援助の物量は、ルワンダの消費能力からみて過大ではないかとの不安もあった。しかし当時のルワンダの貧弱な統計は、食料生産が年々減退していることを示し、農林省では一九六六年には、一部の地方では深刻な食料不足の発生が心配されていた。私としては通貨改革を実行するためにはまず民心が安定していなければならないので、この食料不足の発生を防止することが必要だった。米国援助を受ければ、食料輸入増加のために乏しい外貨を使わなくてもすむ。また通貨改革実施の際自由化によってただちに輸入物資が大量に流入し、物価が安定する保証がないのでせめて食料品だけでも多量に供給される体制を準備することも有意義である。またこの援助は贈与であるので、その販売代金は政府の収入となって財政の均衡に役立つ。このような考慮で右の物量を要求したのである。しかしルワンダにとって巨大ともいえるこの物量も、米国にとっては微々たるものであったのか、私としては返答に苦しむような質問もなく意外に簡単に応諾が得られたのである。

そこで通貨基金との交渉が再開されたのであるが、翌年度予算に関するチマナ蔵相の答弁が、依然確約を避ける態度であったため交渉は進展せず、そのうえチマナ君は、ルワンダの総選挙の成行きを当然のことながら気にしていた。そこへ彼の政敵が、チマナは国の外貨を全部持逃げしたと悪宣伝しているという情報が入り、通貨基金、世銀の総会が終った日に彼は急遽帰国してしまい、そのため正式交渉は一応打切られ、私、ハビさん、クンラッ君の三人が残って、通貨基金との事務的打合せをつづけることになった。

この打合せでも依然財政が中心話題で、通貨基金側は第一には増税を、第二には政府支出の削減を強力に要求してきた。しかし私としては技術的に考えられる限度いっぱいのことはすでに答申に盛りこんでおり、これを超える支出削減や増税は、これに関する政治責任者である蔵相の決心がなければ実行不能で、私が代って討議できる性質のものではなかった。また増税といっても通貨基金側が要求するのは、一九六六年にただちに政府収入を増加させるもので、選択の範囲はきわめて限られていた。そこでシャトレーヌ氏は、「通貨改革後はコーヒーの生産者価格引上げなどで農民所得が増えるのだから、人頭税を増額できるではないか」といいだした。私は勿論反対した。そのときあまり議論が対立するのを心配したハビさんは私の袖を引いて、

「人頭税を四百フランから六百フランに引上げることは議会を通ると思いますよ。じつは昨年予算を均衡するため議会の財政委員会でその案が出され、議員のなかでも賛成意見がかなりあったのですが、大統領が反対だったので廃案となったのです。大統領に総裁から進言すれば実施可能と思うのですが」といった。私は声を荒げて、

「ルワンダ政府が人頭税の増額を提案するようだったら私は総裁をやめて日本へ帰る。財政の均衡といったってどんな均衡でもよいわけじゃない。今後持続できる均衡じゃなければいけないのだ。ルワンダ農民の負担を増大するような財政の均衡は、長続きするものじゃない。生産が落ちてルワンダ人の生活が一層苦しくなり、また経済が破綻するだけだ」といった。勿論通貨基金側に聞かせるためである。さいわい人頭税増額はその後再び話題になることはなかった。

この一週間の打合せは蔵相が欠席したため結論は得られず、意見の交換にとどまり、結局年末

に翌年予算の概要が確定し、均衡財政の原則が貫かれていることがはっきりわかるようになった段階で、通貨基金の調査団がルワンダにきて交渉を再開することにして、われわれは帰国したのである。

ワシントンを出発する時ワイツネガ君は私に、

「十二月に交渉を再開するつもりで自分たちは準備するが、一九六六年予算が均衡したものでなければ、通貨基金としては援助はできないから、その保証がなければわれわれがいっても無駄だ。だから予算均衡について政府が確約できる状態になったら電報してほしい」

といった。このワイツネガ君の一言はいわばこの二週間の交渉のだめおしをしたもので、私は帰国後ただちに大統領に経過報告をするとともに、政府の収入を増大しなければ、通貨改革は実行できないことを報告した。ルワンダが通貨基金に加盟したとき、ルワンダは通貨基金の承諾なしに為替相場制度を変更しないとの約束をしているので、二重為替相場制度の廃止すらルワンダ単独ではできなかったのである。大統領は私が人頭税増額に反対したことを非常に喜ばれたが、

「政府としてはすでに私の答申によって通貨改革、経済再建をする方針を決定しているのであるから、いまさら小さな問題でその実行を遅らせるべきではない、総裁に委せるから所要の修正をやってできるだけ早く実施できるようにしてほしい」といわれた。

私は自分としては錫鉱石に対する輸出税を一〇パーセントから二〇パーセントに引上げること、コーヒーの生産者価格を三十六フランから三十五フランに引下げること、の二点で答申を修正し、

また米国援助物資を現在の小売価格を基準にした価格で販売することで解決できると思うと述べたら、大統領はこれを諒承し、重ねて早期実施を希望された。

ところがこの会見の数日後、新国会成立の祝賀式の演説で大統領は、

「新国会の第一の仕事は通貨制度の改正と、それに伴う経済財政政策の問題である。この問題を主管する公的機関の報告が政府に提出され、政府はこれを実施する方針を決定し、近くこれを国会に諮る予定である」

と述べられた。私は仰天した。これは明日からひどい投機が起ると思ったのである。ところがルワンダ人社会ではこの意味があまりよくわからなかったらしく、また外国人社会では大統領の演説にはまったく興味がないためか聞いた人が殆どなく、結局まったくといっていいぐらい反応はなかった。

予算の概数作成にとりかかる

答申修正に関する大統領の諒承が得られたので、私はただちにこれに伴う予算の概数作成にかかる一方、米国大使館と援助受入れの細目の決定を急いだ。米国援助の取扱手続きは煩瑣《はんさ》をきわめたもので、これを事務能力のないルワンダで実施することは非常に困難であった。結局政府はその取扱いを全面的に中央銀行に委せることでその問題を回避したのである。私は援助物資は原則として、全部中央銀行が商業機構をつうじて販売すること、販売価格から流通費用を差引いた

金額を控除した金額を物資到着の際ただちに見返資金に積立てること、援助物資の販売価格は、当時ギリシャ人商社が総代理店として輸入を独占していたカナダ小麦粉、インド人商社とトラフィプロがおもに取扱っていた食用油と粉乳の輸入価格を基準にすることを進言した。

ほかの点は問題はなかったが、米国大使は販売価格が原価に比べて高いというような顔をした。私はこれに対して、まず米国援助は従来の商業輸入を攪乱《かくらん》するものであってはならないと米国の法律で決まっているが、民間輸入の価格より非常に安い価格で援助物資を販売することはこの規定に正面から抵触すると思われる、またこの援助は結局は米国民の税金から賄われたものであり、その正当価格が見返資金に積立てられるべきだと思う、と説明して諒承を得た。このように、販売価格を決めたことにより、百万ドル（新平価で一億フラン）の余剰農産物援助による見返資金は、一億四千万フラン見込まれることとなった。一般輸入援助は民間輸入であるため取扱手続きは比較的簡単であったが、一九六六年中に実施ができるとも思えなかったので、予算には計上しなかった。

チマナ蔵相は各省からの予算要求を整理していたが、大統領から一九六五年の予算と同額にせよ、との指示を受けたので要求に関係なく査定するが、収入面が心配だから、税法改正、収入見込の作成を頼むといってきた。私は支出の実質規模を抑えられれば、平価切下げに伴う予算増額は機械的計算の問題であるし、収入のほうは自信があったので安心するよう答えて、ただちに通貨基金のワイツネガ君に YOU CAN COME と三語の電報を打った。

十二月国際通貨基金の調査団がきて、再び交渉が始まった。団長はワイツネガ君である。同時期にベルギー外務省のクラコ審議官もやってきた。また米国大使も通貨基金、クラコ氏と活潑に接触を保っていた。これで米国、ベルギー両国が今回はぜひともルワンダの通貨改革を実現したい意欲がうかがわれた。

前回と異って今回は、かなりの計数の提出もできたが、肝心の予算についてはチマナ蔵相は政府案がまだ確定していないことを理由に、その計数をはっきりと約束しない。通貨基金側ではしかし、ワシントンでの交渉のときと打って変って積極的態度をとっていた。ワイツネガ君は、「今回の調査で、来年度予算が租税関税の一般収入と援助見返資金、ならびに国内貯蓄の動員によって全額賄われ、銀行借入や国債の銀行引受けはなくてすむと思うが、チマナ蔵相のあやふやな態度では心配だから、予算の政府案が確定したところで最終交渉をしたい、ついては通貨基金からの資金援助はどの程度を要求するつもりか」と私に聞いた。私はこの質問でこれは万事うまくゆくと一安心し、五百万ドルの資金援助を考えていると答えた。

通貨基金調査団を帰して年が明け、予算案の形が大体決まった。俸給三〇パーセント引上げ、平価切下げに伴う対外支出増のほかはすべて一九六五年並みで、一般会計支出は十一億フラン、収入は租税二億九千四百万フラン、関税七億三千百万フラン、行政収入など八千三百万フラン、合計十一億八百万フランである。投資予算のほうはまだ要求もでていなかったので、チマナ蔵相は一九六六年は新規予算はつくらず、前回予算の未実行分八千万フランだけを実施し、その財源は見返資金を使うと決定し、二月チマナ蔵相、ムバルシマナ予算局長、イシドール議員、私、それにビララ君の五人が最終交渉のためワシントンに出張したのである。

今回の交渉の目的はいよいよ国際通貨基金に対する一ドル＝百フランの新平価設定と、資金援助に関する政府要請の正式書面提出と、米国援助の最終取決めとである。通貨基金の資金援助は、政府が財政金融の安定計画を実施するのに関連して行なわれるのであり、政府が安定計画の概要を説明し、通貨基金の要求する財政金融、為替面での諸制約を自発的に申出で、資金援助を要請する書面を提出し、これを通貨基金の理事会で審議のうえ承認するという形をとるのである。この政府書面の文面は、通貨基金と政府とが協議して決めるのであるが、アフリカ諸国に関しては通貨基金側で原案を作成し、政府がこれに署名するのが通例だったようである。

しかし私はルワンダについてこのような手順をとることが不安だった。チマナ蔵相を信頼してはいたが、一方総選挙以来彼の国内での政治的地位が、昔よりは弱くなってきているような気がした。彼が一人でワシントンで決めたことに対して、帰国後政府内部で反対なり批判が起っては、経済再建計画の実施に政府の全面的協力が得られなくなる。しかも機密保持の見地から、大統領は閣議で私の答申を口頭で説明し、これを実行すると宣言しただけで、答申そのものが審議されたのではないらしいことがだんだんにわかってきた。それで私は、ワシントンで署名する援助要請の書面に記載される政策が、真に政府全体の方針となるようにするため、他のアフリカ諸国の先例を参考にしてこの政府書面の原案を起草し、閣議決定をしてもらったのである。このような手続きをとったのは政府の各大臣の協力を得るためであったから、冒頭に政府が独立以来行なった努力を概説した。また、ルワンダ経済の困難がやむをえざる事由で起ったことを説明し、つとめてルワンダの積極面を述べるというように、かなり政治的色彩の強い文面となったのである。

ところがこの冒頭の部分が、ワシントンで問題になった。あまりに政治的すぎるというのである。その文面の調整で貴重な時日を空費した感があった。

二月の会合では、そのほかの点ではたいした論議はなかった。ただ、通貨基金側の反対で再評価税が見送られることとなったことと、わがほうから外国銀行券の取引を自由化することを通貨基金に通告したことだけである（外国銀行券取引の自由化はきわめて重要な意義をもつものであるがこれについては後述する）。

米国政府との援助交渉はきわめて事務的に行なわれ、先方はただちに援助物資の買付け発送を始めることを約してくれた。援助の見返資金の使途については、今後ルワンダにおいて協議決定することになったが、八千万フランはコーヒー局の価格安定基金補塡に使うことの合意を取付けた。これはこの価格安定基金が殆ど費消されていたので、これを再建するためというのが表面上の理由であったが、実際にはコーヒーの生産者価格は、安定基金の介入を必要としない水準に決定されていたので、安定基金の保有資金を国債に運用することにより、米国との協議をまたずにその資金をルワンダ政府が使えるようになることを狙ったものである。

こうして平価設定の協議書、資金援助の要請書を正式に国際通貨基金に提出し、米国援助の最終取決めを行ない、一行は帰国の途についたのである。

ルワンダ人商人の活用

帰国後私は、実施が迫った通貨改革の準備に忙殺された。この準備の内容を説明する前に、まず私が通貨改革後の経済で、ルワンダ人商人に期待した役割を説明することが必要であろう。

経済再建計画答申の基本構想はさきに述べたように、生産増強の重点を農業生産におき、その実現は農業生産を農民の自発的努力により、自活経済から市場経済に引出す形で行なうというものであった。農民の自発的努力をつくりだすため、安定した価格で商品が豊富に提供され彼らの生活向上の意欲が刺激されなければならず、また彼らが市場生産に移る際、生産性増大の意欲に応えるため、必要な農具、肥料、殺虫剤などが彼らに提供されなければならない。私は答申を書いた段階ではルワンダ政府の貧弱な行政力に鑑み、この農民に対する物資供給は民間商業機構に委せることにし、輸入の自由化によってこれが実現されることを期待した。

しかし脳裏を離れなかったのは、はたして輸入の自由化だけで私が期待しているような農民に対する安定した、低廉な、豊富な、そして多様化した物資の供給が実現するか、という疑問であった。

ルワンダで働いている外国人の素質についてはＨがたつにつれて愛想がつきてきた。ルワンダの外国人商人は長年の輸入割当制度の特権にあぐらをかいてサービスを忘れた強欲一点張りで、とてもまともな商人といえない連中に見えた。しかも本来の商人的着眼力や才能はあるとも見えない。また彼らの多数は植民地時代からの特権になれきっている。その彼らが輸入自由化にどう反応するか。品物を多く輸入し競争を始めるだろうか。それともお互いに相談して品物の種類を制限したり価格協定をやって競争による価格の下落を防止するだろうか。ルワンダ全国で当時輸入業社は外国人系二十社しかないことからみれば、そして彼ら同士は外国人社会という一種の団結があることから、後者の可能性が強いように思われた。もし輸入商が談合して価格協定をやれば、輸入自由化の狙いである農民に対する安定した、低廉な、多様豊富の物資供給は実現しないことになる。

これは農具、農薬の生産物資についてはもっと深刻である。輸入割当で最も優遇されていた農器具は方形の鍬一種類しか輸入されていない。農業国で農具が一種類しかないのはいかにも不可解なので、輸入業者にほかの種類の農具も輸入したらどうかと勧めたら、

「ルワンダ農民は方形鍬が一番よい農具と信じており、これを万能農具として使っている。ほかの農具を輸入してもルワンダ農民は見向きもしない」

との答えだった。まさかと思い、政府の役人、農林省の外国人顧問、ルワンダの経験の長い僧侶に聞いても同じ答えが返ってきた。

しかしどうも納得できないので、質問を変えて四十歳をすぎたルワンダ人（独立以前のことを知っている年代）に、ルワンダでは三本爪の鍬を使ったことはないかと聞いたら、そういえば子

供の頃三本爪の鍬を使ったし、岩石の多いところでは大変便利だったが、どういうものか最近見ませんね、とのことであった。どうも方形鍬が最良万能であるという説は、独占的輸入業者がその仕入れと在庫管理を簡単にする都合上、自分で発明し、農民、政府に植付けた神話ではないかと気がついた。

こんな連中が輸入をやっているのだから、自由化によって新しい農具、農薬が豊富にルワンダに入ってくることは夢物語である。便利な農具、有効な農薬があっても、それがルワンダに輸入されていなければ、ルワンダ農民はそれの存在を知らず、それを使ってみよう、買ってみようとの意欲も起るわけはないのである。ルワンダの輸入が少数の外国人商社に独占されていることは、ルワンダ農民の無知と低生産とを恒常化させるのである。

そうかといってよい対策も思いつかない。政府による輸入配給はすでに検討して無理との結論がでている。トラフィプロは外国人商社と政府双方の欠点をもっている。ルワンダ人商人は資力も、海外の取引先も、輸入業務の能力も経験もない。

しかしこの農民に対する安定した、低廉な、多様豊富な物資の供給は、第一には農民の自発的生活改善の意欲を起すため、第二にはこの意欲が現実の生産性向上に結びつくために絶対必要であり、経済再建計画のかなめともいうべきものである。これが解決できなければ通貨改革はできても、経済再建はできない。答申を提出してからこのことが頭を離れず、一時は答申を全面的に書き直さなければならないかとまで思った。

ある日床についてから、ふと、ルワンダ人が細々とではあるが密輪をしていることを思いだした。私がルワンダに着いて間もない頃、汚い格好をしたルワンダ人が店で食卓塩を二キログラム買うのを見て不思議に思い、ハビさんに聞いたら、牛にやるためだという。食卓塩じゃずいぶん高価だろう、岩塩は使わないのかと聞いたら、昔は岩塩ばかりでしたが、これはルワンダ人がウガンダから頭にのせて持ってきたのです、しかし独立後は中央銀行ができ貿易為替管理が敷かれて輸入が許可制になったので、この岩塩は密輸で入ってくるだけになりました、との答えだった。これに興味を覚え、ルワンダの密輸について各方面に聞いてみたら、ルワンダ人がなお小規模ではあるが、コンゴ、ブルンディ、ウガンダとのあいだで、豆類、食用油、若干の繊維品を密輸していることがわかった。私はこの話を思いだした。今までルワンダ人は輸入ができないと決めてかかっていたが、これは輸入を欧米、日本など、海外からの輸入取引に限定して考えたからであって、隣接諸国からの密輸も輸入である。それを現にルワンダ人が行なっているではないか。

彼らの輸入する商品の中には、海外原産で隣国に輸入された品物も少なくない。しかもその顧客はルワンダ農民である。かりに外国人商社が輸入商品の国内価格を、協定その他の独占的方法で不当に高く決めようとしても、ルワンダ人商人がこれらの商品を近隣諸国から輸入すれば、外国人商人の独占的価格には天井ができるはずである。さらに考えが発展する。通常の輸入品がルワンダ農民に達する経路は、輸入商（外国人）——卸（アラブ人・インド人）——小売（アラブ人・インド人が多い）であるのに対し、密輸入の場合は中間段階が省略されて、直接農民に商品が販売される。中間段階が省略されること、外国人商人とルワンダ人商人の生活水準にいちじるしい差があることを考えるなら、ルワンダ人商人が、かりにルワンダより若干高い近隣諸国の関税を負担した商品を仕入れたとしても、充分商売になるはずである。これは農民の消費者物価安定の最も実効のある方法ではないか。

またルワンダ人商人が近隣諸国、とくにウガンダに仕入れなどでゆくとき、ウガンダ農民の使っている農具、農薬などを見てこれを買い、ルワンダ農民に供給することも期待できる。ルワンダ人商人は、商人といっても実際は農地を家族に耕させている半商半農なのであるから、ウガンダの農業技術に関心があるはずで、新しい農業技術のルワンダへの導入の役割を彼らが自然に担当していくことも期待できる。

このようにルワンダ人商人に経済再建計画の実現に大きな役割を担当させることができるのであるが、彼らの活動を今後発展させるためにはどんな方策をとるか。私は積極的奨励措置よりはまず障害の除去を、という答申全体の思想にもとづいて、ルワンダ人商人による輸入がなぜ伸びないかを考えた。それはまず「密輸」という言葉自体に対する不正の意識であろう。次には輸入手続きの煩瑣である。フランス語を解せず、タイプライターを持たず、車もなく、国境に近い地方に住むルワンダ人商人に、フランス語で輸入申請書を六部作ってキガリにでて銀行に提出し、二週間後またキガリにでて許可書を受けとる、という手続きをとらせることがいかに無理なことか。ルワンダ人が商業にでることにこれほど障害になっているものはない。最後に近隣諸国にいって仕入れをするのに必要な外貨の入手難と、その持込持出が禁止されていることもまた障害になっているであろう。

私はとび起きて、「商業における構造的競争の導入」という題で、一件二百ドルまでの国境貿易の許可免除、外国銀行券の携帯輸出入の許可免除、外国銀行券の保有と取引の自由化を内容とする答申の追加を書き上げた。

ただし、市中銀行の外国銀行券取引にはかなり厳重な制限を加えた。これは自由為替相場を商業銀行が操作したとみられる事例があったので、通貨改革後、外国銀行券で同じような操作を行なうことを避けるためである。市中銀行は平価の一五パーセントの限度内だけで外国銀行券を売買できること、外国銀行券の輸出入は市中銀行については禁止したこと、相場は店頭に掲示すること、がこの規制の内容である。

この答申の追加はさっそく大統領に提出してその承認を得、二月のワシントン交渉の際、国際通貨基金に通告されたのである。

輸入商に対する工作

一九六五年十月の大統領の通貨改革に関する予告に対しては、外国人社会はたいした反応を示さなかったが、年末国際通貨基金調査団の来訪を機に、通貨改革近しの空気がキガリに強まって、外国人商社からいろいろ情報を求めてきた。すでに大統領は通貨改革の可能性を公式の演説で表明していたはずであるし、いたずらに秘密主義をとっても、かえって荒唐無稽《こうとうむけい》の流説を跋扈《ばっこ》させるだけだと思ったので、私は通貨改革が必要であることは周知の事実である、その内容はルワンダ経済の諸悪の源泉である、二重為替相場の廃止が中心となることも自明であろう、通貨改革と同時に輸入が大幅に自由化されることも想像にかたくあるまい、ただしルワンダ・フランの新平価がいくらになるか、また通貨改革の時期はいつかについてはいえない、と答えていたのである。

私は求めに応じて一九六五年末、商工会議所の会合に出席してこの趣旨のことを説明した。ルワンダ商工会議所といっても会則もなく、会員中ルワンダ人は一人だけで、商工会議所というよりはルワンダ在住外国経済人クラブ、といったほうが適当なものである。私の説明を聞いて彼らは、

「通貨改革はぜひやらなければならないのでわれわれも応分の協力をしたい。ついては現在ルワンダに商品のストックが皆無であり、十月以降輸入許可書がまったく発給されていないので、通貨改革と同時に輸入が自由化されても、それから発注するのでは商品が到着するまで四カ月の空白期間が生じ、その間物資不足による物価騰貴と、不正直な商人が密輸入により巨利をあげる惧れがある。これを防止するためわれわれに今から若干輸入許可を発給してもらいたい。われわれはそれによって今から品物を注文して、通貨改革後の空白期間が生じないよう協力できる。大量に輸入許可を出してくれというのではない。ただ今まで輸入の実績のあるわれわれまじめな商社に、中央銀行が適当と認める額の許可を出していただければ幸いである」と口々に要望した。私

はなにをいっていやがると思ったが、

「私は東洋人で、道義の重要性は充分知っているつもりである。通貨改革の趣旨も、国の価値基準である通貨に二つの価値があるという制度を改めて、正直な通貨をつくるという道義的要請にもとづいている。しかし私は同時に他人を批判するのに道義が云々されるのは、論理が尽きたときが多いことも知っている。みなさんは経済人であるから、みなさんに対する評価は、経済人としての能力によるべきだと思っており、道義的非難には私は耳をかさないことをあらかじめお断りする。輸入許可を今から発給してくれとのご要望には残念ながら応じられない。第一に私自身通貨改革実施がいつということは知らないから、輸入許可のタイミングもいえない。第二に発注してから品物のルワンダ到着まで四ヵ月かかるとのことであるが、そのような場合もあることは認める。しかし私はみなさんの商的才能には甚大な敬意をいだいており、許可を出せばみなさんは二週間で品物をルワンダに持ってくる能力をもっていると信ずる。

従って空白期間もせいぜい二週間のことで、たいして心配するにあたらない。また通貨改革のあとの輸入は、輸入価格の過大申告による資本逃避を防止するため許可制は存続されるが、審査はその商品の輸入価格が不当に高くないかどうかの一点だけで、それが適正ならば、申請人、商品の種類、数量、原産地、船積地などに関係なく許可される。従って、許可がなくてもみなさんが今から商品を発注して、モンバサなりカンパラなりブジュンブラの保税倉庫に品物を置いて、通貨改革実施と同時に輸入許可を受けてルワンダに輸入する方法だってあるはずである。勿論発注船積の段階では輸入許可を入手していないから危険だと思われるのも、もっともなので、私はこれを要求もしなければお勧めもしない。しかしその危険を冒してもやるというかたがいたら、私は非常に満足だということだけ申上げる」

と答えたが、会員は輸入許可がなくては輸入が拒否される可能性もあり、そんな危険なことはできないという意見だった。

ところがその日の夕方、インド人商人のラジャンが訪ねてきて、商工会議所の会合で私がいったことの確認を求めた。彼はケニアに本拠をもつイスラム教のインド人商社の一族で、三十年ほど前からキガリで商売をしており、宗派の長老をつとめている人物である。彼が知りたいのは、通貨改革後輸入許可はたれにも自由に与えられるか、許可審査は輸入価格が正当か否かの一点だけか、ということだった。私がそうだと答えると、彼は、

「私は総裁のおっしゃったとおり、これから商品を大量に発注します。今からやれば三ヵ月後にはモンバサに着きます。もしその時通貨改革が実施されていなければ、一部はモンバサ、一部はカンパラに置いて、通貨改革と同時にルワンダに持ってくるつもりです。今日の会合のあとでヨーロッパ人たちは輸入許可なしに発注できるものかとブーブーいっていましたが、まったく奴らは馬鹿です。私のみるところ、今ルワンダに商品はなく、他の商社で発注したものもないので、通貨改革の時に品物を持ってきた人は大儲けできると思うのですが、奴らはあなたを信用していないから、この機会を逃してしまうのです」といった。私は用心して、

「私は重ねていうが、これは私が要求したのでもなければ勧めもしないのですよ。それに大儲けするといっても、輸入価格が不当に高ければ輸入は許可しないし、また国内で不当に値段を上げたら、政府から文句をいわれますよ」といった。彼は、「それはご心配なく。今までルワンダに輸入されていた品物は全部輸入価格を二、三割は過大に申告しているので、私の輸入価格が審査にかかることは絶対ないと自信があります。また、今の輸入品の国内価格は商工省の物価統制官が白人輸入商の出した水増しの数字を基礎にして決めたものですから、自由外貨を使って輸入しても充分儲かる水準になっています。今まで白人たちは植民地時代の特権を笠に着て、われわれを馬鹿にし、悪徳商人呼ばわりしてきたのですが、これからはあの馬鹿どもに一泡ふかせてやれます」といって、帰っていった。

ラジャンはそれから毎週やってきて、なにをいくら注文した、あの品物は船積みがすんだ、この品物はモンバサに着いたといちいち報告した。合計すると約百万ドルの品物を発注したことになり、それは彼が海外に保有している資金の殆ど全部を投入したように思われた。品物がカンパラに着いた頃になると、彼は目立って顔色が悪くなり、いらいらしている様子だった。通貨改革の実施を待つあいだ、彼は自分の行なった大きな賭《かけ》に彼自身不安になってゆくのが目に見えておかしかった。

しかし結果としては彼のこの賭のおかげで、通貨改革実施と同時にどっと商品がルワンダに入り、通貨改革の利益が目に見える形でルワンダ人に示されたことになったのである。

商工会議所での話をした直後、私はかなり真剣に通貨改革実施後、商品がくるまでの空白期間の対策に思い悩んだ。ラジャンがいったことに対しては、正直のところあまり期待を当時はかけていなかったのである。全商品が急に豊富に出廻ることは不可能でも、せめて一つの商品だけでも多量に通貨改革実施と同時に輸入して、通貨改革の効果を強烈にルワンダ人に印象づけることが、五月から始まるコーヒー集荷時期の前にルワンダ人に経済がよくなると認識させ、気を新たにして働くようにするためには必要と思われた。私が選んだ商品は砂糖であった。砂糖はルワンダ人が愛好するものだが生活必需物資ではなかった。そうして人間の常として、生活必需物資よりも、大衆愛好品のほうがより関心をもたれるものであると判断したからである。

二月はじめ私は、ハンガリー産甜菜《てんさい》糖が売りに出されていることを知った。すぐに注文すれば四月はじめにルワンダに着く計算になる。私はトラフィプロの支配人とラジャンを別々に呼んで、二百トンずつ輸入するよう頼んだ。輸入許可は出さなかったが私から文書で依頼したのである。二人は大変喜んだ。そしてさっそく手続きをとったが両方の荷物は偶然に同じ船に積まれることになった。トラフィプロとラジャンを選んだのは、両者は犬猿もただならぬ仲だったので、彼らが相談することはありえず、価格協定をすると思えなかったからである。

鉱山会社対策

錫鉱石に対する輸出税を二〇パーセントにすることを決定したとき私の心は重かった。コーヒーにあまり将来性はないとすると、ルワンダの輸出は鉱石に頼らざるをえない。そして鉱山会社の従来の仕事ぶりには批判される点も多くあるものの、彼らのルワンダの鉱業開発に対する熱意を復活させなければ、ルワンダの鉱業は衰亡するわけである。輸出税を二〇パーセントにしても、一九六五年の国際価格が維持されるかぎり、鉱山会社は僅かながら利益を計上することができることは、鉱山会社から提出した資料を検討して確信をもったが、設備拡張等の投資を賄うことは不可能であった。しかしそれよりも心配だったのは、この重税（法人税と合せると利益の九三パーセントの税負担となる）によって、鉱山会社の取締役会がルワンダに対し不信感をいだき、鉱山を自然廃坑にもってゆく可能性であった。

私は、二月ワシントンの帰途ブラッセルに立寄り、鉱山会社の幹部と会談した。私はまず彼らに一九六六年錫の市況はどう判断するかと聞いた。この質問は技術家である彼らにとって困難のようであった。彼らはさんざん考えた末、一九六五年と同水準であると答えた。私はそこで「近く通貨改革が行なわれるが、財政均衡の至上命令で、錫鉱石輸出に対してきわめて重い税金をかけざるをえなくなった。これはじつに自分としては辛いことだが、ルワンダ経済の長期的発展にはやむをえないこととしてご協力願いたい。関税は政府の権限であり、最終的には国会で決めるものであるが、私として来年からはもっと合理的な税率にするようできるだけの努力は約束する。今考えられている新税率でも、一九六五年の国際価格がつづくかぎり、どの会社も欠損をださないことは、私がみなさんから提出された資料を検討したところでは、自信をもって申上げられる。

数字をあげて説明できないのは、新税率と新平価をみなさんにいう自由がないからで、その点ご諒承願いたい」といった。列席者は口々に、税金が重すぎると投資ができないなどと苦情をいったが、結局来年これを合理的な水準に改正するよう、私の尽力を要望して、増税を諒承することを約してくれた。

そこで私は、列席者の理解と協力とを感謝する旨を述べて、鉱業の重要性に鑑み、ルワンダ中央銀行としては、通貨改革後の鉱山の設備改良支出に必要な外貨を今（従って平価切下げ前に）ただちに鉱山会社に売却する用意がある。ただしこの外貨を買うため銀行借入をしては困る、現金で買入れてもらいたい。ついてはただちに本年の設備新設改良計画と、その実行に必要な外貨支出の金額を提出してもらいたい、と述べた。

私のこの発言に対する列席者の反応は、私も恥かしくなるほどのものであった。苦しい外貨事情のなかで、鉱業の重要性を認識してこんな理解のある措置をとっていただくとはと、交る交る席を立って握手を求め、どうかあなたが長くルワンダにおられるようにお祈りしますなどとまでいう者もいた。

帰国してから各社から提出してきた計画にもとづき、二千三百万フラン相当の外貨を鉱山会社に売却し、それを中央銀行の封鎖外貨預金にした。この措置は私が苦心の結果考えたもので、外貨をさきに売却しても、それが生産設備に変るのであればルワンダとしては外貨という資本が、生産設備という固定資本に変るだけで損得はなく、またこの恩典に浴するためには銀行借入を禁止しているので、鉱山会社は輸出代金をルワンダに回金しなければならず、これにより、通貨改革近しの情勢下、平価切下げの利益を得るため、輸出代金の回金を遅延しようとする、鉱山会社の当然の反応を防止することをも狙ったものであった。

諸法案の作成と提出

二月のワシントン交渉で、一応三月中旬に通貨改革実施と決めて帰国してからは、チマナ蔵相は別人のごとくその準備に精力的にとりかかっていた。まず彼は、通貨改革を実施しない前提で予算案を決定し、これを私に送って、通貨改革に伴う修正を依頼してきた。すでに一九六六年の会計年度が始まっていたので、とりあえずは前年予算の十二分の一ずつ毎月暫定予算で泳ぎ、通貨改革実施と同時に本予算を提出するというのである。この本予算を私が彼に返送したのは三月はじめであった。

ついで彼は人頭税、家畜税の一九六六年の金額を定める法案を国会に提出した。この金額は前年並みだったので、問題なく可決された。

彼は国税局長を私のところに送って、税制改革の法案を協議させた。建物税、空閑地税、自動車税、投資所得税、家賃所得税、鉱区税の増額と、延納利子の増率を内容とする法案が四月はじめに国会に提出された。

一番閉口したのは関税改正である。輸出税についてはすでに方針が決定されていたので問題はなかったが、輸入関税については大きな原則を答申に記載しただけで、私としては個々の品目に対する税率については具体的な考えはなかったのである。従って税関長が厚い関税表を持ってきて、大臣の命令で関税率改正の打合せにきました、といったときは少なからず慌てた。しかたがないので二日間深更に至るまで、一〇パーセント、いや一五パーセントと二人で議論しながら一本一本決めていった。この作業は時間はかかったが、私にとってそれほど困難なものではなかった。すでに今までの調査でルワンダに輸入されている品物の輸入価格や小売価格についてかなりの知識をもっていたし、また今後のルワンダで各商品の果す役割についてもある程度構想をもっていたからである。それにルワンダに輸入されている商品の種類が決して多くなかったことも作業を簡単にした。

まず第一には、隣接国ブルンディとウガンダとの関税率よりルワンダの新関税率を低く決めることが必要であった。そうしなければルワンダへの正式の輸入は減り、隣国からの密輸が組織的に増え、関税収入が減るからである。両隣国の関税はきわめて高かったので、これはたいした制約ではなかった。

自活経済の弱点は天災がただちに飢饉《ききん》につながることである。従ってルワンダ人の消費する豆、芋などの食料は免税にし、先述の国境貿易の自由化と合せ、隣国との食料の交易がまったく自由に行なわれるようにした。また一件二百ドル以内のルワンダ人による輸入も免税にした。

ルワンダ人の生産的支出の対象となる農具、工具、肥料、農薬、トタン板等は一〇パーセントないし一五パーセントにしたが、彼らの消費する繊維類、紙、煙草、ラジオ、電池などは三〇パーセントにした。機械、機械部品は一〇パーセント、乗用自動車は二五パーセント、貨物自動車は一五パーセントにし、その部品は一五パーセントにした。

外国人の消費する物資はとくに高率にした。わけても肉、魚介、洋酒は八〇パーセントの高率とした。外国人が欧州産の冷凍肉を食べる権利は認めるが、その権利行使のためには税金を払わなければならない、というのがその表向きの理由である。本当の理由は前に書いたように、これら外国人消費物資の価格下落を防ぐためであった。

このように、ルワンダにとって重要な物資の関税を決める作業は比較的容易に進んだが、関税率表全体では問題がなかったわけではない。一つは酒類である。これは従来の従量税を一律に三倍にした。私としては酒一本が何デシリットル入っているかはまったく知らなかったし、ルワンダ人大衆に関係ないと軽い気持で上げたのである。ただウイスキーだけはルワンダ人で教育を受けたものがこれを飲むので、税金は二倍に止めた。その結果通貨改革後、カンパラで十ドルするジョニーウォーカーの赤が、キガリでは四ドル五〇で買えるということになった。また税関長も私も知らないプラスティック原料等の税率が妥当だったかどうかは、おおいに怪しいものである。

最後にビールの消費税を大幅に上げ、小売価格が一本三十五フランになるようにした。この理由は物価統制に関連して後述する。

一月半ばのある日、商工大臣のマクザ氏が突然私のところへやってきた。彼は国会議長だったのが、総選挙後の内閣改造で商工大臣に任命されたのである。商工省といっても総員三十名で予算は年八万ドルにすぎない。彼はいきなり、

「聞けば近く通貨改革をやることになったそうだが、私が任命される前のことで私はちょっと大統領からいわれただけで、なにも知らない。省の者に聞いてもたれも知らない。大蔵大臣に聞けば君には関係ないという。しかし通貨改革というルワンダの重大事に商工省がなにも関係ないというのは納得ゆかない。聞けばあなたが一人で計画したとのことだが、ルワンダにきて間もないあなたが、ルワンダ側の責任者、とくに商工大臣となんの相談もなく、ルワンダの経済の重大事を一人で計画することは適当と思われるか」といった。

私は正直のところ内心ムッとした。しかし彼のいうことも一理ある。いや私は通貨改革の閣議決定後、大臣のなかでこれについて私に質問した人が一人もないのに不満さえ感じていたのである。マクザ氏の態度が傲慢であっても、彼は少なくとも通貨改革はルワンダの重大事と認識しているし、その内容を知ろうとしている。むしろ彼を味方にすれば、経済再建計画を実施する有力な推進者を政府内に得ることになるのではなかろうか。こう考えて、

「私は中央銀行の総裁の役割は、中央銀行の運営の責任者であるだけではなく、政府の経済顧問であると考えている。私が一人で通貨改革を計画したのは事実だが、これは大統領の命によるものである。政府内の連絡は私の責任ではない。しかし大統領があなたに通貨改革の話をしたのなら、細部は私に聞けという意味と思われる。また大蔵大臣があなたに関係ないといったとすれば、

それは通貨改革自体のことで、これはたしかに大蔵省と中央銀行との専管事項で、そのかぎりにおいては正しい。しかし大蔵大臣はおそらく当面の通貨改革だけに忙殺されているので、これがより広範な経済再建計画の一部をなしていることを、ちょっと失念したのではないかと思う」と前おきして、経済再建計画の概要を話し、とくにルワンダの商業の問題点と、ルワンダ人商人の今後のルワンダ経済における役割とを詳しく説明し、最後に、

「ルワンダ人商人の育成は立法の問題ではなく、政府の態度と指導の問題であるから、私としては答申をだしてから政府の責任者から答申のこの点について質問なり指示なりなにかの反応を待っていたのである。私は自分の意見は述べている。そして中央銀行の権限内のことはこの意見に従って実行する用意があるが、根本の方針について政府の責任者から私の意見の線でよろしいと指示がなければ、私としても動きにくいし、また政府の責任者がこの政策を自分で強力に推進しなければ効果は少ないのです。今日は大臣に詳しく説明申上げる機会を得てまことにうれしいと思うが、大臣のご意見を伺いたい」といった。

マクザ商工相は、話のあいだだんだん身体を乗りだして熱心に聞いていたが、私の話が終ると、「いや非常によくわかった。じつはあなたが一人で通貨改革を計画したと聞いて、まだきてから一年にしかならない外国人にそんな重要なことを委せていいのかと、失礼ながら思っていた。今日の話を聞いてなぜ大統領があなたをこんなに信頼しているのかよくわかった。私はあなたも知っているとおり、独立運動の当初からカイバンダ大統領の同志で、独立後どうしたらルワンダ大

衆が経済的に発展できるかを考えてきたのだが、独立後の現実を見るとルワンダ大衆の生活は少しもよくならないので、非常に心苦しく思い、あれこれ考えたがどうもよい方法が思いつかなかった。今日のお話を聞いて眼の前が明るくなった。あなたの考えかたに自分は全面的に賛成で、その線に沿って私も全力を尽くしたい。これからも連絡を密にとってご協力をお願いする。

ついてはこちらからお願いがある。第一は昨年緊急大統領令で物価統制令が施行されたが、これは今失効している。一般的物価統制はよくないというお話はよくわかったし、自分としても従来の物価統制のやりかたはまずいと思っていたが、あなた自身独占的価格や、ルワンダ大衆の消費物資については統制の必要を認めておられるように、あらゆる物価を野放しにするのは不適当だと考えている。それで物価統制法を起案したが、これを検討されて意見をいってほしい。

第二にはこの法律により統制すべき物資と、その最高価格とを提出してほしい」といって、法律案を置いて帰っていった。

消費物資の最高価格を決める

私はその法律案に、商工大臣は公正な商業取引の方法を勧奨すること、価格協定その他の独占的取決めを全面的に禁止することの、二点を書き加えて大臣に返した。これはただちに国会に提出され可決された。

この法律にもとづいて、コーヒーのほか茶、除虫菊などの輸出物資の生産者価格については、今後農林省との検討によって最低価格を定めることとし、とりあえず通貨改革実施と同時に施行する、ルワンダ人大衆の消費物資二十品目の最高価格に関する省令を起案して、マクザ商工相に手渡した。当時私はそれまでの調査で、ルワンダにおけるこれら物資の消費者価格は物資不足のため異常に高い水準にあるので、その輸入原価が平価切下げで倍になっても、輸入業者、卸売業者、小売業者は今の価格で充分利益をあげることができ、従って通貨改革後価格が上昇する必然性はなく、また輸入自由化による供給の増加と競争の導入によって、価格はむしろ下落するはずであると考えてはいた。しかし一方では、外国人輸入商が輸入価格の上昇を理由に価格を引上げ、彼らのあいだの内密の協定で輸入量を制限したり、価格協定をやって競争を制限する危険もかなりあること、また通貨改革と同時に最高価格を決定公表することによる民心の安定の効果も考え、ルワンダ人大衆の消費物資については物価統制を行なう意義を認識していたのである。従って私の提案した最高価格は、殆ど従来の公定価格と同等で、実際にルワンダ人が買う値段よりは低いものであった。例をあげれば次表のとおりである。

このほか、輸送費については輸送業者の責任を明確にすることを条件に、最高価格を決めることを進言した。

この価格表を見てマクザ商工相はむつかしい顔をした。輸入価格が平価切下げで二倍になるのに、小売価格を上げないことは不可能ではないか。実施不能な最高統制を発表すればあとで自分の責任問題になる、というのである。私はこの数字は私が一本一本計算したもので決して空理空論ではない。私の職業的能力を信じてほしいといったら、彼はしぶしぶ諒承してくれた。私としては計算の根拠を彼にいえなかったのである。いえば輸入商社が暴利をあげていることが計数的にはっきりしてしまう。そうすれば当然彼は憤慨して、外国人商人征伐に乗りだすであろう。ところが通貨改革後もしばらくはルワンダの輸入は、トラフィプロが無能であり、ルワンダ人商人はまだそこまで生育していないのであるから、どうしても外国人商社に頼らざるをえない。また外国人商社も商業が正常化すれば、その仕振りも正常化でき、外国人とルワンダ人が共存共栄できるのである。感情的、道義的には充分正当化できる外国人商人征伐も、今後の輸入を受持つ機構の代案なしに行なわれては、感情的満足を得るのみでルワンダ大衆はかえって苦しむことになるのである。こんな考慮から私はマクザ商工相に対し、本来行なうべき説明を行なわず、ただ私を信用してくれと、私としてはきわめて本意でない答えをしたのである。

大衆消費物資新旧価格（単位：フラン）

商品	新価格	旧価格	実際価格
塩	8	8	12
砂糖	30	30	44
米	25	25	40
小麦粉	25	22	40
晒木綿	30	25	48
ビール	35	20	30
トタン板	100	80	120
鍬	110	58	80

マクザ商工相は次に、ビールの消費者価格三十五フランは高すぎるといいだした。ビールはルワンダ大衆が消費するものであり、他の物価が据置であるのにこれだけが四〇パーセントも上るのは政治的によくない。それにビールの製造費のなかの外貨分は少ないから、これほどの上昇が必要とは思えないというのである。私は答えた。

「大臣の指摘はいちいちもっともです。値上げは決して製造費の上昇によるものではありません。それはビール消費税の大幅な引上げによるものです。このビール消費税の引上げは、予算を均衡させるためぜひ必要であると答えれば一応ご納得いただけると思います。しかし、ただ予算の均衡だけの目的で増税を決めたわけではありません。またルワンダ人は酒を飲むべきではないという理由で増税を考えたわけではありません。ルワンダ人はみな自分でバナナから濁酒を作っています。金のないときはバナナ酒、金のあるときはビールを飲んでいるわけで、ビールの値段が上っても、国民の酩酊度《めいていど》にはなんら関係はないと思います。

なぜビールの小売価格を三十五フランに決めるのか。これはルワンダ大衆が買う品物の価格全体を考えて決めたのです。今ルワンダ大衆にとって関係のある価格を見てみましょう。芋一キロ三フランから八フラン、塩八フランから十二フラン、豆五フランから十四フラン、米二十五フランから四十フラン、小麦粉二十二フランから四十フラン、砂糖三十フランから四十四フラン、肉五十フラン、干魚三十フランから五十フラン、鍬五十八フランから八十フラン、トタン板八十フランから百二十フラン、古ズボン二百フラン、ワイシャツ四百フランとなっています。この数字を見れば、ルワンダ人の主要食料はいずれも、一キロ十フラン止りになっており、この主要食料に少量加えて味なり栄養を高めるものが二十五フランから四、五十フランしているのです。その値段のグループに晒木綿が入っています。最後のグループは百フランから四百フランのあいだで、ルワンダ大衆の必需品ではないが、重要なものが入っており、このうえはラジオの二千フラン、家の屋根一軒分に相当するトタン板二十枚二千フランのグループになるのです。

この商品の性質による値段のグループは、私は今後もあまり変らないと思います。ただ十フラン以下のグループは今後上昇すると思いますし、農業生産がより効果的なものになれば、これは不可避で望ましいことでもあります。現在ルワンダ人の俸給生活者は大部分畑をもっているので、このグループの商品の値段が上っても、ルワンダ人は生産者として利益を受けるが、消費者として損害はあまり受けません。二十五フランから四、五十フランのグループの商品は殆ど輸入品ですが、輸入自由化と競争とでおそらく二十五フランから三十フラン台に落着くと私は見ています。ビールは現在このグループに入っています。

ブルンディで通貨改革後ビールの消費は大幅に増えました。これを見てアフリカ農民の所得を増やしても酒を飲むのに使うから意味ないといっている外国人がかなりあります。私はむしろ価格の構造のためにこうなったと思うのです。もし二十五フラン—四十フランのグループの物価が大体二十五フラン—三十フランのあいだに落着けば、このグループのほかの商品よりビールが高ければ、国民はビールをやめてほかの商品を買うでしょう。しかしビールがほぼ同じ値段、あるいは低い値段ならビールを飲むということになると思うのです。ですから、ビールを三十五フランと、二十五フラングループの商品の価格より高いところに決める必要があるのです」

この説明で、マクザ商工相は納得してくれた。しかし話しているうちに私は、別の着想を得た。それは貯蓄の問題である。農民の所得を引上げてもそれがビールの消費にあてられたのでは意味がない。それで価格をつうじて、より有意義な消費にふり向けようとしたのであるが、もし農民がその所得を耐久財に使えば、直接投資という形の貯蓄ができるではないか。トタン板二十枚が二千フラン、普通の農家のコーヒー樹は八十本、一本当り一キロの豆ができれば三十五フランの生産者価格で収入は二千八百フラン、これから人頭税四百フラン、鍬二本二百フランを差引いても二千フランは残る勘定になる。農民がトタン葺きの住宅を造る場合、土台、壁は自分で造って、現金支出はトタン板だけだ。二千フランの支出で一万フランの価値のある家ができるのである。

私は、

「ついでですが大臣にお願いしたい。私の計算ではルワンダの農民は通貨改革後はコーヒーの生産に精をだせば、トタン板二十枚を買える所得が得られるということになります。私はトタン板の輸入を潤沢にするつもりですが、政府のほうであらかじめルワンダの農民にこのことをよく徹底させていただきたい。そうすれば必ず政府は農民に感謝されると思います」

と頼んだら、マクザ商工相はこれは非常によいことだと喜んだ。私は重ねて、この物価統制やトタン葺き住宅の話は、通貨改革の劇的効果を強めるため、通貨改革の実施までは一切秘密を守り、通貨改革の実施と同時に発表してもらいたいと頼んだ。

最後に訪問を受けたのは、厚生大臣になったカモソ氏で、これは最低賃金をいくらに決めるかの問題であった。当時最低賃金は二十五フランだったが、私はこれを三十五フランに引上げることを提案した。カモソ君にはいわなかったが、現在の最低賃金がビール一本の値段と同額であるから、通貨改革後もその関係をつづけることがはやわかりになると思ったからである。

VI　通貨改革の実施とその成果

中央銀行で職員たちと（小川忠博氏撮影）

国際通貨基金理事会の承認遅延

二月のワシントン交渉で、通貨改革の実施は三月中旬を目途にする内約を通貨基金事務局から得ていたが、三月中旬になって、理事会に提出する書類ができないので三月末の理事会にかけ、四月はじめに実施ということにしたいとの電報がきた。しかたがないので諒承し、四月一日実施ということで準備を始め、政府に予算、税制改革、関税率変更の法律案を三月末から逐次国会に提出してもらい、一切の為替取引を四月一日から停止し、税関も四月一日から閉鎖した。ところが四月一日になって通貨基金からまた電報で、理事会の議事がつまっているので、理事会での討議は四月十二日以降になるといってきた。私は憤慨した。四月一日から為替取引も税関の業務も停止しているのに、これを四月十二日までつづけるわけにはいかない。そうかといって、いったん閉鎖したものをなんのきっかけもなく再開すれば、どんな混乱が起きるかわからない。

通貨改革は今回の為替取引停止でもはや周知の事実になっている。また国会でもこれを前提とした法案の審議が始まろうとしている。いまさら延期などできるものか。そうかといって名案もない。私はチマナ蔵相に報告したが、彼はべつだん驚かず、「二週間やそこら為替取引を停止したってたいしたことはないでしょう」と、落着いたものである。しかし私は腹がおさまらない。私は通貨基金の技術援助でルワンダにきているのではないか。その私が困ることを通貨基金がやるのである。どうせ理事会の庶務から議事が混んでいるからルワンダなんか後廻しにしてくれといわれて、はいそうですかとアフリカ局が引込んだのだろうと想像し、その意気地なさにもむしょうに腹が立った。むしゃくしゃしたが、それより心配になったのは、この調子で四月十二日がまた延びることであった。それで一計を案じ、米国のウィザース大使を訪ねて、

「通貨基金はルワンダのような貧乏な小加盟国の窮状には無関心で、通貨改革を再度にわたって延期してきた。通貨基金理事会の忙しいことはわかるが、ルワンダの通貨改革ぐらいたいした時間がかかるまいと思われるのに延期するのは、結局その延期がどれだけルワンダを困らせるかわからないからだ。今ルワンダの外貨は三十万ドルしかなく、一刻も早く通貨改革をしなければならないところにきている。自分としては来週通貨基金が行動をとらなければ、単独で平価切下げを実施せざるをえない」

と不満をぶちまけた。ウィザース大使は、

「いや通貨基金にかぎらず、国際機関はどこでも新興国に対しては、口では適当なことをいうが、〝うるさいなあ〟というのが事務局の態度だよ。来週単独切下げというあなたの苦しい立場はよくわかる。私だってあなたの立場にいたら同じように決心しただろう。来週単独切下げといったが、週の前半までは通貨基金の反応を待つんだろうね」

とたずねた。内心しめたと思ったが、

「木曜日の朝まで待って、それでも承認がなければ切下げるつもりだ」と答えた。

翌々日通貨基金から電報がきた。

「ルワンダ加盟の条件として、ルワンダは通貨基金の承諾なしに為替相場制度を変更しないことを約していることを想起されたい。理事会の議事日程が混んでいるので、通貨改革と資金援助に関する議案は、四月十二日までは上程不能であることは前電でご承知のとおりである。しかし御地の実情で早期に平価切下げを行なう緊急の必要があれば、来週第一回の理事会で、新平価設定だけを切離し決定し、資金援助の件は四月十二日決定のことにしてもよい。この場合、新平価設定の発表は四月六日ルワンダ時間で午後六時とし、実施は四月七日となる。これでよいか、至急返電乞う」というものである。

やっぱりウィザース大使は国務省に電報して、通貨基金の米国理事から促進の努力をしてくれたと、おおいに大使に感謝した。さっそく異議のない旨回電した。

四月六日から十二日まで

四月六日は水曜日であった。その日朝から通貨基金の新平価承認の電報がくると緊張していた。大統領に新平価設定の発表をしてもらうとチマナ蔵相がいっていたので、ビララ君に大統領がキガリにいることを確認してもらった。

ところが昼になっても電報がこない。三時になってもこない。だんだん心配になってくる。また延期されたのではないか、理事会でたれかが意地の悪い質問をして、次回まで延期になったのではなかろうか。考えてみれば十日は復活祭だから、週末の休暇を楽しみにしている理事は、緊急案件が飛びこんだので不快に思っている者もいるだろうから、これは充分考えられる。だんだん気が気でなくなってきた。とうとう午後六時になった。そのときである、はじめにビララ君、つづいてヴァンデンボガール君が飛びこんできて、ラジオ・ブジュンブラ、ラジオ・カンパラ、ブラッセル放送、コンゴ放送が、みなルワンダの平価切下げを報じているとのことである。新平価一米ドル＝百フランと数字も正しい。

私は慌てた。さっそくヴァンデンボガールに電報局にいってもらったが、七時すぎにふだんは落着いた彼が頭から湯気を立てて帰ってきた。長文の電報をもっている。暗号電報である。ジョバン君に解読してもらっているあいだ、ヴァンデンボガール君に聞いた話は次のとおりであった。

彼が電報局にいって中央銀行宛の電報はないかと聞いたら、係員が「今日何回も電話で照会をいただきましたが一本もありません」と答えた。しかしきていないわけはないので、当日の受信電報を全部ださせて調べたがない。諦めて帰ろうと思ったが、念のため受信係の引出しを開けさせて自分で確かめたところ、昨日受信の中央銀行宛の電報がでてきた。発信人は国際通貨基金だった。なんでも、昨日の夕方受信したが、遅かったので翌日届けようと思って引出しに入れたまま忘れてしまった、とのことだった。

あきれて笑っているところへ、ジョバン君が翻訳の終った電報をもってきた。要するに、理事会はルワンダの新平価を承認した、実施は四月七日、発表は六日十八時というものであった。さっそくルワンダでも発表しなくてはと、電報と訳文をもって飛びだした。

大蔵省はすでに灯が消えている。大蔵大臣の私宅へいったが大臣はいなかった。大統領の官邸へいっても大統領はいない。しかたがないので大蔵大臣を捜してキガリを走り廻った。さいわいキガリの町は小さい。間もなく〇八の番号札の蔵相公用車が衛生大臣の私宅の前に駐車しているのを見つけた。戸を叩くと衛生大臣ブテラ君がでてきてどうぞという。邸内ではルワンダ人が二十人くらい酒盛の最中だった。チマナ蔵相もすっかりいい機嫌になっている。ブテラ君は気を利かせて、お話があるのでしょうからと、われわれを診察室に案内して二人にしてくれた。ブテラ君は前年ベルギーの大学を卒業したルワンダの医学士第一号で、大臣になったあとも診察をつづけているのである。

私は通貨基金から平価切下げの承認があったこと、近隣諸国ではすでにその報道をしていることを報告し、ルワンダでもすぐ発表しなくてはならないといった。チマナ君はそれはよかったとはいったものの、大統領を捜しにゆくのはあまり気が進まない様子だった。診察室をでてブテラ君、カモソ君らに、大統領は今どこにいるだろうというと、カモソ君が、大統領は昼頃郷里ギタラマに帰ったという。ギタラマまで五十キロメートル、急いでいって帰れば十一時のニュースの時間に間に合う。さいわいカモソ君の運転手が大統領の私宅への道を知っているというので、彼の車に私と蔵相とが乗って、猛スピードで夜の道をギタラマに向かった。

本道から右に曲がるとよく手入れした村道に入る。バナナ畑の中にちょっとした空地があり、古い煉瓦造りの粗末な瓦葺きの家がある。これが大統領の私宅であった。聞けば大統領夫人は今でもこの畑を自分で耕しているそうである。戸を叩くと開けたのは大統領自身であった。どこにも番兵らしいものは見えない。中に入るとハレリマナ法相と法務次官とがいた。椅子は古く、卓子は荒削りのままの質素な応接間である。お嬢さんがビールをもってきた。十歳くらいのこのお嬢さんは小ぎれいな服装はしていたが裸足であった。

チマナ蔵相から簡単に報告し、平価切下げの発表をすぐしてもらいたいというと、大統領はしばらく考えて、

「明日キガリに帰るからそのとき相談しよう」と、かなりキッパリした調子でいわれた。蔵相はなお今日発表したほうがよいと抗弁したが、大統領は明日だという。その口調から、法相との話を再開したい意思を察してわれわれは帰った。

家に着いたのは十一時近くだった。家内は私が連絡なしに帰ってこないのですっかり心配して、青い顔で私を迎えた。私は遅い夕食をとって、ぐったりして寝についた。

翌日大統領がキガリに帰ったのは十時頃であった。銀行の前を大統領の車が通ったので急いで飛びだし大統領府へ向かった。途中で、同じく大統領府へ急ぐチマナ蔵相とぶつかった。

大統領はわれわれを見るといきなり、

「平価切下げの発表は四月十二日に行なう。平価切下げの実施日は四月七日でよいが、為替取引と税関の閉鎖は発表までつづけてほしい。平価切下げの発表は通貨改革として表現し、あわせて

経済再建計画の大綱も発表したい。ついてはその演説をすぐ起草してもらいたい」といわれた。当日は復活祭前の金曜で、九日、十日、十一日と連休になるので、われわれも抗議せず退出した。蔵相は私に演説の起草を依頼した。私は帰って一晩でこれを書き、翌日チマナ蔵相に差出した。彼はそれをただちにルワンダ語に翻訳した。

この演説は十二日ラジオ・ルワンダから放送された。

通貨改革に関する大統領演説

「革命と独立以来、ルワンダは多数かつ巨大な難関にもかかわらず、非常に満足すべき進展をとげた。ルワンダは独立に対する障害と脅威とを一つずつ克服してきた。古い法律制度を廃し、憲法の理想に沿う法制を創造するため、われわれは新しい法律を一つずつ制定してきた。今日ルワンダは、国境侵害の可能性に対して用意ができており、国家の安全は確保されている。国民大衆を無知と社会的隷属から解放するため実施された広範な教育計画は推進され、拡張され、高度化されている。ルワンダ国は安泰であり、国民は勤勉である。経済面では生産は増加し、投資も進んでいる。いまや経済発展と国民生活向上とを阻害する最後の大問題を解決すべき時期がきた。それはわが通貨、わが財政、わが国際収支の問題である。

昨年政府は、財政金融問題に関する根本的解決の検討を始めた。

この問題を研究するため、国際通貨基金の調査団の来訪を求めたのち、政府はこの問題を主管するルワンダの公的機関に、わが国の経済と金融財政の問題の全般にわたる報告と勧告とを作成することを命じた。この勧告にもとづき、政府はわが国に経済発展と国民大衆の生活のたえざる向上との安定した基盤を設定することを目的とした、一連の経済措置を決定した。この基盤にもとづき、発展を推進する積極的措置もあわせ決定した。この計画は国際通貨基金と友好国との賛同を受け、この計画に対する尨大な援助が約束された。

計画の内容に入る前に、その全体の性格を概説することが適当と思われる。

まずこの計画はまったくルワンダの計画であり、国民的計画であることを強調したい。われわれは国際通貨基金の技術的助言を活用したことは率直に認める。しかし計画はルワンダ中央銀行という、通貨と金融とを主管するルワンダの公的機関の進言にもとづいて決定されたものである。計画の大方針は政府によって決定されたものである。計画を採用し実施することを決めたのも政府である。そして計画の目的とするところは、わが憲法の原理と理想とを具現し、民主的経済発展を実現することである。

第二にこの計画は、単にわが財政金融問題に対する技術的解決にとどまるものではないことである。それは基盤を創設する措置と、この基盤のうえにわが国の経済的社会的進展を促す諸条件を設定する、積極的経済措置との複合した一体である。一言にしていえば、これはわれわれが民主的に遂行する進歩の積極的な計画なのである。

計画の第一の措置は、通貨制度の改革である。一九六六年四月七日、政府はルワンダ・フランの新価値を決定した。今一ルワンダ・フランは、金〇・〇〇八八八六七一グラムの価値をもつ。現行相場で、一米ドルは百ルワンダ・フラン、一ベルギー・フランは二ルワンダ・フランに相当する。今からは、外国に対するすべての取引はわが国通貨の新価値一本で行なわれる。

この措置により、政府は一九六四年四月二十四日付ルワンダ国立銀行法によって課せられた任務を実行した。わが国通貨に二つの価値を認めた植民地時代からの通貨制度を政府は廃止したのである。旧通貨制度は輸出産品の生産者に損害を与え、輸入業者を不当に優遇した。この制度で商人は巨大な利益を得たが、その利益はしばしば租税の捕捉を逃れた。この制度は価格体系をまったく歪曲し、生産的部門の犠牲において国家にあまりためにならない経済活動を優遇した。

ルワンダ・フランの実質的購買力を反映する水準に、わが国通貨の価値を一義的に普遍的に定めることにより、あらゆる経済活動は安定確実な基礎に立って行なわれるようになった。生産者はすべてその労働に対する正当な報酬が保証されるようになった。商人が正直なサービスと真面目な経営をしないで利潤をあげることは、もはや不可能となった。さらにこの措置により、政府は多額の収入が得られ、また貿易と支払いとを自由化することができるようになったが、このことにより、ルワンダに対する物資の供給は改善され、投資が促進されることとなろう。為替貿易に関する新規則は、近くルワンダ中央銀行から発布される。

独立以来はじめて予算は均衡させられる。物価の騰貴と外貨の喪失の原因であった財政赤字はまったくなくなる。

一九六六年一般会計予算案は支出十一億三千万フランと、一九六五年予算支出に比し三億フランの増加となっている。この増額は官吏俸給の三〇パーセント引上げ、国防、教育、衛生の増額と、外貨支払いをルワンダ・フランの新平価で計算することに伴う増額とによる。

投資予算案は近日中国会に提出される予定であるが、一九六六年のルワンダ国庫負担の投資は、一億五千万フラン見当と予定されている。

歳入予算は租税収入二億九千四百万フラン、関税収入七億三千百万フラン、行政収入八千三百万フラン、合計十一億八百万フランとなっている。支出と収入との差額は外国援助で賄われる。予算の執行の段階で均衡した財政運営が行なわれ、予算が効果的に使用されるため、政府は予算統制と国庫計理改善を内容とする行政改革を行なうことを決定した。

現行税制は政府の支出の一部しか賄えず、独立国にふさわしくないものである。それに租税負担の分配は公正でなく、生産と投資を充分奨励しない。この税制改革の緊要なことに鑑み、政府はただちに検討を開始し、国民所得の分配に関する明確な資料にもとづいて、一九六七年実施を目標に改正案を用意する所存である。

直接税については政府は建物税、都市空閑地税および車輛税の増額を国会に提案した。人頭税、家畜税についてはその金額を一九六五年と同額に据置くことを提案した。賃貸所得税の増額が決定された。

関税については生産者に適正な報酬を確保しつつ、為替相場変更による価格上昇分を政府に徴収するため、輸出税の一般的変更を提案した。平価変更により不当に利得することはなにものにも許されるべきでない。

輸入税は奢侈品の輸入を抑制し、国内生産を奨励し、国民大衆の消費する物資の過大な価格上昇を防止することを目的として変更される。

道路税はルワンダ・フランの新価値に応じて変更される。

国会はこれら法律の大部分をすでに可決しており、四月七日より改正制度の適用が可能となっている。

インフレーションの再燃を避けるため、中央銀行は慎重な信用政策をとる。ただし、輸出に関する貸出は支障なく行なわれる。

政府は生産に全面的な支持を与える。ルワンダ第一の輸出産品であるコーヒーについては、生産者価格は生コーヒー一キログラム三十五フランに引上げられる。これは昨一九六五年に比し、四八パーセントの引上げとなる。コーヒー輸出価格はコーヒーの国際市況の変動に応じて、輸出業者、コーヒー局、政府のあいだに公正に配分される。

鉱山会社がその鉱区に投資を確約したことを政府は関心深く聞いている。政府は彼らに対し政府の支持を重ねて約束する。

この一連の措置にあわせ、政府は商業機構の改善、商業規範の確立、公正な商業慣行の奨励、およびその遵守の厳重な監督に関する積極的措置をとる。商業におけるルワンダ人の進出はこの構想の一部として推進される。商業におけるルワンダ人の進出はまさに、国民大衆に対するサービスを改善し、独占の慣行を有効に打破する必要手段なのである。政府はルワンダ人商人と外国人商人との友好関係を奨励するが、この関係は対等のものでなければならない。

貿易の自由化に伴い、ルワンダに対する物資供給は改善されるので、国民大衆の消費する約二十の品目を除き、物価統制をつづける必要はなくなった。

フランの新価値決定の結果、物価の調整は不可避である。しかし国民大衆にとっては物価上昇は二〇パーセントを超えることはないと考えている。現在ルワンダに向かい大量の商品が輸送途中にあり、数週間内に到着が予定されている。これらの物資が到着すれば、物価の安定のみならず、上昇幅の減少すら期待できるのである。

政府は国際通貨基金と友好国から多額の援助を獲得した。通貨基金は五百万ドルのスタンド・バイ・クレディットを承認した。ベルギーは特定援助七千万ベルギー・フランのほか、わが経済再建計画支持のため、三千万ベルギー・フランの特別援助を確約した。米国は百万ドルの農産物援助を供与し、小麦粉、粉乳、植物油の第一陣は近く入荷する予定である。米国はさらに貨車、部品、プラスティック製品などの輸入のため、別に百万ドルの援助を確約した。

わが国民自身の努力にこの援助が加わるので、自由化をしても、わが国の国際収支の均衡は保証されている。

以上が計画の全貌である。その成功は第一にはわれわれひとりひとりの努力によるものであることを強調したい。われわれひとりひとりが一層働かなければならないのである。昔と同様、今日でも正直かつ辛抱強い労働だけが、真面目に労働する人々みなに公正かつ正当な利益をもたらすのである。そしてこれが、政府がたえず推進しようとしている真の民主主義の要求するところなのである」

国会の反応

通貨改革の大統領演説があった日の夕方、国会議長のビチャムパカ氏が銀行に私を訪ね、「今大統領から通貨改革関係の法案を緊急審議してほしいと頼まれた。自分は勿論これに協力するつもりであるが、今度の総選挙は独立後はじめて行なわれたもので、国会議員もこれを意識してかなり気負っている。大統領が頼んだからといって、はいはいと法案を通すことは期待できない。ことに独立以来の物資の不足、物価の騰貴などに不満がきわめて広く民衆のあいだでいだかれていることが、総選挙までの村々での討議で明らかになっており、新議員も政府の経済運営の手腕に疑問をいだいているので、ルワンダ経済にとって重要問題である通貨改革については、充分審議を要求すると思われる。自分としては国家のため緊急審議が必要なら、全面的に協力しなければならないと考えているが、国会のこの空気ではかなり説得の努力がいると思う。そのためにはまず私自身が通貨改革についてもっと知識を得なければ説得もできないから、通貨改革の発案者であるあなたに話を聞きにきた」といった。ビチャと愛称されている国会議長はルエンゲリ県の名門で、その誠実な人柄で人望のある人である。

私は経済再建計画の構想を詳しく説明し、協力を願った。彼は熱心に聞いていたが私の話を聞き終ると、破顔一笑して、「今まで経済はむつかしいものと思っていたが、あなたの話を聞いていると、私のような小学校教師の教育しかないものでもよくわかる。本当にそんな簡単なものですか。またルワンダみたいな途上国であなたのいうとおりうまくゆきますか」と聞いた。私は、「ルワンダは途上国だからこそ経済は簡単なのです。今までうまくゆかなかったのは、簡単な経済に複雑怪奇な制度を強制していたからです。通貨改革の意味は、ルワンダを苦しめている複雑怪奇な制度を潰して、働けば栄えるという簡単な制度を新たにつくることなのです。私は世界で最も有能な日本銀行に二十年奉職し、アジアの途上国の経済にも接した職業的経験に照らして、今後ルワンダ経済が隆々と発展することを確信します」と答えた。

彼は、「なるほど、働けば栄えるというのはいい言葉だ。じつは今日の大統領の演説で『正直かつ辛抱強い労働だけが、真面目に労働する人々に利益をもたらす』といわれ、私は非常に感銘したが、大統領が国民に働けと演説したのはこれがはじめてなのでちょっと不思議にも思ったのですが、そういう意味でしたか。よくわかりました。私もできるだけの協力をします」といって帰った。

翌日国会議員が四人、正午直前にやってきた。みな初対面である。きわめて遠慮がちに、助言してほしいという。

「昨日の大統領の演説は一応非常に結構な内容との印象を受けましたが、今朝いきなり税制改革と関税率改正の法案を緊急審議してもらいたい、との議長要請がありました。ルワンダ経済にとっての重大問題である通貨改革の意味合いをわれわれがまだ消化しないうちに、税法の緊急審議をやれといっても無理じゃないかと、たった今もめていたところです。それで昼の休憩を利用して、通貨改革のことと、税制関係法案とのことを説明していただこうと思ってきたのです。一体税法と通貨改革とはなんの関係があるのですか。また税法を本当にあんなに急ぐことがあるのですか」

というのである。

私は再び経済再建計画を説明しなければならないことになった。説明がすみ、質問も出つくしたのち、議員が、「お話はよくわかったが、最後に一つだけお聞きしたい。税法関係の法案の作成にはあなたは関与したか」と聞いた。これはいやな質問だ、権限問題が起りそうだとは思ったが、嘘をいうわけにもゆかないので、これこのとおりと税法の原稿を見せたら、「なんだ、中央銀行で起案したのか、それなら安心」といって帰った。彼らを送りだしたら、国会議員の別の三人組が待っていて、まったく同じ問答をくりかえし、帰っていった。この問答が終ったのは午後三時で、私はとうとう午飯を抜くはめになった。午休みから帰ってきたビララ君の部屋にゆき、おかしな話があったと、この国会議員の訪問の話をしたら、

「総裁のところにもゆきましたか。私のところにもいれかわり立ちかわり、全部で十一人やってきました。私は面倒くさいから、『これは全部中央銀行で企画したのだから心配しなくてもよい。しかし施行が遅れれば遅れるだけ外国人商人が不当な利益を受けることになるのだから、一日も早く法律を通さなければ困る』といって追返しました。みんな中央銀行が企画立案したと聞いて安心して帰りました」とのことだった。

税の二法案は委員会審議を省略して、二日で可決成立したのである。

予算案のほうは難航をきわめた。これは大統領が、通貨改革発表の演説のルワンダ語ぶん（ルワンダの公用語はルワンダ語とフランス語の二つであるので、大統領は両方で演説をする）で、「国会が承認すれば官吏俸給を三〇パーセント引上げる」といったことが原因である。大統領としては国会尊重の姿勢を示すためにこの表現を使ったのであろうが、これが気負っている国会議員の癇《かん》にさわったのである。彼らは、官吏の俸給は行政府の問題であって、国会の問題ではない。これを

国会が承認すればというのは、三〇パーセントしか引上げられない責任を、国会に押付けるものである、というのである。

しかしチマナ蔵相はさすがに老練であった。彼は議員の言いぶんを一応もっともという態度をとり、まず予算は均衡させなければならないと、予算総額について十一億三千万フランの線を守ることの決議をとりつけ、その枠内で国会が修正を行なう、ということを承諾した。国会は官吏俸給を五〇パーセント引上げようと種々苦心したが、結局十一億八百万フランの枠のなかでは不可能なことを悟り、政府原案どおり三〇パーセント引上げをのまざるをえなかった。

予算が可決されたのは五月末であった。

通貨改革実施後の一カ月

四月十二日、通貨改革の大統領演説を聞いて、私はただちに新しい貿易為替管理規則と、貸出規制に関する中央銀行指令を発表し、市中銀行に対し、これら規則、指令の運営に関する指示を与えた。これらはすでに準備されており、市中銀行にはあらかじめ説明ずみであったので、本書に署名し送付するだけのことであった。

午後三時から為替取引を再開し、税関も業務を再開した。

四月一日為替取引が停止されるや否や、ラジャンは通貨改革迫るとばかり、モンバサやカンパラに置いていた商品をルワンダに向け輸送させていたので、十二日には彼の注文した商品の約半分はすでに税関に到着していた。砂糖はラジャンのぶんは約三分の一は四月八日にルワンダに着き、トラフィプロのぶんは四月十日に着いていた。

四月十二日の午後は眼のまわるような騒ぎであった。国会は三時から議事を再開したので政府、議員に対し、説明を求められることもないので、私は税関へいってみた。輸入物資を載せたトラックがあとからあとから到着する。通関をすませたトラックがでてゆく。ふだんはガランとしている税関の倉庫は、足の踏場もないくらい商品が置いてある。

銀行に帰ると間もなく、トラフィプロのロボール支配人がやってきた。いたく興奮している。トラフィプロだけが砂糖の輸入許可をもらったのに、ラジャンが輸入許可なしで砂糖ばかりでなく他の商品を沢山輸入しているのはけしからんというのである。私は今日から輸入が自由化されたのだから、ラジャンであろうがたれであろうが、輸入価格の点さえ合格すれば中央銀行は輸入許可を発給せざるをえないのである、と答えた。ロボールの第二の苦情は、砂糖の小売価格が一キロ三十フランに決められたことである。彼は通貨改革で外貨コストが倍増したのに小売価格が据置という馬鹿なことがあるか、これだからルワンダ政府はなにもわかっていないというのだ、と憤慨し、トラフィプロのぶんだけでも旧平価による支払いを認めてくれと頼んだ。

私は物価統制は商工省の仕事だからそちらに文句をいってくれ、大統領の演説でいわれたとおり、今日から一ドルは百フランであるから、旧平価による支払いはトラフィプロといえども認めるわけにいかない、しかし三十フランの小売価格なら新平価でも充分儲かると思うといったら、彼は「通貨改革が不正直で投機をやるインド人商人に巨利を与えるようでは、ルワンダの将来が思いやられる」といった。私は、「インド人商人に対してどんな意見をもつかはあなたの自由だが、私としてはルワンダ経済の最大の不幸は、政府、民間、現地人、外国人をつうずる能力の欠如であって、能力のあるものが報いられるようになるのが通貨改革の目的だ」といって追返した。

この砂糖であるが、私は陸軍大臣に頼んで特高警察の刑事を、毎日トラフィプロとラジャンの店にゆかせて、値段の動きを報告してもらった。四月十二日は間に合わなかったが、十三日両方の店で一キロ三十フランで売出された。十五日にラジャンは二十八フランに値下げし、十七日にトラフィプロはこれに追随した。十八日ラジャンは二十七フランに値下げした。土曜なのでトラフィプロが追随する可能性をむつかしくしたのであろう。二十日月曜の午後トラフィプロ追随、その日の特高からの報告では、砂糖を買う人はめっきり減ったとのことだった。二十三日、ラジャンは二十五フランに値下げ、同日トラフィプロも値下げした。ところがルワンダ人商人の話では、卸売価格のほうは、二十五フランから始まって、その後値下げがつづき、今はラジャンは十六フランで売っているとのことだった。私は驚いた。この砂糖の輸入原価は関税込みで十八フランなのである。

私がラジャンに事実を確かめたら、彼はニヤニヤ笑って、「ええ十六フランで売っています。この値段で私はキロ当り二フラン損をするのです。しかし私は入荷した砂糖は殆ど全部売ってしまったので、十トンしか残っていませんから、損は二万フランだけで、最初に充分儲けましたので、これぐらい損してもたいしたことはありません。しかしトラフィプロの馬鹿はまだ百トンは在庫があると私はにらんでいます。奴らはこれで二十万フランの損をするのだから愉快です。私のみるところ、ルワンダにはもう四カ月分の砂糖が出廻っていますから、トラフィプロの百トンはなかなか売れないでしょう。それに彼らも一般の商品を仕入れなければならないのですが、その仕入資金のために砂糖の在庫を処分しなければならないのですから、奴らはもっと損をしますよ。大体奴らは私のことを不正直だ、投機をしている、とあちこちで悪口をいっていたのですから、胸がすかっとしますよ」と、両手をこすり合せながらいった。

私は商人の世界でもやっぱり感情が働くのかと感心する一方、こんな連中を相手に、白人という優越感だけで勝負するトラフィプロの経営陣も大変だなと、ちょっぴり同情した。

通貨改革後数日でキガリの商店には品物が並びはじめた。これは殆どがラジャンから卸しで供給された品物で、そのためラジャンは笑いが止まらない様子であった。ルワンダ農民としてはあまり現金を持っていない時期だったせいか、買物ラッシュは起らなかったが、町は目に見えて落着きと明るさを取戻してきた。とくに田舎にゆくと、住民の服装が目立ってよくなった。商人たちに聞くと、女性用の布地がよく売れているとのことだった。

通貨改革と同時に輸入申請が殺到した。殆どが繊維製品である。ところがそのなかで、フランネル地と、現地でバーズアイと呼ばれるプリント地とがいちじるしく多かった。そこで私は輸入業者を集めて、「フランネル地とバーズアイの輸入申請が非常に多い。私は商売は素人だから、商売のことで君たちに意見をいうつもりはないが、万一過剰輸入が起っても、その滞貨金融はできないことをあらかじめ断っておく」と警告した。列席していた外国人商人たちは口々に、「いや心配ご無用です、われわれは長年のアフリカにおける経験で、この二種目は売行きにまったく心配のないものだと知っています。ヨーロッパ人からみれば異様にみえるが、アフリカ人とはそういうものです」という。

私は重ねて、「君たちのアフリカにおける経験、アフリカ人に対する知識を尊敬しないわけではない。ただ素人としていわせてもらうが、ルワンダ人がフランネルやバーズアイをよく買っていたのは、輸入割当制の旧制度では、この二品目しか輸入を許可しなかったので、しかたなしに買っていたからじゃないのか。あらゆる品目が輸入される状態になれば、ルワンダ人の嗜好《しこう》も変るのじゃないか」といって解散した。このときの輸入申請で輸入されたフランネルとバーズアイとは、結局売行きが悪く、翌年の六月のコーヒー季節が始まるまで滞貨となるのであり、私はますますルワンダにおける外国人商人の職業的能力を軽蔑することになった(この失敗はラジャン君も例外ではなかった)。

こうして商品は豊富に出廻り、物価も鍬、小麦粉、石油製品等少数のものに小幅の値上りをみたほかは、殆どの物資について僅かながら値下りが起った。通貨改革の第一歩は予想以上に順調にすべりだしたのである。しかし外国人商人たちの策動がなかったわけではない。ユダヤ系のイスラエル商会のベンジャミン・イスラエルは繊維の輸入業者を廻って、繊維の価格協定を結ぼうと試みた。過当競争は不利であり、中央銀行も過剰在庫の発生を心配しているから、これを防ぐため協定を結ぼうというのである。同じユダヤ系のアラデフが私のところへきて、イスラエルがこれは中央銀行も賛成しているといっているが、考えられないので確かめたいといったので、この策動を知ったのである。私は新物価統制法を見せて、これはルワンダでは犯罪行為だと教えて帰した。

ラジャンも同じことを注進にやってきた。すでに競争が始まっており、私の心配していた価格協定の策動は実を結ばず潰れていった。勿論私は気を許したわけではない。現在これが成功しないのは、通貨改革後の新事態に商人たちがそれぞれ早く自分の地歩を確立することに専心していることと、商人の国籍が、ベルギー、イギリス、デンマーク、オランダ、インド、アラブ等と雑多であり、団結が強くないことによるもので、時間がたち、ルワンダでの商売がさほど容易でないことの共通の認識が生まれてくれば、価格協定の動きも再燃する可能性はかなりあると思った。それでルワンダ人商人の発展による構造的競争の導入が一層緊急のことに思われてきた。

私は、彼らが通貨改革後あまり中央銀行に顔を見せなくなったのが気になった。そこで県知事や国会議員をつうじて彼らの消息をたずねた。みな非常に商売が繁昌《はんじょう》して忙しい忙しいといっていると聞いて安心した。またラジャンやイスラエルが、ルワンダ人による密輸が増えて困るから取締ってくれと、再三苦情をいってきたので、国境貿易の自由化も順調に発展していることがわかった。

この頃、再びルワンダにいる外国人商人の判断力の弱さを感じさせる事件が起った。ある日招かれて商工会議所で食事をした際、アラデフ、イスラエル、ラジャンたちが、今度の通貨改革はルワンダ人商人に対する死刑宣告だといったのである。なぜかと聞いてみると、

「今までわれわれはルワンダ人商人を育てようと努力してきました。しかし彼らにはまったく商業的才能がないことが経験でわかりました。彼らが今まで商売ができたのは、物資が不足していたので、なんでも物があれば右から左に売れたからです。商品が潤沢にでてくれば自然と競争が起るわけで、才能のあるものが生き残ります。従ってルワンダ人商人はみな潰れてしまいます」

というのである。

私は彼らに、「君たちが今取引しているルワンダ人商人は、何人いるのか」と聞いたら、アラデフは二百人、ラジャンも二百人、イスラエルは五十人ぐらいとのことであった。二年後にその数はどのくらいになるだろう、と聞いたら、ラジャンは「せいぜい五十人」アラデフは「二十人残ればいいでしょう」といい、イスラエルは「一人もいますまい」と答えた。

「それは困ったことだ。経済の原則は才能のあるものが生き残るという厳しいもので、合理的な経済活動が行なわれるためにはやむをえないところだ。しかしなんといっても、ルワンダはルワンダ人の国だから、今後ともルワンダ人商人を育てる努力はつづけてほしい」

と私は、なに喰わぬ顔をして答えた。同席していたマクザ商工相はしかしこの話が気になったとみえて、食事がすんでから銀行にやってきて、「あの話は本当だろうか」と心配そうに聞いた。

私は、
「心配はまったくご無用です。二年後には彼らと取引するルワンダ人商人は倍になっていますよ。また今日出席した外国人商社の支配人の半数は、二年後にはいなくなることも予言します。才能があるものが生き残ることになったのは事実です。そしてあの無能な外国人連中は二年後には、半数が本社から首を切られていますよ」と答えた（二年後ラジャンと取引しているルワンダ人商人は五百人以上、アラデフは六百人以上で、彼らはその後積極的にルワンダ人商人との提携を始めた。反面二年後にはこの会合の出席者のうち四分の三がルワンダから去っていた）。

四月から五月にかけ、ルワンダの外国人商社の、欧州にある親会社の幹部の来訪が頻繁になった。私は経済再建計画の意義を説明し、協力を求めた。とくに俸給送金と配当送金とを自由化した趣旨を説明し、おおいにルワンダの子会社の経営を合理化し、売上げを増し、利潤をあげ、正当な税金を納めたのち、配当を送金してほしい、利潤のあがらない企業は経営の悪い企業である、そんな企業はルワンダにとり耐えがたい負担である、と強調した。

この中に、アリ・ルワンダという外国食料品の販売をやっている会社の親会社の重役がいた。彼は、
「ルワンダは外国人技術者を多数必要としており、外国人はまともな食料が得られなければルワンダにきてくれない。その意味でわが社はルワンダのため、不可欠な活動をしていると思う。ところが、肉はルワンダには衛生的に安心できるものはなく、また外国人にとって肉は不可欠であ

る。それなのに肉に対してきわめて高率の関税を課せられているのは納得ゆかない。これを引下げるようご尽力願いたい。また高級な食品を充分輸入するためには、かなりの運転資金が必要なので、商業銀行からの借入を認めてほしい」といった。私は、

「外国人に肉が必要であることは認めましょう。現に家内は毎日お店から一キロくらいずつ牛肉を買っています。その値段は今六百フランです、三月までは四百五十フランでした」というと、彼は口をはさんで、

「それは関税が五〇パーセントから八〇パーセントに引上げられたからです。私はあなたがこの不合理を直接感じておられるのを聞いて、必ず関税引下げにご協力いただけると信じます」という。

「最後まで聞いてください。三月末までは関税はたしかに五〇パーセントでした。しかし肉は自由外貨による輸入しか認められていなかったので、外貨コスト一ドル＝百二十五フランから百三十フランしたのです。だから一ドルの商品は百二十五フランに五〇パーセントの関税を加えたもの、百八十七フラン五〇が原価だったわけです。ところが四月十二日から一ドルは売相場では百二フランになり、関税八〇パーセントを加えて百八十三フラン六〇と、原価は小幅ながら下ったのです。それなのにあなたのところで、肉の値段を引上げたのは、関税引上げに便乗して値上げしたとしか思えません。まさか便乗して暴利をむさぼろうとしてやったとはいいませんが、少なくとも経営ができたらめだとはいえるでしょう。このように関税を引下げる理由は私はまったく認

めません。また経営がでたらめな会社に対しては貸出を慎重にして、漸減方針をとるのが商業銀行の業務だと思います」といった。彼は、「肉の値段に対する奥様の苦情がこんなに影響あるとは知りませんでした」といって帰っていった。日本語ならさしずめ、〝食物の恨みはこわい〟というところだろう。

しかしこれは唯一の例外で、他の欧州本社の幹部は、みな立派な経済人で話がわかり、私の求めに応じて協力を約して帰った。彼らはルワンダの子会社の質の悪い支配人たちとはまったく別人種とすら思えた。そして私は、彼らがルワンダの子会社に今後直接力をいれ、その経営を改善すること、そして利益をあげることを期待したのである。

ここで援助のことを書かなければならない。

米国余剰農産物援助百万ドル分は、五月から小麦粉、粉乳、棉実油が到着しはじめた。ところが二回に分けて発送することが約束されていたのに、これが一度にどっと船積みされたのである。当初の着荷分はどうにか捌《さば》けたが、その後のぶんは貯蔵しなければならない。教会の講堂を使い、商人の倉庫を借り、しまいには軍隊の倉庫まで借りてやっと貯蔵できた。またルワンダの食料生産は予想に反し、一九六六年は平年よりやや豊作、一九六七年からは質量ともに増産がつづいたので、この援助物資はなかなか消化されず、最後の小麦粉と棉実油とを処分できたのは一九六八年のことである(あとでわかったことであるが、農業統計はまったくでたらめなもので、生産予想も科学的にされたものではなかった。私はこれを信用して食料危機がくると心配したのである)。

米国援助の一般輸入分百万ドルはトラック、同部品とインド・パキスタン産繊維品で、商業輸入の支払いを米国が負担するものである。車はハトン・アンド・ククソン、晒木綿はラジャン、アラデフ、トラフィプロ、ジュート袋はコーヒー局が輸入した。コーヒー局以外の輸入業者は、結局、こりごりしたというのが本音であろう。

国際通貨基金の資金援助五百万ドルは、通貨改革の直後理事会で承認され、私はさっそく全額の借入を実行した。

ベルギーは百五十万ドル相当の特別援助を実行した。半額は贈与、半額は年三分の貸付である。ベルギーの援助のやりかたは、資金をルワンダ中央銀行に預託し、ベルギー原産の輸入にあてる方式で、各国援助のしかたのうちではきわめて特異ではあるが、受ける側からすれば最もありがたい形をとっていた。

最後に中央銀行の役員の給与のことについて書かなければならない。これは小さい問題かもしれないが、私としてはかなり辛い決定であったのである。

五月予算が可決され、官吏の俸給の一律三〇パーセント引上げが、一月に遡って実施された。大統領、大臣、国会議員も、またコーヒー局、貯蓄金庫などの政府機関の役員、職員もみな三〇パーセントのベースアップを受けたのである。中央銀行の職員の俸給はさっそく理事会に新俸給表（一律三〇パーセント引上げでなく、最高三〇パーセント引上げ）を承認してもらったが、迷ったのは総裁、副総裁、理事の役員俸給である。理事の俸給は当時引上げ後の大臣の俸給よりも若干高かった。世間一律に三〇パーセントのベースアップであるから、中央銀行役員の俸給も引上げるというのが一応妥当ともいえる。しかし中央銀行の平価切下げによる損失は一億六千八百万フランにのぼっている。これは通貨改革を前年三月に行なわず、一九六六年四月まで遅らせたという政治的決定の結果生じたもので、中央銀行役員にはその責任はない。しかし、なんといっても資本金の五倍以上の損失金がでた中央銀行の役員が、その損失に責任がないといって、大臣より高い俸給をさらに増額することが正しいことであろうか。ルワンダの社会では中央銀行の損益に関心がまったくなく、従って役員俸給引上げに非難が生ずることはない。しかし批判があるからやめる、批判がないからやるという態度で、中央銀行役員が勤まるだろうか。またこの問題を理事会に諮ることは卑怯である。このような道義的決定になれていないハビさんやビララ君に、中央銀行役員としての自律的精神姿勢を教えることこそ私の任務ではなかろうか。こう考えて私は理事会で、

「私は中央銀行役員の俸給については引上げ無用と大統領に書簡を送ることにした」と宣言した。ハビさんもビララ君もあまりうれしそうではなかったが、「そうですか」といっただけだった。

Ⅶ　安定から発展へ

ルワンダの子供たち

発展への基礎固め

一九六六年四月の通貨改革は、予想以上に順調なすべりだしをみせたが、通貨改革の基盤に立って、経済を再編成し、国民の活力を経済発展に動員するという経済再建計画の本来の仕事はむしろ、通貨改革実施後から始まるのである。通貨改革に対するルワンダ人の危惧が大きかっただけに、また通貨改革実施後の経済の表面的改善が劇的であっただけに、ほかのアフリカ諸国のように、通貨改革で問題は全部解決したような錯覚をルワンダ政府がもつ惧れは、非常に大きかった。従って私としては、通貨改革の成功は計画者として会心の至りであったが、その成果に酔うわけにはゆかなかった。

とくに通貨改革の実施が遅延したためルワンダ経済が極度に悪化していて、外貨準備も三月末には三十万ドルに落ちていた。このことは国際通貨基金の資金援助で当座は外貨の問題はないにしても、経済の建直しを一層緊急にするものであった。また一九六六年のコーヒーは八千七百トンと、前年の一万二百トンから一五パーセント近い減産となっていた。そのことはここ数年、農民がコーヒーの生産に熱意を失い、コーヒー樹の手入れを怠った結果が一時にでたものと思われ、コーヒー生産再建の必要がなにより緊急であるのを示す一方、その再建が実るまでの期間は、生産が当初予想された量を下廻り、外貨収入はさらに窮屈となることを告げていたのである。

さいわいほかの面では通貨改革は大成功であった。そしてコーヒーの生産についても、四月に実施された新生産者価格は、同年のコーヒー生産の増量にはつながらなかったが、生産者のコーヒーに対する熱意蘇生には、おおいに効果があった。六月からのコーヒー集荷期のあいだ、私は数回農村を廻る機会があったが、農民は明るい顔をして遅くまでよく働いていた。農民の服装は目立ってよくなった。村長や国会議員たちに聞いても、一致して新生産者価格を農民は非常に歓迎しており、物資が安価に豊富に出廻っていることを喜んでいる、とのことだった。

私はただちにコーヒーをはじめとする農業生産の再建と、流通機構の整備とに着手したのである。そしてまずその金融面の作業として、ルワンダの金融機構を経済開発の金融に指向するよう組織したのである。

経済開発金融の推進体制の整備

経済再建計画立案の際、今後の経済開発は主として金融を主体とする措置をつうじて推進する考えだった。当時私は、ルワンダ経済の実態をみて、今後のルワンダでは、金融はその総力を経済開発にふり向けるべきだとさえ考えていたのである。商業金融として必要なのはコーヒーの金融だけであるが、これはどっちみち市中銀行の資力を超えるものであるから、最終的には中央銀行で再割引しなければならない。従ってこれは独立の制度によって別途に取扱うことにする。一般の商業金融としては、輸入金融と商社に対する運転資金金融があるが、まず輸入金融は外貨事情が苦しいのであるから、極力圧縮しなければならない。商業運転資金貸出は当時のルワンダ商業銀行の貸出の殆ど全部を占めていたが、これは全部外国人商社に対するもので、しかも借入商社の資本金を超えるものが多く、なかには資本金の三倍近く貸している例もあった。

外国人商社の利潤はきわめて高いのであるから、現地で金融がつかなければ親会社なり取引先なり親戚なり、海外から運転資金の調達をしてルワンダでの商売をつづけるはずである。その意味で、外国人商社に対する運転資金貸出は返済力において問題はなくても、ルワンダとしては不要の貸出であり、海外からの民間資金調達を減少させる意味で有害ですらある。またルワンダ人商人は銀行借入を行なっていないし、今後発展するとしても、彼らが銀行から運転資金を借入れて商売をする日はまだ遠い。それに外国人である商業銀行の支配人が、ルワンダ人に対する貸出にははじめから否定的である可能性が大きい。しかし外国人商社は銀行貸出を受けられるが、ルワンダ人商人はこれを受けられないということは、外国人は自分の資力以上の商売ができるのに、ルワンダ人は自分の資力の範囲内でしか商売ができないという体制であることを意味する。

ルワンダ人商人を発展させ、ルワンダに競争を導入することが目的であれば、運転資金借入の可能性という競争条件の不公平を是正しなければならない。こういう考えかたから、市中銀行の一般商業貸出は、総額と顧客別限度との双方から厳重に規制してその圧縮を図ったのである。市中銀行の伝統的貸出である商業金融が不要有害であれば、市中銀行の貸出は全部経済開発に向けられるべきであった。

このような見地から、一九六五年からルワンダの金融を、通貨改革後は経済開発に指向するよう、協定、指令、指示などの措置で準備したのであるが、通貨改革後の金融体制を考えると、市中銀行が外国人系銀行一行だけというのは、いかにも不都合に思われてきた。

これはルワンダ商業銀行の協力の誠意を疑ったのではない。ただこの協力の約束を得るまでの経緯をふりかえって、この協力が私に対する協力であって、必ずしもルワンダに対するものでないような気がしたのである。日本の中央銀行から出向している者、つまり外国人が総裁をしているあいだだけ協力をするということではないだろうか。当時私は、自分のルワンダ在任を二、三年と考えていたので、外国人にいわせれば「黒人」であるルワンダ人総裁が間もなく出現した場合、同じような協力がつづけられるだろうか。むしろ気にいらないことがあれば廃業するといって脅迫し、自分の言いぶんを通す事態が起りはしないか。その場合中央銀行としては、屈服するか市中銀行業務を自営するかの二者択一を余儀なくされる苦境に立つこととなる。このような事態発生の可能性を防止するために、ルワンダ商業銀行の独占的地位を奪わなければならない。私は一九六五年から第二銀行の誘致を積極的に始め、東アフリカに支店のある英系銀行にルワンダにおける子会社設立を交渉したのであるが、結局実りはなかったのである。

キガリ銀行創立

一九六六年の秋、ベルギーのソシエテ・ジェネラル系の銀行でコンゴをおもな営業地域としているベルゴ・コンゴレーズ銀行の重役二人がルワンダにきた。ルワンダに銀行を設立したいと申出たのである。私は当惑した。この銀行は独立前にルワンダのブタレとギセニに支店を持っていたが、コンゴ独立後の内乱でコンゴ奥地にある支店で、白人職員が数人殺されたので、飛行場のない町の支店を全部閉鎖することを決定し、その際ブタレ、ギセニの店も閉鎖された。その結果、ランベール銀行がルワンダ商業銀行を設立するまでは、ルワンダには銀行が一時まったくない状態がつづいた。この銀行が再び銀行業務をやりたいというのである。

これに対しルワンダ人はどう考えるであろうか。〝覆水盆に返らず〟といわないだろうか。しかし私が交渉している英系銀行は動きそうにもないから、銀行業における競争導入のためにはこの申出をぜひ受けたい。私は大統領に面会を求め、大統領の感触をうかがった。ところが大統領の反応はきわめて明快であった。

「総裁、これはあなたの職権に属することだから、あなたがよいと判断するように決めて結構です。しかし私があなたの地位におれば、『明日からでも始めなさい』とベルゴ・コンゴレーズにいうでしょう。なるほど彼らは昔一方的に店を閉めて、ルワンダを非常な窮地に陥れた。じつは私はその報を聞いたとき、自分で車を運転してブタレの店にゆき、支配人に店を開いておくよう頼んだのですが、本店からの命令だといって聞かなかったのです。私だって人間だからこれは不愉快でした。しかしいったんルワンダを見捨てた銀行が、再び店を開くということが世界全体に対し与える印象を考えれば、銀行設立は認めるべきだと思います」といった。

私はさっそくベルゴ・コンゴレーズ側に対し、政府出資を認めること、取締役会長はルワンダ人とすること、取締役会はルワンダで開くこと、常務取締役はルワンダに常時滞在することを定款で定め、また設立後第一回の取締役会で、貸出規制に関する中央銀行との協定を討議することを約束させて設立を承認した。

キガリ銀行と称するこの新設銀行は、後発であるので顧客獲得にはきわめて積極的であったが、なによりもサービスによる競争に重点をおき、そのためルワンダの銀行界に、はじめて競争によるサービスの向上がみられるに至った。

ルワンダ開発銀行の設立

通貨改革が実施されて間もなく、私を議長とする開発銀行設立調査会が、大統領の命令で設立された。これはルワンダ政府の依頼により、欧州経済共同体の調査団の提出した開発銀行設立に関する報告を検討し、ルワンダの実情に合った開発銀行設立の法案を作成するのが任務であった。欧州経済共同体調査団の報告書は政府、ランベール銀行、ルワンダで活動している企業（事実上全部外国人系）が総額一億フランを出資して開発銀行を設立するというもので、取締役会長は大統領任命、取締役は株主から選出、業務はランベール銀行を代表する取締役が常務取締役としてその運営に当るというもので、政府から開発銀行の構想についてなんら具体的な指示を受けていなかった調査団としては、ルワンダの現実からみて、実現可能か否かを考慮した良心的かつ苦心にみちた提案であった。しかし調査団の構想は、民間外資導入促進による経済発展の思想に立っていた点で、政府の開発事業とルワンダ人企業との金融をめざしていた政府の考えかたと根本的に矛盾するものであり、そのため調査会の設立となったのである。

私はただちに大統領、開発銀行構想の推進者であるバガラガザ計画大臣、チマナ蔵相に会って、政府が過半数の株を握ること、開発銀行の運営は、取締役会の推薦にもとづき大統領の任命する総支配人に委せることなどの指示を受け、私のほうからは、開発銀行が中央銀行の金融政策に従うこと、当分のあいだは開発銀行は計理、庶務、建物などについては中央銀行の援助を受けること、また当初の期間中は総支配人は外国人技術者であることを進言し、諒承を得た。そうして私はこれを基礎として報告書に必要な修正を加え、資本金五千万フラン、五五パーセント政府出資、出資金の十倍までの債券発行、投資計画の策定、開発事業の調査、開発事業に対する投融資と保証を業務とし、かつ開発に関する諸基金の運営受託も受権される、という内容の、ルワンダ開発銀行法を起案し、これを調査会で採択して政府に答申、政府は次の国会でこれを通過させたのである。

ところがここに思わぬ支障が二つ出たのである。一つは出資者の問題で、一つは総支配人の問題である。

欧州経済共同体の調査団は報告書の提出に先立って、ルワンダで営業している企業から出資の可能性を打診し、民間から総額六千万フランの調達の見通しを得ていたのであるが、政府が過半数の株をもつように原案を変更したことを知ってからは、出資の約束を撤回するものが若干でてきた。さらに一九六六年半ば頃になり、在庫増から資金繰りの悪くなったハトン・アンド・ククソンと、従来の放漫経営の傷が表面化したトラフィプロとはあいついで出資を断ってきた。このため新設のキガリ銀行に資本参加をさせたが、それでも五百万フラン（五万米ドル）の穴があき、これは東京銀行にお願いして株式を引受けてもらったのである。

この開発銀行株の割当は、私としては非常に辛い仕事であった。私は調査会答申を政府が採用すると同時に、大統領から開発銀行設立に関する一切の準備を行なうよう命令されたのであるが、出資の勧誘において、私としては嘘をいうわけにはいかなかった。民間外国人企業に対して「出資してくれ、しかし出資をしても、貸出を受けることは期待してはいけない。取締役会は政府が過半数であるから民間株主代表の取締役は事実上助言的役割しか果せない。また開発銀行の収益は当分低いことが予想され、収益があがってもまず内部留保に努めなければならないから、配当はかなり長期間多くを期待できない」といわざるをえなかった。こんなことで、民間外国人企業が株式に応募してくれたことが不思議なくらいである。

総支配人の問題は、政府は日本から呼びたいといっていたが、私は欧州経済共同体からの技術援助が現実的であると主張した。しかしこれらの交渉は難航し、開発銀行設立に間に合わない惧れがでたので、私は政府案に戻って坂西《ばんざい》太郎氏に一九六七年夏にきていただいた。坂西氏は開発銀行の設立準備を進められたが、政府出資の予算措置が遅れているうち、個人的事情で帰国されることとなり、代りに長田信夫氏に一九六八年夏から二年間きてもらった。

開発銀行は結局一九六八年末に開業し、倉庫会社に対する出資、ラジオ組立組合に対する貸付を皮切りに活動を始め、その後、茶事業に対する保証、ルワンダ人商人のトラック買入資金の貸付などに活躍している。

こうして一九六八年までに経済開発金融の体制が中央銀行を頂点として完成された。

外国人企業に対する商業貸出の強力な抑制で、市中銀行に大きな資金余剰がでる。この資金余剰は財政の赤字で食われないかぎり、外貨準備の増加になる。市中銀行は余裕資金の運用のため、自然にルワンダの経済開発事業やルワンダ人商人に対して、貸出意欲をもつようになる。中央銀行は外貨事情の許す範囲で、これら事業の収益性の高いものから、市中銀行の貸出申請を承認する。それらのうち貸出期間が長すぎたり、あるいは伝統的な銀行貸出基準からみて危険が多いため市中銀行の通常の貸出に乗りがたいものは、開発銀行が保証をつけることによって市中銀行貸出を受けられるようにする。金額が大きすぎて市中銀行の能力を超えるものは、開発銀行が一部または全部金融する。

またこのような貸出をする場合は、市中銀行、開発銀行は単に資金の面倒をみるばかりでなく、積極的に助言を与え、場合によっては産品の販売先を斡旋《あっせん》するなど、経営を援助し、事業の発展に協力する。また貯蓄金庫は中央銀行のルワンダ人商人育成政策の実行機関として活躍する。開発銀行や貯蓄金庫が中央銀行の承認する大規模の事業に投融資する場合は、中央銀行は債券の引受けまたは資金預託により資金の面倒をみる。

こうしてルワンダの全金融機構は、外貨事情の許す範囲内で、その全力を経済開発にふり向けられるようになったのである。

農業生産の増強とコーヒー局理事

私が農業生産の増強に積極的に関与できたのは、一九六六年三月、コーヒー局理事に任命されたからである。このためコーヒーばかりでなく、のちにコーヒー局の所管となった茶、除虫菊の生産、輸出および金融の仕組みの編成と実施に参加できた。またコーヒー局における接触をつうじて、農林関係の官吏や政府の外国人技術者から「農業の友人」として認められ、コーヒー局所管外の農業事業について相談を受けることが多くなったのである。

コーヒー局は正式には、「ルワンダ工業用農産物局」と称し、ルワンダの輸出農産物の生産、加工、輸出の企画、奨励、監督を行なう政府の独立機関であり、経理も独立し、またコーヒー宣伝基金、コーヒー価格安定基金の運営を委せられている。ルワンダ農民の現金所得の三分の二以上がコーヒー生産から生じ、ルワンダの外貨収入の三分の二がコーヒー輸出に依存することを思えば、コーヒー局の重要性は明らかであり、正しく運営されれば、コーヒー局はじつに強力有用な機関となりうるのであるが、私がルワンダに着任した当時は、毎年の生産者価格の決定、輸出豆の格付けと原産地証明の発行だけを行なっており、創立時に引継いだ価格安定基金の資金も殆ど費消していた。またコーヒー局の会議に臨時委員で出席したときの印象では、コーヒー局の事務も粗漏をきわめていて、業者のコーヒー局に対する不満、不信感は相当のものであった。

コーヒー局の問題は人にあった。コーヒー局は植民地時代ブルンディのブジュンブラにあったルワンダ・ウルンディ現地産コーヒー局が一九六四年両国に分裂して創立されたものである。分裂時ブジュンブラの本部にいた外国人職員、現地人職員の殆どはブルンディ・コーヒー局に残り、ただルワンダ人職員中最先任のムニャキンディ君がルワンダ・コーヒー局長心得で、またルワンダ担当の格付外国人技師モロー氏が顧問できたほかは、旧コーヒー局から引継いだ職員はルワンダの倉庫の労務員だけであった。これはコーヒー局にはコーヒーに対する知識も経験も見識もないことを意味するもので、内部組織の不備などよりも重要な問題であった。

コーヒー局理事会は農林大臣が議長、商工大臣が副議長、理事は農林省農政局長、農林試験所長(ベルギー人)、商工省貿易局長、コーヒー局長のほか、大統領任命の理事数名であった。

理事に任命されて新しい眼でコーヒーのことを調べると、コーヒー局は勿論、農林省の外国人顧問や、長年コーヒーの輸出に従事している外国人商社が、いかにコーヒーに関する知識が欠けているかを痛感した。否それは、コーヒーに関する知識の欠如というよりも、経済に関する基礎的、常識的な認識が欠けているため、彼らのもっているコーヒーに関する断片的知識から、見当違いの結論をだしているといったほうが正しい。

一例をあげれば、コーヒーの品質に関する問題である。ルワンダのコーヒーは味、色、豆の大きさ、こわれ豆の混入率などで特上、上、二号、三号A、三号B、四号、およびこわれ豆である五号に分類されるが、実際は少量の上のほかは二号、三号A、三号Bと、これらの副産物に相当する五号がルワンダのコーヒーの全部である。ところが独立後は上、二号の比率が独立前よりいちじるしく低下し、三号Aの割合が多くなった事実を見て、ルワンダのコーヒーの品質が落ちた、これはルワンダ農民が怠けたためによい豆ができなくなったからだと、一般に信じられていた。

ところが、私が品種別のコーヒーの輸出価格を調べてみると、独立前は二号と三号Aとのあいだに大きな価格差があったのに、独立後はこれが縮まっている。従ってコーヒー工場としては、一定量の生豆からでる完全な豆とこわれ豆の比率は変らなくても、独立前は完全な豆だけを高価で輸出することが有利であり、最近は完全な豆にこわれ豆を若干混入して量を増すことが、品質の下ることを補って余りあることによるような気がした。工場主にずばり、「君は三号Aを作るよう機械を動かしているだろう」と聞いたら、そのとおりだという。輸出豆の品質が下ったのは、そのほうが有利だからであってなにも心配することはないのであった。

私がコーヒーを調べる際有利だったのは、インド人と直接話ができたことである。彼らの多くはフランス語ができず、白人からは白い眼で見られていたため、政府の人とかなり疎遠であった。私が英語ができることと、東洋人であることで、彼らは比較的率直に私に話をしてくれた。そして、六つある工場のうち四つは彼らの所有であったのである。

ある日私はラジャンに、「どうして君はコーヒーをやらないのだ」と聞いた。彼の答えは滑稽《こっけい》ではあったが、なかなか本質をついたものだった。「じつは私は、ルワンダのコーヒー加工の草分けで、十年ほどやっていたのですが、数年前に工場を売って手を引きました。コーヒー加工は正直にやれば引合わない商売です。私はハトン・アンド・ククソン社と提携してコーヒーをやっていたのですが、この会社は白人の植民地会社で、利益は自分がとり、危険は工場に押付けるやりかたで、まともにやっては私は損ばかりすることになるのです。そこで私も損をしない方法を考えました。これは生豆からでる輸出豆の歩留り率をゴマカすのです。奴らはいばるだけで頭は空っぽで、コーヒーのことなどなにも知っていません。歩留り率もコーヒー局で発表している七二パーセントが本当だと信じているのですが、私の工場では実際には七八パーセントだったのです。だからハトンには七二パーセントだけ引渡して、六パーセント分の生豆は別にとっておくのです。またときどきハトンに、『あなたが集めた生豆は品質が悪く、歩留りは七〇パーセントしかない』というと、奴らは調べる能力がありませんからそれをうのみにするのです。

ところが輸出業者は集荷期のはじめに、あらかじめ輸出契約を見込みで結ぶのですが、季節の終りになると、未済契約が必ず残ります。契約を実行しないと重い違約金をとられるばかりでなく、会社の信用にかかわるので、季節の末期になると輸出業者は血眼になって生豆を探し、そのときは通常の価格の二フラン高の値段も払うのです。その時期を狙ってハトンに、『じつは私は自前で少し生豆を買っておいたのですが、聞けばあなたは生豆を探しているそうなので、長年のおつきあいだから、一フラン高でお譲りしてもよろしい』とでも申出ようものなら、奴らは涙を流さんばかりにして自分の生豆を金をだして買うのです。

しかしこんな嘘と不正直とは、私の宗教に反することなので、私は工場をヴラジダスマカンチーに売ってコーヒーから手を引きました。奴はヒンズー教ですから嘘なんか平気ですからね」

私は残念ながら、ラジャンがどうして十年も自分の宗教に反することをつづけられたかについては、聞き落した。

コーヒー経済の再編成

一キログラム三十五フランのコーヒー生産者最低価格は、一九六六年に実施され、その効果が確認されたので、私はコーヒー経済をより恒久的な合理的生産体制に編成する作業にとりかかった。その構想は輸出税とコーヒー局課徴金とにより、投機的利益やゴマカシ利益の可能性を極力圧縮し、コーヒー関係者は平均的な働きをすれば僅かながらも利益はあげられる、平均以下の働きをすれば損をする、その代り平均以上の働きをすればその利益はまるまる手に入るという体制を作ることであった。

このためまずコーヒー局、中央銀行、税関、商工省貿易局からなる価格委員会で、二週間ごとに市況に応じてコーヒーの輸出関税評価を定める。この関税評価によりコーヒー局課徴金も自動的に決まる。この輸出税と課徴金とはルワンダのコーヒー経済の各要素の平均値による各段階の収入を最少にするよう計算されている。一九六八年の例を示せば次表のとおりである。工場の歩

1968年コーヒー価格計算表（抄）（単位：フラン）

関税評価	61,000	70,000	81,000
生豆工場買入価格	49,950	49,950	49,950
加工包装諸費	2,567	2,567	2,567
輸出税	6,100	7,000	14,700
本税	(6,100)	(7,000)	(8,100)
付加税	—	—	(6,600)
コーヒー局課徴金	200	8,000	11,000
経費分担金	(4,500)	(4,500)	(4,500)
宣伝費分担金	(500)	(500)	(500)
転換分担金	(400)	(400)	(400)
価格安定基金	(△5,200)	(2,600)	(5,600)
差引輸出業者マージン	2,183	2,483	2,783

注1　△印は価格安定基金の補助金支払い
　2　輸出業者マージンは銀行金利手数料および保険料込み

留り率は七四パーセントを基礎とし、工場の手数料は輸出豆一トンにつき僅か二千五百六十七フランと経費分しか認めておらず、輸出業者の手数料も二千フランから三千フランのあいだで、これは金利、銀行手数料、保険料で約半額食われるのである。

しかし輸出評価が七万フランのとき、すなわちモンバサ渡し一ポンド三十五米セントの価格のとき、輸出業者が三十六米セントの契約をすれば、その輸出価格（ルワンダ券換算）は七万二千フランとなるにもかかわらず、七万フランとして課税課徴されるので、その収入は二千フラン増加するのである。これは輸出業者ができるだけ能力を発揮して高い契約を獲得するよう仕向けるものである。

また工場の歩留りは七四パーセントと計算されているが、工場が、粒が大きくてよく乾燥した生豆を買うなり、機械をよく整備し、よく運転するなりして、歩留りを一パーセントあげれば、一トンにつき六百フランの増収となるのである。これは工場運営の合理化と工場による大粒のよく乾燥した豆の買入とを奨励するものである。

この工場による良質の生豆獲得競争は、必然的に良質豆の買入価格の引上げとなり、農民はこれにより良質の豆の生産に努力することになろう。

この制度は一九六七年から実施されたが、同時に私は為替面、金融面からこの制度を補強した。まず集荷、加工、輸出のため必要な資金は、コーヒー局課徴金、輸出税を含めて全額銀行から金融され、市中銀行で再割引した。これはコーヒー資金を自動的に供給することにより、中央銀行のコーヒーに対する姿勢を示したのであるが、一方ではこれにより業者を完全に金縛りする効果も狙ったのである。集荷加工の借入は、格付け寄託（格付けのためコーヒーをコーヒー局の倉庫に入れることで、このときコーヒー局課徴金が徴収される）貸付で返済し、格付け寄託貸付は輸出（通関の際輸出税が徴収される）貸付で返済し、輸出貸付は輸出代金で返済されることを強制し、その各段階に十日、二十日、七十五日の期限を設け、一日でも遅延があれば資金流用と見なして貸出の全期間に罰則的金利を課した。

また輸出貸付を行なう際、輸出代金の売却予約を強制し、予約期間内で回金した場合は有利な先物相場を適用するが、遅延があった場合は通常相場で外貨を買わせて予約を実行させることにより、遅延の罰則を強化した。

回金遅延の罰則を為替管理による罰則でなく、貸出または為替取引による契約上のものとしたのは、迅速性確実性では私契約が法令による罰則よりも優れていること、ことに法律による罰則の適用には、情状酌量が必ずつきまとうのに対し、銀行取引の契約上の違約金は、違約の事実があれば自動的に徴収できるという理由による。

コーヒー以外の農産物

欧州経済共同体の援助で始められた茶の生産輸出は当初は悲惨をきわめた。これは共同体の選んだ実行企業アグラル・ウント・ヒドロ・テクニク社（ドイツ）が、茶の経験がなかったことと、アグラル社が派遣した初代の所長が、傲慢頑固無能であったことによる。茶の生産がうまくゆかず、輸出も損をつづけた結果、政府も心配して種々会合を開き対策を検討したが、所長が協力を拒むため、なかなか実効はあがらなかった。しかし一九六八年末所長が交代し、セイロンで茶園を経営したイギリス人イリアス氏がきてからは一変して生産は改良され、輸出価格もセイロン茶と比べられる水準に上った。この金融を中央銀行が支持したことはいうまでもないが、積年の不良経営による茶畑、工場の改良資金は、開発銀行の保証をつけて市中銀行に面倒をみさせた。

ルワンダの伝統的輸出品である除虫菊も市況不振によって停滞していたが、これもコーヒー局の管理下におかれるようになってからは、一応順調に生産輸出されている。

しかしルワンダのような国では、農業の第一の使命は国民の食料の生産である。コーヒーを千八百キロメートルの遠路の陸上運賃を払って輸出し、タイ国から米を、カナダから小麦を、ハンガリーから砂糖を、同じく陸上運賃を払って輸入する不合理はどうしても是正されなければならない。またルワンダ人の豆と芋の食生活を、いま少し向上させなければならない。このことは政府も認識し、外国からの援助で食料品の増産と多様化を進めていた。この作業に対する私の関与は、販売や金融の問題が起ったとき相談にのってやり、事業の収益性が確実とみられるものについては、必要な資金の融資を斡旋することにとどまった。これらの事業は外国援助で金融されているものが多く、事前の調査計画が不充分なため、実施の過程で計画を修正または拡張する必要がしばしば起ったが、政府も援助国も予算に縛られてこれに応ずることが不可能の場合が多かった。これらの資金需要は必ずしも財政支出で賄う必要がないものが多く、開発銀行の保証をつけて市中銀行に金融させたのである。

農業多様化を進める場合の一つの基準として私は、一九六八年七月一日の独立記念日の大統領の演説に、コーヒーに適用している生産者最低価格の制度は、今後ほかの農産物にもできるだけ適用を拡大することにより、農民が価格変動を心配せずに生産に集中できるようにすること、作物の適当な選択と最低価格制度とにより、農民一家あたりの最低現金所得を一年一万フラン（百ドル）にもっていくことを当面の政策目標とすることを宣言してもらった。

政府の指導、外国の援助、そして農民の努力により、一九六八年頃から米、砂糖、小麦、落花生、野菜の生産が軌道に乗り、野菜は少量ながら冬季欧州への空路輸出が始まっている。ルワンダの農業はまだ後進的であるが、着々と市場経済化が進んでいるのである。

キガリの露天市場は、私は着任以来キガリにいるかぎりは毎週一回は見て歩いたが、一九六五年は小さな芋類、豆、とうがらし、貧弱な野菜ぐらいしか売っていなかったが、今はこの露天市場は五倍にふくれ上り、肉、魚も売られるようになり、立派な野菜、大きな芋が出廻り、農業の現金経済への進歩を物語っている。またこれは同時にルワンダ人の食生活の向上をも示しているのである。

商業部門の重要性

途上国が後進経済から脱却する道が自活経済から市場経済への転換であれば、流通機構の整備が肝要なことはいうまでもない。また市場経済への転換過程が始まった途上国が恒常的な経済発展をするためには、民族資本の継続的形成が不可欠である。じつは私はルワンダにいく前から、アジア諸国との接触をつうじて、戦後の途上国発展の論議において、外貨の役割と工業化の必要とが過当に重視され、民族資本の育成と流通機構の整備という地道で手近な問題が忘れられているのではないかとの疑問をもっていた。そしてルワンダの経済再建計画を計画し、実施していく過程で、この疑問は確信にまでなったのである。

さきに述べたように、経済再建計画答申の段階では、生産増強の重点を農業におき、農業を自活経済から市場経済へ引出すため流通機構の整備が必要とされ、そのための重要な施策として、ルワンダ人商人の育成が考えられた。通貨改革後、この流通機構整備の努力は中央銀行を中心として一貫してつづけられるが、ルワンダ人商人の育成は彼らが通貨改革後の新体制に確実に地歩を固めたと認められた一九六七年から積極化し、一九六九年からは従来の流通機構整備の見地に加えて、民族資本形成の目的からも強力に推進されることとなるのである。

通貨改革後のルワンダ人商人の発展

経済再建計画でルワンダ人商人にきわめて重要な役割を期待していながら、計画第一年の一九六六年中は、私は彼らを育成するための積極的措置はなんらとらなかった。それはルワンダ人商人の進出を今後の方向として定着させるためには、なによりもまず彼らに自発的努力で新体制に確実な足場を固めさせることが第一と判断したからである。通貨改革後の経済新体制が長い眼でみればうまく作動することには絶対の自信をもっていたが、なんといっても通貨改革はルワンダ経済にとっては革命的変革であり、またこれに対する外国人商人の反応も予想しがたく、実施第一年には若干の混乱も覚悟しなければならない。このような変動期に基礎脆弱なルワンダ人商人を人為的に推し出すことは多大の危険を伴う。ルワンダ人商人不適性論の神話がなお広く信じられているときに、ルワンダ人商人が失敗破綻することは、ルワンダ人商人育成の方針自体を危殆《きたい》に陥れる惧れが大きい。この変動期のあいだ当面はルワンダ人商人が自分の判断で、自分のできることを一生懸命にやって商売を拡張し、自分の力で新体制のなかで地歩を確保するのがよいと考えた。

この考えかたから、一九六六年中は商業部門に対する銀行貸出は一切不承認の原則につき、ルワンダ人商人のために例外を設けることはしなかった。彼らは農業を兼営しており、商品はすべて現金で仕入れているので、見込違いで商品が売れなくても食うに困ることはない。つまり後進性のゆえに苦境に対する抵抗力が強いのである。それをこの変動期に、彼らにとって未知の銀行取引を彼らの商売に導入することは、彼らを混乱させるばかりでなく、かえって彼らの強みを奪うことにもなりかねないのである。一九六六年中は私は、ルワンダ人商人との接触をますます密接にし、彼らの新体制に対する順応ぶりを把握するとともに、必要に応じて相談にのってやり、他方機会あるごとにルワンダ人商人の発展ぶりを語って、ルワンダ人商人不適性論の神話の打破につとめ、これからの経済における彼らの役割を説明し、この考えかたがルワンダ要人自身の考えかたになるようにつとめた。

このルワンダ人商人との接触をつうじて、彼らがきわめて順調に新体制に適応し、商売を拡張していることがわかった。なかには農作物の簡単な加工に手を拡げる者もいて、彼らはきわめて積極的に活動していた。国境貿易のほうも予想外に伸び、都市のルワンダ人商人が共同してトラックを借入れ、ウガンダに買出しにでかけるものも現われ、構造的競争は都市にまで導入されるようになった。

一九六六年のコーヒー生産は前年よりかなりの減産だったため、農村における消費物資の売行きは十月から急速に落ちた。しかしルワンダ人商人は農民との接触が密であったため、これを予見して仕入れを控えていたので、その影響は殆ど受けなかった。その代り、六、七月のコーヒー最盛期の売行き好調がまだつづくと判断して、私の注意も聞かずに商品を大量に輸入した外国人輸入商は、かなりの苦境に立った。私はこの事態を見て、新体制第一年にはルワンダ人商人に銀行貸出禁止の例外を設けなかった措置が正しかったことがわかった。

こうして一九六六年末頃には私は、ルワンダ人商人は充分新体制での地歩を固めたと判断し、一九六七年からは彼らの積極的育成を始めることにした。まず始めたのはコーヒー集荷資金の金融である。コーヒーの集荷は、ルワンダ農民が作った生豆を地方各所の露天市場で買い集め、工場に持ってきて売るというだけのことで、たいした能力もいらず、資金の回転も早く、利潤も確実なので、ルワンダ人商人が進出するのに最適の分野だと思われるのに、実際はアラブ人、インド人に独占されている。その原因はルワンダ人商人に買入資金が調達できないためと思われた。コーヒーの集荷資金は外国人経営の工場に銀行から貸出され、工場から集荷業者に前渡しされる仕組みになっているが、各工場は長年集荷に従事してきたアラブ人、インド人商人だけに前貸をし、新顔のルワンダ人商人にはコーヒー引換えの現金払いしかしない。

面識のないルワンダ人に前貸をしないのは当然ではあるが、このことがルワンダ人商人がコーヒー集荷に進出するのに大きな障害となっている。そこで私は、貯蓄金庫にコーヒー集荷の期間中、かなりの資金を預託し、貯蓄金庫から真面目なルワンダ人商人にコーヒーの集荷資金を融通させることを始めた。この利用者は毎年増えており、金額も一九七〇年には一九六七年の三倍となっているが、この貸出は一件の例外もなく毎年期日には返済されている。

この貯蓄金庫のルワンダ人商人融資の成功を見て、外国人商社に対する貸出禁止で余裕資金の運用先を探していた市中銀行は、中央銀行に対しルワンダ人商人の運転資金について、商業金融禁止の特例を設けてほしいと陳情してきた。私はいまやルワンダ人商人は銀行取引をさせても心配はない、かりに、一、二件の破綻が起っても、ルワンダ人商人全体の信用に影響は少ないと判断し、金額の枠を設けてこの申出を承認した。

ルワンダ人商人の積極的育成

一九六六年、六七年のルワンダ人商人の発展は、私の予想を超えたものであったので、私はだんだん欲がでてきた。予想外の発展といってもそれは当初の予想が低かっただけのことで、まだまだ発展の余地はある。また発展することがルワンダ経済のために必要なのである。とくに恒常的発展の要件としての民族資本形成は、ルワンダ人の商業進出によるのが効果的ではないかと考えはじめた。ルワンダの商業は未発達であるからこそ商業部門の利潤が高い。この高利潤にルワンダ人が参加することが民族資本形成の一番たやすい方法である。こうして競争が起れば、生活条件が低く、不況に強いルワンダ人からの競争で、外国人商社は、ルワンダ人がまだ取扱えない部門の貿易や工業に転換させられることになり、経済がさらに効率的に発展するはずである。

当時までの流通機構の整備の進捗状況は、輸入商品の流通の正常化は予想以上に進んでいたが、国産食品価格の地域格差と季節変動が依然不当に大きく、その流通分野はなおアラブ人、インド人に握られていた。ルワンダ人が生産し、ルワンダ人が消費するこれら商品の売買にルワンダ人が進出しないのは一見不思議であったが、その理由は一方では資力の乏しいルワンダ人商人としては、どうしても資金の回転の早い輸入品の小売に専心し、回転の遅い国産食品を敬遠する傾向があったこともあるが、他方彼らの資力では、食料の貯蔵設備と輸送手段を整えることが不可能であることが根本原因であることに気がついた。

民間の倉庫は全部外国人商人の自家用倉庫であり、トラックも殆ど全部が外国人商人に握られているため、貯蔵と輸送という商業に不可欠のこの二点では、ルワンダ経済は全面的に外国人商人に依存し、その役務に対して外国人商人にきわめて高い対価を払わされているのである。ルワンダ人商人に輸送手段を与え、貯蔵役務を妥当な料金で提供しないかぎり、ルワンダ人商人が全国的規模で季節をつうじて本格的に進出することは不可能であり、彼らの進出によって流通市場に全国的に競争を導入して、その機能を正常化することは実現できない。その反面、この独占的高利潤の分野に彼らが進出することは、彼らの急速な資本形成を可能にするのである。

このような考えにもとづいて私は、すでに構想としては成立していたルワンダ倉庫株式会社を彼らに利用させることにより、貯蔵役務を提供し、それで得た金と、小型トラックの輸入によって、彼らに輸送手段を取得させることにした。

ルワンダ倉庫株式会社

ルワンダにおける倉庫設備の必要性は、一九六六年、米国援助の余剰農産物の受入れの際、私は身に沁みて感じた。ところが一九六七年、台湾政府が技術指導をした米作事業の第一回の収穫の際、この問題が再び起った。収穫は僅か二百トンであったが、収穫間近となって台湾技術指導員と農林省との関係者は、はじめてこの米の販売の問題を考えはじめたのである。彼らは米を取扱っている輸入商を廻ってこの国産米の買取りを交渉したが、輸入商の引取価格は一キログラム十八フランどまりで、この価格では籾《もみ》一キログラム十五フランを予定していた農民の収入を二フラン下げなければならないのである。彼らは途方にくれて私のところに相談にきた。話を聞いて私は憤慨した。

輸入業者はタイやパキスタンから米を輸入しており、その通関原価は二十二フランである。輸入品には二十二フランの金を払いながら、国産米に対しては足もとをみて、十八フランに値切ろうとする彼らの態度が腹立たしかった。しかも私は国防軍と警察とが、糧食として一キログラム三十フランの単価で米を買う予算をもっていることを知っていた。私は「よろしい、中央銀行で収穫全量を今年に限って買上げよう。買入価格は一キログラム二十二フランを前払いし、米を売ったのち、経費を清算してなお利益が残れば、米作組合の名義で封鎖預金にし、米作組合が今後水田の改修などを行なう準備金にあてることにしよう」と答えた。

技術指導員、農林省担当者はこれを米作組合に承認させ、私は農林大臣と商工大臣の諒承を得て、中央銀行による食料管理が始まったのである。一九六七年の作業は簡単であった。国防大臣に話をし、全部陸軍に買取ってもらったので、米作組合から精米を直接軍隊の倉庫に納め、軍隊の受領書によって組合に支払いをするだけのことであった。

　ところが私はこれを契機として、倉庫設備の問題を再考することとなったのである。一応今年限りとはいったものの、関係者の能力からみて翌年までに自前で米の販売ができるようになるとは思えないので、かなり長期間米の販売を中央銀行でやることを覚悟しなければならない。その年は二百トンの収穫だったからたいした問題はなかったが、一九六八年には四百トン、一九六九年七百トン、最終目標は三千トンである。このためにはどうしても大きな倉庫設備が必要になる。またこれに関連してほかの農業事業にも同じ問題があることに気がついた。

　当時落花生など、ルワンダで輸入している農産物の国産化が徐々に始められていたが、輸入の場合は需要に応じて十二ヵ月平均して輸入できるので、その商品の貯蔵設備はせいぜい三ヵ月のストックをおくに足る規模で充分であるが、輸入代替をやれば、収穫期に一年分の商品を貯蔵し、これを十二ヵ月間に販売していく方式となるので、十二ヵ月分の貯蔵設備がいることになる。ところが政府でも、これら農業事業を援助している外国政府でも、国際機関でも、この問題を予見しているものはない。このまま放置すれば、せっかく努力してできた産物が貯蔵設備の欠如から損敗してしまい、農民も労働に対する報酬をもらえない惧れがある。

　このようなことから私は、中央銀行で倉庫を建設する決心をした。そして万一農業事業の成果があがるのが遅れても倉庫が赤字とならないため、倉庫を二つ建てて、その一つには事務所難と倉庫が手狭で困っているキガリ税関を収容し、税関倉庫としての収入でもう一棟の農業倉庫の経費も賄うことにした。一九六八年から建物の建設を始め、一九六九年竣工と同時に、ルワンダ倉庫株式会社を設立して、これに中央銀行が建築した建物設備を譲渡した。

倉庫建設については政府と相談し、関係各大臣も大賛成だった。しかし彼らはその形を株式会社にすることよりは、中央銀行による直営を望んでいた。これを知りつつ民間の株式会社にしたのは、中央銀行の倉庫業兼営は異例であるとか、政府の経済介入は最小限に止めるべきであるとかの理由よりは、むしろ有能な支配人確保のために必要だったからである。倉庫業はそうむつかしい高度の技術を要するものではないが、火気禁止、防火設備の点検保全、門扉の開閉、立入者制限等の保安事務、商品の受渡しとそれに伴う書類の作成、事故の処理等、小さな多様多数の事務が確実敏速に行なわれることを要する。

このような事務を、自活農民の生活慣習をまだ脱却していないルワンダ人に期待することは到底無理であり、どうしても倉庫実務の経験のある外国人の支配人をあてなければならない。しかもその支配人が辞めてもただちに補充がつくようにしなければならない。それで私は倉庫を民間の株式会社にし、ルワンダで営業している世界的通運会社二社を株主にし、その一社アジャンス・マリティーム・アンテルナショナルに対し、倉庫実務に経験ある職員を倉庫会社の支配人として継続的に出向させることにより、問題を解決したのである。従って通運会社の持株は各五百万フランとし、通運会社だけでは体裁が悪いので、市中銀行二行にも五百万フランずつ持たせ、一般民間にも応募を認め、また政府も土地の現物出資で五百万フランの株を取得し、残額五千五百万フラン弱は開発銀行が引受けた（この引受けを行なうため、中央銀行が開発銀行の債券を同額引受けた)。

この倉庫会社の建築が始まった頃、私は前項で述べたように、ルワンダ人商人に貯蔵役務提供の必要をさとったので、倉庫会社の構想を拡張し、農業倉庫を一般倉庫に改め、ルワンダ人商人の取扱う商品の受入れも行なうこととしたのである。

この倉庫会社は順調に活動しており、クレーン車その他の機械、家具什器の購入に要した八百万フランの銀行借入も一年で完済し、若干の配当を行なっているが、利益の大部分は、地方に倉庫を建設するため積立てられている。

なお食料品管理事業は、はじめは米作農民の正当報酬確保のために開始されたのであるが、その成功が農林相、商工相に強い印象を与え、その拡張が要望された。そこで私は両省と協定を結び、指定される農産物の販売を商工省が行ない、その実務は中央銀行に委託される形をとった。指定される農産物は貯蔵可能なもので、過剰生産の惧れのないものとし、米、砂糖、小麦、落花生、いんげん豆が逐次指定された。買入価格は倉庫会社渡しで、通常の小売価格の五フラン引き、販売価格は二フラン引きである。この制度は政府による強制買上げではなく、商品の納入は一般から受けるが、販売は原則としてルワンダ人商人に限り、農民所得保護と消費者物価の安定の目的のほか、ルワンダ人商人に安定した卸売価格でこれら商品の供給の機能も果しているのである。

二トン積みトラックの経済学

輸送手段の問題はもっと複雑であった。ルワンダ人商人の本格的発展のためには、彼らに自家用トラックを取得させせなければならないが、これを実現するための問題のうち、買取資金の金融は一番簡単に解決できるものである。困難なのは車種の選定と、選定された車種の調達であった。ルワンダ人商人の大多数にとって、トラックを買うことは、生まれてはじめての設備投資である。従ってこのトラックという設備の大きさ（積載容量）が、まず彼らにとって適当なものでなければならない。これは彼らの現在の商売と将来の発展を見込んで余裕のある容量を決めることのほかに、閑散期における遊休化を最小にすることを考えなければならない。ルワンダの国内商業は、コーヒーの集荷期の六月から九月までの四カ月のあいだに、年間売上げの約半額が集中し、あとの八カ月は閑散になる。トラックはこの閑散期にも経済的に使える容量のものでなければならないのである。ルワンダ人商人との長いつきあいで蓄積された知識をもとに、彼らの大多数には、二トン積みの小型トラックがよいと判断した。

次に価格の問題がある。トラックは、ルワンダ人商人の現在の取扱商品と現在の取引規模による利益によって、耐用期間中に償却できる価格でなければならない。悪路、運転技術の低さ、機械に対する無知識、整備修理不良等により、車輛の耐用期間は大型車については四年、小型車は二年というのが政府車輛の実績であった。これらの要素からいろいろ試算して、価格は大型トラックで百万フラン弱、小型トラックで三十万フランという数字がでた。

しかるにルワンダに当時外国人商社六社によって輸入販売されているトラックは、五百キロ、七百五十キロの二種の小型トラックのほかは、六トン以上の大型トラックで、その中間がない。また価格は小型トラックについては五百キロ車が二十八万フラン、七百五十キロ車は四十万フラン、六トン車は百二十万フランと、五百キロ車を除いては非常に高く、ルワンダ人商人の当時の業態では償却困難である。ちなみにルワンダで近代的事業の創設を妨げている最大の要素は、設備の価格が独占的に高く維持され、限られた市場での売上げでは、正常の期間に償却が不可能であることであり、トラックについても同じことがいえるのである。

ルワンダで二トン積載の小型トラック需要があることは、ちょっと調査すれば私のような素人にもわかるのに、これが輸入販売されていないのは、外国人商社が市場調査を怠っているか、あるいは潜在需要に気がついても、従来の商売で充分儲けているので、これを開発する意欲が起らないという、独占に起りがちな病弊に陥っているからと思われた。この態度を前提とすれば、私が二トン車の導入を勧めても、ただちに協力が得られるとは考えられず、またかりに導入しても、価格が妥当な水準に定められることは、他車種の価格とのふりあいからみて、期待できない。

私は政府に建議して、政府の車輛部に日産自動車、日産ディーゼルの販売権を取得させ、一九六九年から一般ルワンダ人商人向けに二トン車を二十九万フランで、またルワンダ人で組織している会社や、少数の比較的資力のあるルワンダ人商人向けに、八トン車を九十六万フランで販売させた。そしてルワンダ人に対するトラックの買取資金の銀行貸出は、別枠で認めるとともに、銀行取引のないルワンダ人一般商人のために、貯蓄金庫から金融を受ける道を開いた。

この措置は、競争導入による自動車販売における独占的体制の打破を狙ったものであったから、自動車輸入業者の反撥は猛烈なものであった。しかし政府は、ルワンダ人商人の熱烈な支持もあって、終始この反対運動に取りあわなかった。

このトラック作戦の結果、ルワンダ人商人の発展は急速に進み、一九七〇年のコーヒーの集荷は、その約三分の一をルワンダ人商人が取扱うようになり、またトラックで農産物を生産地から消費地に機動的に運ぶことを始めたルワンダ人商人が一九七〇年には四人でてきた。

住宅建設資金貸付の意義

一九六八年後半から、ルワンダ人商人の店舗新築の資金借入の要望が強くなってきた。そこで私は、市中銀行に枠を設けてこれを承認した。この貸出を受けた者のうち、ルワマガナで商売をしていた商人がいた。この男はこの借入でキガリに立派な商店を建てたが、竣工するとアラブ人商人にこれを貸してしまった。私が彼を呼んで事情を聞くと彼は、

「はじめはキガリで商売を始めようと思ってあの店を建てたのですが、ルワマガナの店の商売がすっかり忙しくなって手が放せなくなりました。たれか親戚でもいれて商売させようかとも思ったのですが、聞けばキガリは外国商人が多く競争はなかなか激しいので、商売に馴れていない親戚にやらせても儲かる自信がありませんでした。それで、あのアラブ人に貸して、家賃は銀行に

払込ませることにしたのです。こうすれば危険を負わずに、確実に三年で借金を返し、そののちは、全額私の儲けとなりますから」

とのことだった。私は考えこんでしまった。なるほど彼のいうのはもっともである。ルワンダ人商人が自分の管理能力を超えて支店を開くよりは、店を賃貸したほうがよいにきまっている。またこのことは、アラブ人が自前で店を建てなくてすむ点では、外貨の流入がそれだけ減るが、三年で建築資金が償却できるような高家賃なら、この外貨面の損失は短期で充分取返せることになる。高利潤を確保されている建物の賃貸にルワンダ人の参加を拒む理由があるだろうか。それならば住宅についても同じことがいえるはずである。

昔はルワンダ全体が貧困から脱却できず、銀行借入は少数の有力者にしか開かれていなかったから、社会公正の問題もあったが、今は働きさえすれば貧困からの脱却は可能であり、また今の外貨事情はかなり多数の人に貸出することを可能にしている。とくに人口過剰のルワンダでは土地問題が今後の大きな社会問題となるが、不動産金融を敵視してルワンダ人の住宅建設を邪魔すれば、ルワンダで働くことが有利であるかぎり、外国人の住宅その他の建物に対する需要はあるので、外国人自ら建物を建築することになる。そうすれば、土地建物の外国人所有が増え、土地問題に禍根を残すことになるのではないか。

こう考えていた矢先に貯蓄金庫の理事会から、ルワンダ人が富裕になる有力な方法は賃貸のための住宅建築であるから、従来の住宅貸出禁止を再考慮してほしいとの陳情がきたので、金庫と市中銀行に、すでに賃貸している住宅を所有していないルワンダ人に限って、別枠で融資を許可した。

このほか私がルワンダ人商人育成のためにとった大きな措置としては、政府入札に対する彼らの参加援助である。軍隊、警察、学校、病院などに対する国産食料の納入入札は、従来はアラブ人、インド人が事実上独占していたが、一九六八年、私は政府に対し、これらの入札へのルワンダ人商人の参加を建議し、彼らの参加の障害となっていた入札保証金、集荷資金および遅延がちな政府支払いの繫ぎ資金の融資を市中銀行に別枠で承認した。その結果、一九七〇年にはこの種の納入は二割がルワンダ人商人によって落札されており、貸出は正常に返済されている。

バス公社

経済再建計画の答申で、首府と地方都市とのあいだの定期便創設を勧告したものの、私は中央銀行でこれに関与するつもりはなかった。ところが一九六七年の末、開発銀行の総支配人になるためきていた坂西氏が、バス公社の再建を開発銀行の事業としてやりたいと申出てきたので、なかば忘れていたバス事業を再び考えることになった。はじめは私は懐疑的だったが、考えれば考えるほど、バス事業が重要なものにみえてきた。

国が国として成立するためには、まず国としての一体性がなければならない。それは具体的には国民の各員のあいだに、また国民の各員と政府とのあいだに接触が可能なことを意味し、そのためには、国の中で交通通信が可能でなければならない。ルワンダ国民の殆どが小農で、しかも全国的に散らばっているため、都市といえるほどの町はない。これはルワンダの社会的強みの一つであり、経済再建計画も、この社会構造を前提としてたてられているが、その場合、第一には国としての一体性を強化するために、第二には経済発展の刺激が全国的に波及し効率をあげるために、交通通信の整備はとくに重要ではないか。とくに一九六六年末の侵入事件（後述）の教訓からも、中央と地方との連絡の便をよくすることが必要である。しかるに現状は、週に二回首府と各県庁所在地とを結ぶバス便があるだけで、首府と地方のあいだには電信すらなく、郵便はこの週二回のバス便で運ばれている。

外国人社会ではルワンダ国内の交通通信整備の必要はまったく論じられていないが、これは、外国人は殆ど全部首府その他二、三の町に集中していて、ルワンダ内部に旅行する必要は少なく、また彼らは大抵自家用自動車をもっているため不便を感じないからである。しかしルワンダ人はこの週二回のバス便を利用するか、ヒッチハイクするか、歩くかするほかはない。首府で働くルワンダ人、とくに官吏の多くは地方出身の青年で、頻繁に帰省する習慣があり、これは家族の紐帯が強いことのほか、首府と地方とが密接な関係を保ち、国民の精神的、慣習的一体性を保持しうるという社会的利点があり、また薄給のルワンダ人俸給生活者にとっては、地方の実家から直接食料を補給する機会を与えているのであるが、こうした利点もバス事業が整備していないため失われてゆく可能性がある。政府の国民に対する連絡にはラジオが用いられるが、これは一方通行で、国民から政府への接触には役に立たない。郵便は欧州からキガリで配達されるまで二日しかからないが、国内では少なくとも一週間かかる。識字率の低いルワンダでは、国民の啓発を含めすべての連絡は見ることと、対話することによらなければならないが、そのためには地方の人が首府にき、首府の人が地方にゆくようにしなければならない。しかし国民が首府にくるのにはバスしかない。役人の出張は乗用車の借上げを必要とするが、これには予算の制約がある。経済再建計画は地方のルワンダ農民の自発的努力の動員を基本にしているが、国民の各員が新しい着想を得るためにも、彼らが頻繁に首府にでることが望ましい。

こう考えてくるとバス事業は、直接高利潤を生む経済的事業ではないが、経済発展の社会条件を整備する意味で、きわめて重要なものと思えてきた。しかもバス事業を整備すれば、それからくる副次的利益は大きい。資金の現送や小切手の取立ても早くなる。地方と中央との国庫金の移動も迅速化する。郵便と迅速化と出張がしやすくなることから行政能率が向上する。

こう考えてくると開発銀行の開業など待っておれない。必要なら中央銀行で推進しようと決心した。

坂西氏のまとめたバス公社の現状は惨憺《さんたん》たるものであった。

バスは一九六四年から六五年にかけて、三十七人乗りのものを十五台購入したものが、今は十二台残っている。このバスはドイツのマジルストラックを、ブルンディの工場でバスに改造したもので、一台二万ドルで納めている。走行距離計は全部故障、スターターのあるものは二台だけといった状態である。

バス公社の経理は一九六七年の売上げは約九百万フランにすぎない。保険料は政府から借入れて支払っており、修理費、タイヤ代は全額未払い、燃料も六カ月分未払いである。

当初の十五台のうち三台は完全に壊れ、今は十二台で八路線を週二回往復している。バス一台の一週間の走行距離は、長い路線で八百キロメートルである。料金は一キロメートル一フランで、売上げから逆算すると、平均一キロメートル当り六人の乗客があるという計算になる。ダイヤは乱脈をきわめていて、キガリを出発するのは大体ダイヤどおりだが、途中の停留所にはいつ停まるか終点にいつ着くかはまったくわからない。

私はバスの値段についてはまったく知識がなかったので、日本に問合せてみたら、キガリ渡しで、一万五千ドル見当ということがわかった。マジルスのルワンダ代理店は、政府がなにも知らないのをいいことにして、トラック改造のバスを二万ドルで売付けたのである。

償却費が高い、設備の稼動率が低い、部品が高い、タイヤが高い。ダイヤが守られていないから途中の乗客も少ない。これでは損をしないほうが不思議である。その反面これらの点を改善すれば、バス公社の経営は建直せるはずである。

一九六八年三月大統領に面会したとき、バス公社は再建可能と思うと述べたところ、大統領は非常に喜んで、ぜひこれを実行してもらいたいと依頼された。

この会談の直後バス料金が一キロメートル二フランに引上げられた。これはバス公社の経理を改善するため郵政大臣がとった措置であるが、バス公社の赤字の根本原因に手をつけなかったため、収入は一向に増加しなかった。

私と坂西氏とはバス公社再建の計画をたてた。まず路線は全部で十七本に増加し、バス一台一週間四日稼動、千五百キロメートル走行を基準にし、十七路線は月曜から金曜までは毎日一往復、土曜は往便、日曜は復便（帰省者用）とし、所要台数を二十台と計算した。毎日往復便が設けられることと、ダイヤの厳守とにより利用者が増えるとして、一キロメートル当り乗客数を十三人と仮定し、これから料金を一キロメートル一・五フランと定めた。これでバスの耐用年限を四年とみて、償却後若干の利益がでる勘定となった。

日産ディーゼル社に依頼して、バスの見積りを作ってもらったら、五十八人乗りで一万四千ドルとの回答がきた。

私はそこでマジルスのルワンダ代理店に、バスの見積りをだすようにいった。もし価格が安くないまでも、日産ディーゼルと同程度ならば、修理工場もあり部品もあるマジルスのバスを買うほうがよい、と考えたからである。ところが代理店は、前に納めたと同じバスを二万ドルと見積ってきた。そういう不真面目な見積りは政府に取次げない、と突返したら、しばらくして本物のバスを、一万六千ドルで見積ってきた。これを政府に取次いだが日本車より高いからと不採用になり、日産ディーゼル車が発注された。またバスの運転整備修理の指導のため、技術員の派遣も取決められた。

この間坂西氏は帰国し、バス公社再建の仕事は、後任の長田氏が引継いだ。ダイヤの最終決定、配車計画、それに切符の設計まできわめて多忙であった。

車を発注してから到着するまでのあいだに、十二台のマジルスバスは次々に壊れていった。そして新車が到着した一九六九年春には、八台に減っていて、修理をしながら辛うじて従来の便の半数を維持していたのである。

一九六九年四月、第一陣二台の新車が到着した。七月には二十台全部就航した。またこれより前に、山田俊朗君がきて準備に当っていた。

新バスを迎えたルワンダ人は狂喜した。ことに新路線が開かれた地方の人民の喜びようは大変なものであった。長田、山田両君の努力で、運転手の訓練とダイヤ厳守が徹底し、バスは毎日ダイヤどおりに正確に運行されるようになった。そのため乗客数は飛躍的に伸び、時には五十八人乗りのバスに九十人以上もつめこむことが起り、定員超過による事故が現実の危険となってきた。そこで一九六九年に十台、一九七〇年に十台追加発注され、今では四十台の日産ディーゼルバスが、ルワンダを正確に走っているのである。この定時運行はいまやルワンダ人のあいだにすっかり定着し、途中から途中の利用者も増えた。バス公社は乗客の著増で毎年収益をあげるようになった。

勿論この状態になるまでの、そしてこの状態を維持するための、長田、山田両君、そして山田君に代って、日本政府のルワンダに対する技術援助要員第一号、第二号としてきた真鍋泰雄、鈴木馨両君のご苦労は大変なものであった。英語もフランス語もろくにわからない程度の低い運転手、修理工を手真似、足真似で教育し、訓練し、監督するかたわら、最悪の道路条件で故障続出の車の部品発注や規格修正をやるのである。それに比べれば私の仕事などは苦労のうちに入りはしない。また、たった二十台という小さな商売であるにもかかわらず、この計画の意義を認められた、日産ディーゼルの原科社長の絶大な支援がこの成功にきわめて大きな寄与となったことを付言しなければならない。

しかし外国人社会でバス公社民間委譲の議論が強かったときに、バス公社を日本人顧問の指示に従って再建したルワンダ当局の努力もまた、高く評価されるべきである。成功ほど大きな奨励はない。バス公社再建の事実が、ルワンダ人のもっていた敗北感、劣等感を克服し、ルワンダ人に、自分でも努力すれば成功できるとの自信をもたせたのである。

Ⅷ　ルワンダを去る

家族とともにキガリを発つ

発展を阻むもの――外敵の問題

一九六六年四月の通貨改革が順調にすべりだし、コーヒーは減産になったものの、ルワンダ経済の悩みだった財政赤字も、チマナ蔵相、ムバルシマナ予算局長の努力で、同年九月までは銀行信用の増発なしに金融される態勢で推移したので、私は、今後は経済開発の措置を着実地道に推進してゆけばルワンダの経済再建は保証された、と判断した。ところがルワンダの現実はそんな甘いものではなかった。

一九六六年九月末、国際通貨基金の年次総会に出席の帰路、一カ月の休暇をとって日本に帰ったが、十月末キガリに帰任して飛行場でハビさんから、亡命長身族の侵入の報を受けたのである。この長身族の一団はブルンディからルワンダ南部のブタレ、ギコンゴロ両県の山嶽地帯に侵入し、二、三の村の解放を行ない、その後国防軍に追われて森林地帯に退避し、ゲリラ活動をつづけている、というのである。

国防省での情報では、今回は一九六三年の侵入とは異り、集団による首府への進撃戦に代え、独立以来中央政府要人の訪問を一回も受けたことのない地区に、ゲリラ的侵入作戦をとっており、前回のように進撃の道にある村での放火掠奪殺戮《さつりく》はせず、ただ「解放」地区で、人民の恨みの的となっていた村長と、区裁判所長を人民裁判による死刑という形で殺しただけだというのである。

また装備も前回の旧式小銃、自転車のフレームの鉄管から作った鉄砲、建設用鉄管から作った擲《てき》弾筒《だんとう》、弓矢、槍といった原始的なものでなく、自動小銃などを使っているとのことだった。

これらの情報からみて、今回の侵入は、事前にかなりよく計画され、準備されたものだということがうかがわれた。しかし私はこの武力侵入が、遠からず撃退されることに不安は感じなかった。国全体の治安と現政府に対する信頼からみて、二、三の村を除けば「解放」を受付ける土壌がないし、国防軍の当時の実力で充分早期鎮圧ができると思った。

しかし私はこの事件で、アフリカの不穏分子に対する先進国からの武器供給がつづくかぎりは、今後も国防軍を強化し、武力侵入事件を未然に防ぐ必要を痛感した。また今回の侵入地区がコーヒーのできない地方で、通貨改革の恩恵を直接受けていない地域であったので、ルワンダの奥地の村々までも、経済再建計画の効果をゆきわたらせることと、奥地と中央との交通を改善して、連絡を密にすることの重要性をあらためて認識した。

この事件は予想どおり二カ月で鎮圧されたが、これによる軍事費は当然予算を大幅に超過し、また不測の事態に茫然自失した予算局長は、他省の予算超過を制止する気力を失ったため、十二月の財政支出は巨額に達し、年度としては財政収入は予算を上廻ったものの、国庫全体としては二億七千三百万フランの大幅赤字となった。こうして経済再建計画第一年で、早くもその重要な柱である財政均衡が破綻し、外貨事情は再び苦しくなった。そのため翌年早々、国際通貨基金の資金援助を、さらに二百万ドル増額することを余儀なくされ、予定していた経済開発事業の金融も一年繰延べせざるをえなかった。

翌一九六七年はルワンダ経済は順調に推移するかにみえた。ところが七月、ルワンダに隣接するコンゴのキブ地方とキサンガニ地方に、外国人傭兵に指導されたコンゴ軍の叛乱が起った。この叛乱はコンゴのモブツ政権の打倒と、カタンガの分離とを狙うもので、明らかに外国勢力の指導と支援を受けた大規模のものであったが、キサンガニ地区の叛乱軍は、指揮官デナン（フランス人）が叛乱初期に負傷、ローデシアに空路入院したために中心を失い、比較的早期に鎮圧され、キブ地方はシュラム（ベルギー人）指揮下の白人傭兵百二十人、コンゴ（カタンガ）人千人の叛乱軍が、ルワンダのチャンググからルジジ河一つを隔てたブカブに立籠ることとなった。この叛乱軍は、討伐に向かったコンゴ軍五万を相手に数ヵ月抵抗したが、補給は、国籍不明機による落下傘投下によるものだけで、期待していたアンゴラやローデシアからの「義勇軍」の来援も実現せず、十一月はじめルワンダに退却し、武装解除のうえ抑留された。

この叛乱中、ルワンダとしては叛乱軍が飛行機による補給を増強するため、河一つ隔てたルワンダのチャンググ飛行場の占領を企てることが予想され、これを防止するために国防軍が国境に集中された。この際同年はじめに、一九六六年侵入事件の教訓で、私が軍事予算のうち不急不要の経費の大幅削減を見返りに、国防軍に勧めて購入した装甲車が、無言の威圧を叛乱軍に加えたのである。

コンゴの叛乱はこれで終ったが、ルワンダの外からの脅威はまだ終らなかった。それはコンゴがルワンダに対し、この抑留された叛乱軍将兵を犯罪人として引渡しを請求してきたからである。ルワンダは、コンゴも参加し賛成したアフリカ統一機構元首会議の決議を理由に、これを拒否したので、コンゴは国境に兵力を集中し、武力解決を仄めかしながら、強力な外交圧力をかけてきた。結局アフリカ諸国の支援によりルワンダの主張が勝ち、叛乱軍の将兵はそれぞれの本国に送還されたが、この一年余りの国境緊張と、コンゴから戦火を逃れてルワンダに流入した難民の収容とは、ルワンダの財政に再び重大な負担を課した。

とくに将来に禍根を残したのは、予算執行における秩序の荒廃と、軍の発言力強化による不急不要の費目の増大による、国防予算の膨脹であった。

予算超過を局限しようとするチマナ蔵相、ムバルシマナ予算局長の努力は、各省に次年度予算引当てに発注をする悪習を一般化させ、その結果一九六七年には一億フラン、一九六八年末には三億フランの累積政府未払いを生ずることになるのである。

軍事費中の、不急費目膨脹の問題はもっと複雑である。ルワンダの将校は実兵指揮に専念し、兵站《へいたん》や経理の事務はベルギーの軍事顧問に委せていた。これらベルギー将校は、外地手当、僻地手当と恩給、叙勲の年限かせぎにルワンダにきており、自分たちのルワンダ滞在をいかに快適にするかを関心事としていた。その結果、兵舎建設予算が士官宿舎に食われるということとなり、飲料水も乏しい基地で兵舎予算を流用して、水泳プール建設資材を購入するなどの事例が起ったのである。

発展を阻むもの――人の問題

途上国の一番乏しい資源は、能力ある人である。そしてその対策は、教育の促進と、外国からの技術援助にあると広く信じられているが、これにも重大な限界があるのである。

まず教育であるが、多くの途上国では大学教育は勿論、中等教育、高等教育すら外国語ができなければ、これを受けることは不可能なのである。ルワンダでは小学校ではルワンダ語で教育が行なわれるが、ルワンダ語で書かれた教科書は一冊も存在しないのである。中等学校、高等学校は、補助教員養成校一校を除いては、全部キリスト教各種教団が運営を委託され、教育はフランス語で行なわれている。大学は、カナダとベルギーが経費の大部分を援助している国立大学と、国際連合が援助している高等師範学校があるが、授業は勿論フランス語である。しかし高等学校卒業生の優秀なものはベルギー、フランス、ドイツ、ロシアなどの給費留学生となって、外国で大学教育を受ける。

中等学校以上は寄宿舎制度で、生徒は政府の負担で宿舎、食事、教育を受けるのである。運営を委託された教団が富裕なら教団からの補助があり、なかには宿舎の掃除も、寝具の片付けも使用人がやっている学校もある。大学に入ると個室を与えられ、月四千フラン（一万二千円）の小遣いまで支給される。月四千フランは、高等学校卒業の官吏の俸給が六千フランであることを思えば、食事も宿舎も政府持ちである大学生が、いかに優遇されているか明らかであろう。それなのに彼らは、個室の錠を変えた、試験前の準備期間を短縮したなどの理由で、ストライキをやり集団暴力を振う。彼らの一人に、なんでストライキをやっているかと聞いたら、「ストライキをするのは民主的だ」という答えだった。離婚率という、いわば不幸指数の高いことで婦人解放度を測定する評論家のいる国からきている私は、ストライキ数で民主主義の高さを計る彼らを笑うことはできないが、乏しい国の乏しい国民からの税金で、一般国民より高い生活水準を享受している彼らが学生の本分を棄ててストライキをしている矛盾は、どうにも腹立たしいものであった。

欧州各国の大学への留学生は、当初の年次は優秀であった。しかしその後世界に拡がった大学の質の低下と、学生の政治化の傾向に加え、受入れ諸国が、途上国の人の問題の解決策として受入れ留学生の数を拡張したことに、さらに留学生の質の低下と、アフリカ学生集団の出現に伴う勉学努力の後退のため、一九六七年の卒業生からは、別人種と思われるくらいの質の急速低下がみられた。

このような教育からどのような大学卒業者が期待されるだろうか。少年期から甘やかされ、国民大衆より高い生活を受けることを当然の権利と思う傲慢な特権意識をもった人間しかできるわけはない。しかも彼らは少年期から寄宿舎に入れられ、外国人僧職者の指導下におかれたため、ルワンダの現実からは完全に隔離され、それに対するなんら身についた知識はないのである。従って外国の大学で勉強した原理や技術をルワンダに適用して、ルワンダの発展に貢献することができないのである。

彼らはルワンダに帰ってきて官界に入れば、制度上課長（月俸一万一千七百フラン）になることを保証されているが、本人たちは運がよければ大臣、普通で次官、少なくとも局長になることを期待しているのであって、その望みが満足できないと衆を頼んで、現職の大臣や上級官吏の排斥運動を行なう。こういった空気では、学卒者は上級者の排斥運動、学歴のない上級官吏は保身運動、仕事をしている下級官吏は昇進の機会が狭くなるので士気低下、ということになり、行政機構の能率は向上しないのである。

先進国による技術援助は、途上国の人の問題の一時的解決に寄与することは疑いない。しかしルワンダの現実では、技術援助はその効果がきわめて限定されており、一部には有害ですらあった。まず本質的に方針のない技術は不毛である。ところがルワンダ人と外国人との対話の不在から、政府なり大臣なりからその方針を示してもらえる技術者は皆無に近かった。そこで良心的な技術者は、自分の主観で方針を仮定して働くことを余儀なくされていた。しかるに彼らは方針を考えるような教育も経験も見識も持っていないので、彼らが仮定した「方針」なるものは不適当なものが多かった。このようなことが各所で行なわれる結果、国全体としては地域により、事業によりバラバラの方針が併行して実施され、まったくの無統一の状態であった。国の経済政策の方針についてはっきり指示を受けたのは私一人ではないかと思う。そして中央銀行の権限が金については絶対だったので、これら技術者の相談を受けた際、同じ方針に各事業を方向付けることができたのは幸いであり、こうして私は各方面によき協力者を若干得た。

欧州各国では、今日なお国民に兵役の義務がある国が多いが、青年に戦争反対の気運が拡がっている情勢に対処して、フランスやベルギーでは青年たちに兵役に代えて途上国の技術援助にいく道を開いている。この制度で大学卒業後ただちにルワンダにきたベルギー人がかなりおり、青年の頭脳の活用方法としては面白い制度であると思った。しかし彼らのうち真面目な者、頭のよい者にとっては彼らを指導する先輩がいないのは致命的なことであった。彼らは実社会の経験がないうえに、やや理想主義的なところがあり、理論の適用に急で現実を見る眼が甘く、なにかを企画しても、ルワンダで長く働いて、法規をくぐる悪知恵だけは発達している外国人商人にとっては穴だらけのザル立法しかできなかった。私は彼らのうちから二人の有能な協力者を得たのであるが、彼らは、自分のそのような欠点を認めていて、なにか企画するときはまず構想について相談し、法令案ができると私のところへ持ってきて、抜穴の発見を頼んでいった。

こうして私は少数の有力な協力者も得たのであるが、「技術」援助員の大多数はなんの役にも立っておらず、有害ですらあった。私は彼らの汚職について書くつもりはない。汚職はかなりあったが、それはどこの国にもあり、ルワンダで私がこれを多数目撃したのは、彼らの悪事が、私にもわかる程度の幼稚なものであったせいかもしれない。

役に立たない技術援助員は、国籍を問わず派遣機関を問わず存在した。国際通貨基金の技術援助でも、私を含め六人が前後してルワンダで勤務したが、中央銀行にきた一人は重大な命令違反を犯したため私が解任した。大蔵省にきた顧問三人のうち二人は、本国ではまともに働いたのであろうが、ルワンダでは役所に顔もださず、一人は遊び歩き、一人は家で愚痴話に時を送っていた。

ベルギーは旧宗主国だった関係から、技術援助が多かったので、役に立たない技術援助員の数も多かった。それはベルギーの予算の制約があるため、ルワンダの希望を相当削っても、ルワンダに送らなければならない技術援助員が多すぎるので、彼らに充分な俸給を支払うことができなかったためと思われた。それに独立前の植民地官吏の、独立後の雇傭問題の解決策として、これを技術援助で吸収したことと、独立前からの白人住民でルワンダの滞在をのばすため技術援助に応募する者が多かったことも、技術援助の質を悪くしたのである。彼らは「技術」援助員といっても殆ど技術らしい技術も、知識も持っていなかった。

一例をあげれば一九六八年末まで、国税局長は旧植民地官吏のベルギー人であったが、彼の学歴は獣医学校卒業だけである。これがルワンダの国税の最高権威なのである。こんなのは一例にすぎず、独立前の監獄の看守が外務省の会計課長を一九七一年まで勤めていたし、道路工事の監督が建設省の顧問として道路計画の立案をしていた。こんな連中のたれをとっても本国で満足に働いて妻子を養える能力のある者はいなかった。彼らは、役所では帳簿付けなどの事務をしていたが、その仕事は、ルワンダ人にもできる程度のものであった。しかし彼らはそれ以上の仕事はできないのである。従ってルワンダ人に仕事を教えることは、自分の職を失うことになるので、ルワンダ人には一切その仕事にふれさせない。その代り口だけは大きなことをいい、ルワンダ人の無能力怠惰ぶりを、機会あるごとに宣伝し、自分がいなければ役所の事務は潰れてしまうかのような印象を与えることは怠らない。しかも情けないことには、白人に対する植民地時代からのコンプレックスで、ルワンダ人までが彼らの宣伝を信用するのである。

彼ら技術顧問は白人であることがすなわち技術があることだと確信していて、能力のないこと、所管でないことにまで勝手な意見をいう。しかも外国人社会の一員であるからその誤った判断、見当違いの意見は、善意は多分に持っていても経済には暗い外交団や僧侶に信じられ、反復宣伝される。彼らは援助国の善意に反して、ルワンダにおける植民地的思想と体制とを存続させ、ルワンダにおける人の問題の解決にはなんの貢献もなさず、かえってルワンダ人自立の日を遠ざけているばかりでなく、無能による損害をルワンダにかけているのである。

ベルギーの名誉のためつけ加えなければならないが、一九六六年着任したベルギーのデヘナン大使は、自国の技術援助員の質の悪いのを憂慮し、技術援助員の兼業禁止等綱紀粛正の措置をとり、一方ヴァンデヴァルはじめとくに悪質な者の整理を行ない、本国に進言して有資格者の派遣に努めた。これは在留ベルギー人社会における彼の人気を高めるものではなかったが、その努力が一九六八年頃から実を結び、ベルギーの技術援助員の質の向上はいちじるしいものがあった。

蔵相更迭

人の問題で、私にとくに影響があったのは蔵相の更迭である。チマナ蔵相は独立運動の指導者のうち大学教育を受けた知識人で、独立以来蔵相の地位にあり、ルワンダに対する市中銀行の誘致、ブルンディとの通貨同盟の廃棄、中央銀行の設立、北方路の開拓等を実行した、アフリカでも珍しい実行力のある人で、長くカイバンダ大統領の片腕として活躍していた。彼はベルギーはじめ友好国にも受けがよく信用されており、大蔵省の技術顧問からも尊敬され、真に大臣として自分の省を統率していた。それだけに敵も多かったが、財政金融の第一人者としての威信で、彼の地位は不動の観があった。しかし大統領のスイス人顧問フライ氏は、チマナ氏をルワンダにおけるベルギーの植民地勢力の支持者とみていて、ルワンダが真に独立するため、またルワンダとスイスとの友好関係推進のため、彼を失脚させねばならないと宣伝していた。とくにトラフィプロがスイス援助の使い残りの資金を消化するため輸入したウイスキーに対し、援助の範囲外の輸入として関税を課したこと、一九六五年のトラフィプロの営業利益に、法人税を課したことをとりあげ、フライ氏はチマナ蔵相の処置が正当であったにもかかわらず、これをスイス援助敵視の行為ととり、チマナ反対の策動を強化した。フライが対抗馬として推したのはバガラガザ計画大臣である。

ところがチマナ蔵相は大統領の指示に対し忠実に通貨改革を実行したが、内心これに非常な不安を感じ、通貨改革は服部が計画したと公言していた。もっとも彼は服部を総裁につれてきたのは自分だとつけ加えることも忘れなかった。通貨改革の成功を見て彼は自分の判断に迷いをもつようになったのか、一九六七年からは、前のように仕事に熱意をもって打込む態度は薄れてきた。

このため彼の地位の基礎だった金融財政の第一人者という威信は衰退しはじめ、予算交渉での彼の主張に公然と抵抗する大臣もでてきた。彼の威信が完全に失われたのは一九六八年の予算交渉が決裂し、内閣不統一に怒った大統領が私を議長とする財政均衡委員会を設立して、予算の編成と予算準則の作成を命じたときである。自信を失ったら政治家はおしまいである。予算編成権を失った大蔵大臣は無力である。しかも彼が仕事に熱意を失い、役所に出勤するのが間遠になるにつれて、省内の綱紀は紊乱《びんらん》しはじめた。とくにヴァンデヴァルは疑いをもたれる行動が多く、世間の非難を招いた。この頃から大学卒業者のあいだでもチマナ排撃運動が活潑化し、とうとう大統領もチマナ蔵相を免職して、代りにザナナ氏を任命した。ここに政府はチマナ氏の実力と経験を失うに至ったのであるが、新しく蔵相となったザナナ氏は到底その任に堪える人物ではなかった。彼はベルギーの一流大学をでた法学士であるが、彼が大学で習ったことは自己弁明の詭弁《きべん》だけではないかと思われた。彼の考えでは大臣はなんでも決定できるということらしかった。彼は財政均衡委員会の提案した予算準則を無視した。予算の次年度繰越禁止の法律の条文を無理に「解釈」で曲げて、実力者大臣の予算繰越を認めた。政府に納める食料品の入札に不正があった、というアラブ商人の中傷を信用し、調査もせずにその入札の無効を宣言した。それでも彼が大臣の職責に明確な考えをもっておれば、これらのことは青年の熱意による勇み足として理解できようが、彼の自分の職責に対する考えは次の話でわかると思う。

一九六九年末、国際通貨基金との年次協議があった際、基金調査団が一九七〇年の国庫の資金繰りと、その国際収支に対する影響とについて質問したのに対し、彼は傲然と胸を張って「あなたがたは一体私を誰だと思っているのですか。私は大蔵大臣ですよ。私は予算を作り、これを執行し、税金をとる。国庫の資金繰りや、国際収支のことは中央銀行の仕事だから総裁に聞きなさい」と答えたのである。

彼がせめて部下を掌握し、よく働かせる器量があればまだよかったのであるが、彼は猜疑心《さいぎしん》が強く、敵か味方かの眼でしか人を見られなかったので、大蔵省の士気は地に落ち、能率は急速に低下した。

このような人物が大蔵大臣になったため、財政均衡への進行は大きく停滞し、予算編成執行の面で実現された僅かな進歩も、一転して一九六六年の出発点に戻ったのである。

発展を阻むもの——天候と国際市況

一九六八年から一九六九年にかけて、ルワンダは長雨という異常天候に見舞われた。そのためコーヒーの実りが悪く、食料品も不作であった。加えて低迷していたコーヒーの国際市況はルワンダ・コーヒーの輸出期に底に達した。このため、外貨収入の大幅の減少が予想されるに至ったのである。加えて大蔵大臣は無経験無知のザナナ氏で、予算がうまく執行される見通しは暗かった。私は迷った。政府の支出が予算内に収まる可能性は、少ないばかりでなく、その超過額の予想も困難である。それに加え、コーヒーの輸出価格の低落から、輸出税収入は大幅に予算を下廻る可能性が大きい。その結果、国際収支は大幅の赤字となることは間違いない。この事態に対処して大幅の政府支出削減と、コーヒーの生産者価格の引下げを勧告し、私が計画していたルワンダ人商人のための自動車輸入と、倉庫建設を繰延べるべきかについて大いに悩んだ。

しかし私は、結局同年中には国際通貨基金の特別引出権（SDR）創設が承認されて、一九七〇年一月一日にルワンダに対し、二百五十万ドルのSDRが配布される見通しであること、一九七〇年のコーヒーは豊作とみられること、コーヒーの国際市況も今が底と思われることを考慮して、一時の逆境で経済再建計画という長期政策を変更すべきでないとの結論に達した。

このため生産者価格を維持するため、コーヒー局は多額の価格補助金を支払い、中央銀行も利子割戻しの形で協力した。

結局同年の財政は三億フラン近い赤字となり、国際収支は一億九千万フランの赤字を計上し、外貨準備も四億三千九百万フランと最低水準に落込んだ。

さいわいSDRが翌年一月予定どおり配布されたので、一九七〇年は外貨繰りの問題はなく、また同年のコーヒーは、通貨改革以来の労が実を結んで、記録的な豊作となり、さらに国際市況の好転で、外貨収入は激増したので、結果的には私の行動が正しかったことになるが、一九七〇年五月までは、私としては心労の月日であった。

しかし私が強調したいのは、天候と国際市況とにより、ルワンダ経済が深刻な打撃を受けたのは、私の六年の滞在中一九六九年一回だけであることである。一般に途上国の直面する障害として、その経済が天候と国際市況の変動に抵抗力がないことがあげられている。これはルワンダにおいても正しい。現実に六年のあいだ殆ど毎年私は食料生産が充分であるかの問題に悩まされたのである。しかし結果は一九六九年を除いては、長期経済計画の実行速度の変更を考えなければならない程度になったことはない。

私はルワンダの短い六年間でもって一般を論ずるつもりはない。ルワンダは特殊の場合であるかもしれないし、たまたま私の経験した六年間が、気象的に幸運な時期に当っていたかもしれない。しかし私はそれにもかかわらず、途上国にとって天候や国際市況の問題は重要ではあるが、勤労と叡知と信念によって解決される面は多いのではないかと思う。そして途上国にとってその発展を阻む最大の問題は人にあると考える。

一九七〇年——経済再建計画成果の第一年

一九七〇年にルワンダ経済は爆発的な生産の増加をはじめとして、一九六六年以来の経済再建計画の成果がはじめて実を結んだ。ここで通貨改革実施後一九七〇年までの経済の推移をふりかえることにしよう(表参照)。

まず経済の基礎条件の安定についていえば、消費者物価は世界的な物価上昇にもかかわらず、一九六七年から一九七〇年までの三年間に五パーセント(年平均一・五パーセント)しか上っていない。通貨改革の際定められたルワンダ大衆の消費物資二十品目の最高価格は、その後一回も改訂されていない。現実の価格がつねにこれら最高価格を下廻っているのである。この国民大衆の消費者物価の安定は、国際通貨基金の指導によって通貨改革をした他のアフリカ諸国と最も異る点であって、ルワンダの通貨改革が物価安定を大きな目標として現地の実情に対応する措置がとられたことが、大きく寄与していると思われる。

外貨面では国際通貨基金から通貨改革と同時に五百万ドルの資金援助を受け、翌年さらに二百万ドルの追加援助を受けざるをえなかったが、一九七〇年末までに二百万ドル、一九七一年には三百万ドル返済し、現在ではルワンダの金払込出資分に相当する二百万ドルだけとなっている。この通貨基金の資金援助のおかげでルワンダの外貨準備は苦しくはあったが、通貨改革後の五年間、経済再建計画の遂行に大きな支障をきたすことはなかった。そして一九七〇年末には外貨準備は千万ドルを超え、通貨基金等に対する負債を差引いた対外純流動資産負債は百万ドルの資産超過となったのである。

この国内物価と外貨事情の安定のうえに、経済活動の大幅な拡大が実現されたのである。一九七〇年の輸出入は一九六六年の二倍に上っており、また国内商業活動指数は一九六七年に比べ、三七パーセント増大している。生産の増加はめざましい。コーヒーは一九六五年に比べて四四パーセント増加し、植民地時代の水準を突破した。茶は四倍弱となった。錫鉱石は一割弱の増加、タングステン鉱石は四倍強となっている。これらはすべて統計が確実なものであるが、統計の信頼度のないほかの農産物でも、米、小麦、砂糖、野菜など従来生産されなかったものの生産が軌

	1964	1965	1966	1967	1968	1969	1970
V　財政（国庫受払）							
一般会計支出	-660	-837	-1, 322	-1, 375	-1, 507	-1, 697	-1, 757
特別会計支出	-57	-80	-102	-80	-64	-78	-113
予算支出合計	-716	-917	-1, 424	-1, 455	-1, 571	-1, 775	-1, 870
租税	281	254	324	378	421	460	494
関税、消費税	156	283	736	755	788	742	1, 319
その他	56	82	111	118	114	112	130
臨時収入	42		2	4		108	
収入合計	535	619	1, 173	1, 255	1, 323	1, 422	1, 944
予算外収入	56	-104	- 9	-55	- 3	66	-19
差引受払超	-125	-401	-260	-254	-252	-287	55
地方財政官現金増減	-60	53	- 6	- 3	30	40	- 4
差引資金過不足	-185	-348	-266	-257	-283	-247	51
国債増減	108	98	492	141	158	130	278
中央銀行政府貸付増減	78	250	-226	116	125	117	-329
VI　キガリ消費者物価				100	101	102	105
うち現地産食品				100	109	116	129
商業活動指数				100	111	116	137
VII　銀行制度保有対政府債権純額							
銀行保有国債	380	708	-994	1, 171	1, 330	1, 531	1, 322
政府関係諸預金	(1) ＋74	-28	(2) -127	(2) -256	(2) -292	(3) -167	-184
差引純債権	454	680	867	915	1038	1364	1138

注(1)通貨交換資金の国庫預託　(2)米国援助見返資金、ベルギー援助見返資金が大部分
(3)同年米国援助見返資金より108の国庫納付が行われたことによる減少

	1964	1965	1966	1967	1968	1969	1970
VIII　租税							
農民税	212	174	161	160	166	156	172
法人税個人事業税	(27)	(39)	(75)	(101)	(125)	(154)	(148)
勤労所得税	(15)	(21)	(52)	(59)	(76)	(81)	(91)
その他	(7)	(8)	(16)	(27)	(26)	(34)	(44)
所得税	49	68	143	187	227	269	283
不動産、自動車税等	8	8	14	20	16	20	26
その他	3	3	6	11	11	15	13
合計	273	254	324	378	421	460	494
IX　関税、消費税							
輸出税			(197)	(189)	(167)	(142)	(508)
輸入税			(324)	(350)	(396)	(390)	(521)
消費税（ビール）			(195)	(191)	(198)	(184)	(242)
その他			(21)	(25)	(25)	(26)	(43)
合計	156	283	736	755	788	742	1, 319

1966年から1970年までのルワンダ経済（単位：100万フラン）

	1958/9平均	1964	1965	1966	1967	1968	1969	1970
Ⅰ　生産								
（トン）								
コーヒー	13, 700	8, 100	10, 200	8, 738	10, 127	12, 055	11, 894	14, 729
茶	100	320	340	324	321	635	944	1, 268
除虫菊		345	470	417	458	1, 613	576	419
錫鉱	1, 579	1, 897	1, 972	1, 780	2, 169	1, 852	2, 211	2, 156
タングステン鉱	143	154	232	355	611	663	655	1, 005
Ⅱ　国際収支（受払）								
輸出			(751)	(1, 206)	(1, 482)	(1, 613)	(1, 504)	(2, 458)
輸入			(-653)	(-1, 247)	(-1, 534)	(-1, 852)	(-2, 062)	(-2, 361)
貿易尻			98	-41	-52	-239	-558	98
貿易外			-57	121	221	- 5	305	-35
援助受取			88	96	285	381	337	667
政府受払尻			-209	-362	-401	-269	-270	-317
誤差脱漏			27	-91	81	5	- 1	25
外貨受払尻			-52	-276	134	-126	-188	438
IMF 取引			—	500	100	100	-100	152
外貨増減			-52	224	234	-26	-288	590
短期債務増減			-80	-609	-58	-17	98	-162
対外純資産増減			-133	-385	175	-44	-190	428
Ⅲ　銀行制度綜合貸借対照表								
現金通貨		(568)	(844)	(898)	(1, 031)	(987)	(1, 091)	(1, 238)
預金通貨		(568)	(536)	(571)	(747)	(871)	(1, 082)	(1, 364)
通貨流通高		1, 136	1, 380	1, 469	1, 777	1, 858	2, 173	2, 602
外貨残高		(347)	(295)	(519)	(753)	(726)	(439)	(1, 029)
——IMF 引出				(-500)	(-600)	(-700)	(-600)	(-500)
——SDR 配布								(-252)
——その他債務		(-83)	(-163)	(-272)	(-230)	(-148)	(-150)	(-160)
対外純資産		264	132	-253	-78	-121	-311	117
対政府信用		454	680	867	915	1, 038	1, 364	1, 138
対民間信用		66	136	207	240	245	319	610
その他資産		352	433	648	701	697	802	737
Ⅳ　国債残高内訳 永久国債（中央銀行）				500	500	500	500	500
国庫債券		108	206	198	339	385	465	566
うち銀行保有		(108)	(186)	(198)	(259)	(265)	(347)	(452)
貯蓄機関及び民間			(20)	—	(80)	(120)	(118)	(114)
開発公債						112	162	339
うち銀行保有						(28)	(30)	(45)
貯蓄機関及び民間						(84)	(132)	(294)
中央銀行貸上金		272	522	296	412	537	654	325
合計		380	728	994	1251	1534	1781	1730
うち銀行分		(380)	(708)	(994)	(1, 171)	(1, 330)	(1, 531)	(1, 322)

道に乗り、農業生産の増加が決して輸出産品に限られていないことを示している。

ルワンダには信頼できる国民所得統計はない。しかしこのような主要生産の著増に加え、輸入制限のない状態で輸出入がそれぞれ倍増したこと、物価安定のまま通貨流通高が七〇パーセント増加したこと、税率据置のままで法人税個人事業税と勤労所得税の税収が、それぞれ九七パーセントと七五パーセント増加していることなどを考えあわせれば、ルワンダの通貨経済は通貨改革第一年の一九六六年から一九七〇年のあいだに、少なくとも六〇パーセント経済規模が拡大したと断定して差支えないと思われる。かりに一九六六年のルワンダ経済の中での通貨経済の比重を三分の一と見れば、この期間における経済成長率は年率六パーセントと推算されるのである。

なお一九七〇年の経済の諸計数は爆発的増加を示しているが、一九七一年もコーヒー生産一万六千トン、輸出二十二億フラン、輸入二十七億フランという数字が示すように、決して一年限りのものではないことを付記しておこう。

しかしルワンダ経済のこの量的拡大も重要であるが、その質的な発展はある意味ではさらに重要である。経済再建計画がルワンダ国民の福祉増進を窮極の目標としていたから、国民大衆を外国人に隷属化させるような経済の量的発展は無意味であるからである。

一九六六年から一九七〇年までの農業の発展は、生活向上を願う国民の大部分を占める零細自作農家の、自発的努力で達成された。そして彼らの努力の対価は、農村での服装の改善で見られるとおり、消費面の向上にも一部使われているが、住宅の改善、農地の拡張改良、農具の購入等の形で着実に蓄積されていっているのである。

ルワンダ人商人の発展ぶりがめざましいことは前に書いたとおりである。彼らの数は年々増加し、活動分野は拡がり、繁栄している。彼らの進出により、従来外国人に独占されていた高利潤の経済活動の分野に、ルワンダ人が参加することとなり、独占的利潤の低下と外国人の取分後退が進行している。

外国人の経済活動も正常化の方向にある。政府は外国人商人征伐をやったことはない。しかし競争の奨励、独占的仕振りの監視をつうじて正常化を推進しているのである。これにより、真面目な働きをしないで利益をあげることはますます困難となっている。一例をあげれば、コーヒーの輸出業者は一九六五年七社あったのが、加工場をもたない四社は逐次手を引き、現在は加工場をもっている三社だけとなっているのである。ルワンダ人商人の進出によって、ルワンダ人相手の小売業から手を引く外国人商人がある一方、ルワンダ人商人との関係を積極的に開発して、彼らに対する卸売で業績を大幅に拡大している外国人商人もいる。商業の独占的利潤の低下に伴って、木製、鉄製家具等の小規模の工場に転換する外国人商人もでてきた。

ルワンダの経済発展の質的内容を示すものとして不動産所有をあげよう。途上国の多くでは民間外資導入による経済発展の方針をとったため、都会の不動産の大部分が外国人の手に渡っている。しかしルワンダではキガリをとっていえば、現在二百近くの商業店舗の半数以上がルワンダ人の所有である。また外国人の住んでいる賃貸住宅の六割はルワンダ人所有なのである。ケニアの首府ナイロビやウガンダの首府カンパラの商業用店舗のそれぞれ二割、二割五分のみが国民所有であるのに比べれば、ルワンダ経済の質的発展の意義は明らかであろう。

任務終了、帰国す

はじめに書いたように私は、一応五カ月の契約でルワンダに赴任した。この任期は通貨改革実行のため逐次更新されたが、通貨改革の一応の成功が確認された一九六七年には、私は同年末で総裁をやめて帰国するつもりでいた。同年五月、ビララ君がハビさんの後任として副総裁に任命されたので、後任の問題はないと考えたのである。しかし大統領はどうしても経済再建計画が定着するまでいてくれといったので、私は任期の一年延長を承諾したが、その後毎年同じことがくりかえされ、ついに一九七一年一月まで六年間、ルワンダに勤務することになったのである。私が早く帰国したがっていたのは決してルワンダがいやになったわけではない。また総裁としての仕事がなくなったからでもない。いわんや日本に、日本銀行に早く復帰したいからではない。

中央銀行という重要な国の機関は当然その国の人が総裁とならなければならない。外国人が総裁となるのは特別の必要がある場合に限られ、その特別の必要がなくなったとき、ただちに国民から総裁を任命すべきであるというのが私の考えであった（これは国際通貨基金もまったく同意見であった）。それではその特別の必要とはなにか。中央銀行の運営はそんなにむつかしいことではない。これが国民にできないようでは、独立国の資格がないといわれてもしかたがない。技術面は外国人技術者を傭えばよいのである。ところが中央銀行を新しくつくるという仕事は、特殊の能力を要することである。一般的にいってこの「組織する」という能力は途上国に欠けていることが多い。

私は自分のルワンダ中央銀行総裁という任務を、大統領の依頼でこの任務はルワンダ中央銀行とルワンダの通貨制度を組織することに限定していた。着任後間もなく、大統領の依頼でこの組織するという仕事が終ったら、私は身を引くべきで、出来上った組織の運営はルワンダ人に任せるべきであると考えていた。組織する仕事と運営する仕事とは観念的に分けられても、実際にはいつ組織する仕事が少なくなって運営する仕事が多くなったかを判断することはむつかしい。また私が職にいるかぎりは、新しく組織する仕事は、際限なく見つけられるのである。また人の常として、自分がいなくなればやっていけるだろうかと思いがちなものである。それだからこそ私としては、外国人が中央銀行総裁となっていることの異常さをつねに自覚し、国民出身の総裁実現という正常復帰を一日も早くするよう心がけるべきだと思い、一九六七年以来、毎年帰国を申出たのである。

ふりかえってみて、経済再建計画の成果がまだ現われないうちに、一九六九年深刻な経済危機に見舞われたとき、私が総裁の地位にいたことは、経済再建計画を守っていくために役に立ったと思い、それまで疑いをもちながらも留任を承諾してきてよかったと思う。しかし、一九七〇年、経済危機の後始末が終り、しかも経済再建計画の成果が現われるに至ったので、もはや私の任務は終り、ルワンダ人総裁に席を譲るときがきたと判断した。とくに前年の短身族解放党の大会で、各地からきた多数の代議員によって、討議の結果採択された綱領で、経済再建計画の内容となっていた事項が全部採択されたことは、経済再建計画の基礎となった考えかたが、ルワンダの政治の方向として定着したことを示していた。

私が辞めると聞いて、ルワンダ政府は熱心な留任運動を始め、私はこれを振切ることがじつに辛かった。政府の人の多くは私が去ったのちも、中央銀行がうまく運営されるかを心配していた。私は「安心してくれ、六年間私と一緒に仕事をしてきたビララ君がいるから」と答えることにしていた。しかしある日、引継書を持ってザナナ蔵相の官舎にいったとき、たまたま来訪していた大統領を前にしてザナナ氏は、「あなたのあとをビララが継ぐことになるが、ビララ君で本当に大丈夫か、彼があなたと同じように中央銀行を運営できると思うか、本当のところをいってほしい」と聞いた。大統領の前では嘘はいえない。私は答えた。

「人間たれでもうぬぼれがあるから、その質問に対して、後継者が自分と同じようにできるという人はいないでしょう。なるほど私は、二十数年の銀行経歴をもっていて、その点では私はビラ君よりは優れているでしょう。しかしなんといっても中央銀行は国民のもので、国民を知っていなければうまく運営されるものではない。この点ビララ君は、ルワンダ人である点で外国人である私より有利です。しかし中央銀行の運営自体をむつかしいものと考えてはいけません。ことに現在十億フランを超える外貨を保有しているときこそ、少々の危険を冒してもルワンダ人総裁に引継ぐべきだと思います。ネルソン提督が部下の艦長たちに、『君たちが自分の艦を敵に近づけ、大砲を打ちつづければ大きな過ちを犯すことはない』と訓示したように、何事も本質はきわめて簡単なのです。ルワンダ中央銀行についていえば、『疑わしいときはノーといいつづければ大きな過失を犯すことはない』ということになります」

私は六年間、ルワンダ人とは広く深く接触したが、その場合つねに一線を画することは忘れなかった。おだてに弱い人間の常として、だまされること、好悪親疎の感情で判断を誤ることを惧れたからである。私は自分に対するルワンダ人の親愛の表現も一切、私の地位に対するものとして心の中では拒否しつづけた。ところがいよいよ私が本当に帰ると知れわたったときのルワンダ人の反応は意外であった。大臣たちはじめ官吏、商人、村長までが別れを惜しみにきてくれた。彼らの夫人たちはあわてて籠やビーズ細工の槍などの民芸品を手作りして家内に持ってきた。ルエンゲリ、キブンゴ、チャンググ、キブエの商人から手紙がき、民芸品を送ってきた。一番心をうたれたのは、バス公社の会計課長が、私が帰国してから木彫りの額を送ってくれたことだった。近く帰国する私に対する、このルワンダ人の惜別の行動を見て私は、従来私に対して示した彼らの親愛の情が、本当のものであると認めざるをえなかった。そうしてそれを、どうせ地位に対するものだろうと、頑なに拒否していた自分の心情をかえりみて、彼らに申訳ない気がした。

政府は送別会を私の家でやりたいといってきた。荷造りをしているから困るともいえないので承諾したが、これは大統領が非公式に出席することにより、私宅に対する大統領訪問をもあわせ

自宅で行なわれた政府の送別会でカイバンダ大統領より勲章を授与される

て行なうためであった。政府の送別会は外交団も招かず、ルワンダ人だけが出席することにより、ルワンダ人が私を送る趣旨を表わしたが、例外としてバス公社の鈴木、真鍋両君と中央銀行の外国人顧問全部が招かれ、ルワンダ側の細かい心遣いがうかがわれた。

この送別会での大蔵大臣の送別の辞のなかに、次の一節があった。

「あなたは、ルワンダ国民とその関心事とを知るため、（外国人の）クラブや協会や、滞在期間が長いという理由で、当国の事情を知っていると僭称《せんしょう》する人たちから聞きだすことをせず、直接ルワンダ人にあたって聞かれた。他の多くの技術援助員の考えかたや、その作業を毒する偏見にわずらわされることなく、あなたはルワンダ人に相談してその意見を聞いた（中略）。あなたの基本態度は、ルワンダ国民のために働くのであるから、まずルワンダ人にその望むところを聞かなければならないということでした」

この送別の辞の大部分を占める、私の業績に対する讃辞には、私は感動はなかった。職務を立派に遂行することは俸給に対する当然の対価であって、あたりまえのことをしたからといって讃《ほ》められることはない。しかし私のルワンダとルワンダ人を理解しようとした努力を、ルワンダ人が理解してくれたことは、私の大きな喜びであり、私に対するルワンダ人の信頼が、単に外国人崇拝とか地位に対する盲信によるものではなく、自分たちを理解しようとしている異国人の努力に対するものであったことを知った。

その頃カイバンダ大統領の懺悔師《ざんげし》を独立以前から勤めていたジュメップ師から手紙をもらったが、そのなかに「われわれ外国人に対してあなたが教えてくれたことは、ノーといってもルワンダ人と友人になれるということでした。あなたはたびたびノーといいましたから」という一節があった。

こうして私は、ルワンダ滞在の最後の一月になって、自分にルワンダ人の友が多数できていたことを発見し、じつに後髪を引かれる思いでルワンダを去ったのである。

六年間をふりかえって

私のルワンダの六年間はじつに私にとって実りの多いものであった。まず一国の経済再建を企画することは、まことに男としての欣快《きんかい》事である。しかも私はその計画の実行に積極的に参加し、その成果を見る幸運に恵まれたのである。自分の仕事が三百万の人の幸福に直接つながるという実感をもって働けることは、これほど幸福なことはない。

日本に帰ってからよく、働き甲斐のある仕事だったでしょうといわれる。たしかにそうだったが、私として一番よかったのは、毎日なにかを学び、学んだことを実施に移す生活、反射的な行動は許されず、たれも相談する相手もなく、一人だけで考え、行動する生活だったような気がする。

ルワンダ人の信頼は大きな喜びの一つであった。面識のない新来の私に対し、一夜の会談で経済再建計画の立案を一任した大統領の信頼はいうに及ばないが、数次の危機や一部外国人社会からの排撃工作にもかかわらず、一貫して私を信頼してくれた大統領はじめ政府の要人には、感謝の言葉もない。また拙い私の助言を信用してくれたルワンダ人商人、ブタレとルトンゴ両村の村長の信頼もありがたいことであった。

中央銀行の外国人顧問の心からの協力も、私のルワンダ滞在の大きな喜びであった。クンラッツ君はじめ当初の顧問団のほか、シュナイダー君に代ったゲナ君、ゲナ君に代ったジョバン君（前からいたジョバン君とまぎらわしいので、前からいたほうを口ひげジョバン、新しいほうを顎《あご》ひげジョバンと呼んで区別した）、モメンス君の一代おいての代りバーテンス君、ヴァンデンボガール君の代りのデブラース君、口ひげジョバンの代りの中国人甘君らが、みな職務を超えて協力してくれた。彼らのほか二名いたが、一人は泥酔して夜病院に乱入したため、他の一人は重大な命令違反をしたため罷免した。しかし名をあげた人たちは私によく協力してくれたばかりでなく、国籍を超えて団結し、ルワンダ中央銀行の信用を高めてくれた。

充実した家庭生活ができたのも大きな喜びであった。私は赴任の際あちこちで、子供はつれてゆくのか、教育はどうするのかと聞かれた。私は教育に関する親の責任は、進学路線の確保等は末梢の問題で、成人してからの人生でどんな困難に遭遇しても、正面からこれにとりくんでこれにうち克つという人間的強さを、あらゆる機会をとらえて子供につけてやることだと考えているので、非常な危険でもないかぎり家内は勿論子供も同伴するつもりでいた。キガリのベルギー人学校に入って当初は子供たちは相当苦労したらしい。しかしルワンダにきてから二年目で、成績も上位にゆくようになったときは、子供をつれてきて本当によかったと思った。私は席次を問題にしているのでもなければ、学習した内容を問題にしているのでもない。言葉という絶対的障害でも、努力によって克服しうるということを子供たちが体験したことが、なによりもの成果だと考えているのである。

さいわい一家四人は六年間、私が一回熱を出したのと、歯の手術をしたほかは、たれも一回も病気にかからなかった。しかし家族の健康を守るための家内の努力は大変なものであった。その苦労の一例をあげれば水である。急拡張をつづけるキガリの需要に水道局の能力が追いつかず、断水は毎日のことであった。高台にある私の家では水がでるのは一般の使用が止まる夜中であった。そのため夜中に風呂桶やバケツに水を溜めておいて、翌日の用にあてるのである。この水道の蛇口をひねると、ダニの浮いた水がでることがしばしばであった。ときには川の赤い水が濾《こ》されないままでてきた。この水は自宅でわかしたうえ濾過器《ろかき》で濾して飲料水、炊事用水にあてるのであるが、家人の健康にかかることであるので、ボーイに委せず家内が水に関する仕事は全部自分でしたのである。

妻が使用人の監督、水の心配などの苦労に堪えられず、娯楽と知人の欠如のため、うさばらしもできない不満から、主人に当りちらしたり、飲酒にふけったり、ひどいのは情事にふけったりするという不幸な家庭がルワンダの外国人社会には多く、途上国における外国人の働きのための、妻の大きな役割が痛感された。

私は戦《いくさ》に勝つのは兵の強さであり、戦に負けるのは将の弱さであると固く信じている。私はこの考えをルワンダにあてはめた。どんなに役人が非能率でも、どんなに外国人顧問が無能でも、国民に働きさえあれば必ず発展できると信じ、その前提でルワンダ人農民とルワンダ人商人の自発的努力を動員することを中心に経済再建計画をたてて、これを実行したのである。そうして役人、外国人顧問の質は依然として低く、財政もまだ健全というにはほど遠いにもかかわらず、ルワンダ大衆はこのめざましい経済発展を実現したのである。途上国の発展を阻む最大の障害は人の問題であるが、その発展の最大の要素もまた人なのである。

〈増補1〉

ルワンダ動乱は正しく伝えられているか

最近の報道への疑問

最近連日、新聞、テレビなどで、ルワンダの動乱に伴う大量難民の情況が報道されており、その悲惨さはまさに目を覆うものがある。私は一九六五年から七一年まで中央銀行総裁としてルワンダに勤務し、当時のカイバンダ大統領の依頼で経済再建計画を立案し、その実施によってルワンダが発展の緒についたのを見届けるという、非常に充実した六年間を過ごした。その後世界銀行に勤務した後もルワンダに関する情報は常に追っていたし、また、一九八一年と八七年の二回、ルワンダ政府に招かれて同国を訪問し、あの貧乏なルワンダがここまで発展してきたかと、その繁栄ぶりに驚嘆したのである。

アフリカ最低の貧困国として、先進国や国際機関から見捨てられていたルワンダを、国際機関からもアフリカ発展の模範例として評価されるアフリカの中位国までに発展させたのは、第一にルワンダ庶民の勤勉な努力によるものであるが、その罪のないルワンダ人が多数戦乱で死傷し、家を失い、戦乱を逃れて隣国に避難し、避難先でも、飢えとコレラその他の病で次々に死んでゆく惨状は見るに堪えない。このルワンダ人の惨状の事実を国際社会の意識に鮮明に訴えたメディアの功績は評価すべきであるが、この悲惨な事態の因ってくるところについての報道、分析、解説については、納得できない点が多い。

ルワンダを離れてからも、ワシントンや東京を来訪するルワンダ要人は必ず私を訪ねてルワンダの近況を伝えてくれたが、なんといってもルワンダを去ってから二三年の年月がたっており、最近のルワンダの事情をよく知っているわけではない。また、爆死したハビャリマナ大統領とは、私のルワンダ滞在当時からの家族ぐるみのつきあいで、個人的な感情が交わる可能性もある。

しかし、私の滞在中に見聞きしたことや、ルワンダと、ルワンダと同様な種族構成の隣国ブルンディとの独立当時からの歴史などを考え合せると、どうも『ニューヨーク・タイムズ』や『ワシントン・ポスト』など米国東北部エスタブリッシュメントのマスメディアの分析、解説および報道姿勢には、ひどく公正さが欠けているように思われる。また、日本のメディアの報道にしても、ルワンダは遠い国であるので外国メディアに情報を頼ることはやむをえないが、事実の分析まで『ニューヨーク・タイムズ』などの鵜呑みが多く、自主的で冷静かつ客観的な判断が欠けているように思う。国連安全保障理事会の常任理事国就任の動きなど、日本の国際的役割強化の気運がある今日、わが国が国際的にその責務を果たすためには国際情勢についての冷静な判断がとくに必要となるので、ルワンダ問題報道に対する私の疑問を述べることとした。

タンザニアのダルエスサラームでのルワンダ周辺諸国の首脳会議の帰途、ともに国内多数種族のフツ族出身のルワンダ、ブルンディ両国の大統領の搭乗機が、四月六日、ルワンダの首府キガリの空港に着陸直前に爆発し、両大統領が死亡したのに触発されて、キガリを中心にフツ族の大暴動が起こり、ツチ族を主として多数の人が殺害され、ツチ族は攻撃を避けて、隣国ブルンディやタンザニアなどに避難した。殺害されたその数五十万人、大部分はツチ族であると報道されている。この数字はこの種の報道の常として誇張（ツチ族は人口七百五十万の一〇ないし一五パーセントであるから、ツチ族の半数近くが殺害されたことになる）があるとしても、多数の犠牲者が出たことは確かである。

メディアで紹介された映像の惨状は正視できないもので、国際世論の反撥は当然である。国内少数種族であるツチ族の指揮する反政府「愛国戦線」の軍隊は、大統領機爆発後、ただちに出動して政府軍に攻撃を加え、ついにフランス軍が設定した西南部の安全地帯を除いて、全国を支配するに到った。この戦闘の過程で、フツ族のツチ族に対する攻撃は激化した一方、「愛国戦線」軍の国内進攻につれて、「愛国戦線」軍を恐れて住民の圧倒的多数であるフツ族の大量逃走が始まった。

国連難民高等弁務官当局の推定によれば、七月二十一日現在、難民の数はフランス軍の設定した安全地帯を主とする国内に百九十万、西の隣国ザイール（現・コンゴ民主共和国）に百六十万、東のタンザニアに四十六万、南のブルンディに十四万、北のウガンダに一万で、総数は人口七百五十万の半数以上の四百十一万と推定され、国外の難民だけで二百二十一万に上る。

とくに、ルワンダの西北部に接するザイールのゴマの町の付近には、百二十万と推定される難民が溢れ、飲み水と、食料の不足に加えて、コレラや赤痢も発生し、衛生・治療設備も医薬も要員も不足のため、多数の死者が続出している情況である。ルワンダ南西部のフランス軍の安全地帯では「愛国戦線」の進攻はないため、住民の大量逃亡はなく、他地方の難民も吸収しているので、ルワンダ南西部に接するザイールのブカブで受け入れた難民は二十万にとどまり、ゴマほど深刻な問題は起こっていない模様である。

ルワンダと隣国ブルンディの人口はともに、長身のツチ族が人口の一〇パーセント強、フツ族が九〇パーセント弱、その他少数のツワ族から構成されている。両国は第一次大戦まではドイツの植民地、第二次大戦まではベルギーの委任統治領、第二次大戦後はベルギーの信託統治領であったが、ドイツもベルギーも在来のツチ族の王を介しての間接統治を行なっていた。

ルワンダでは、一九五七年フツ族の解放を目指す結社が二つ誕生したが、一九五九年王が死去し、伝統を無視した手続きで後継者が定まり、その混乱もあって、ツチ族支配の強化を目的とする結社が結成され、フツ族の指導者の暗殺とツチ族に対する報復が頻発し、ついにツチ族支配に反対する暴動が全国的に起こり、六一年の国連監視の国民投票の結果、王制は廃止され、六二年、フツ族のカイバンダを大統領として独立した。

一方、隣国のブルンディでは、六二年に王国として独立し、六六年、ツチ族が支配する軍のクーデターによって、ツチ族出身の軍人大統領の共和国となったのである。

ルワンダの五九年の暴動の際、全国的にフツ族によるツチ族の殺害があり、ツチ族が多数、ブルンディ、タンザニア、ウガンダ、ザイールに亡命した。六三年、王政復古を狙う亡命ツチ族がブルンディから進攻し、首都キガリの十四キロメートルに達したところで漸《ようや》く撃退されたが、これを契機にフツ族暴徒による残留ツチ族に対する攻撃が始まり、かなりの死傷者が出、ツチ族の逃走が再開した。

私が国際通貨基金から正式にルワンダ中央銀行総裁にならないかとの話を受けたのは六四年末で、このようなルワンダの事情をはじめて知ったのは、着任の途中、ワシントンでの国際通貨基金と、ブラッセルでのベルギー当局との打合せの際で、これは大変なところに行くと思ったのである。

しかし、着任してみると、中央銀行の幹部はほとんどツチ族、政府も、閣僚も数人はツチ族、政府や政府機関の高官にもかなりの数のツチ族がいた。とくに驚いたのは、着任後間もなく、先王の王女がルワンダを訪問したが、民衆の歓迎ぶりが熱狂的だったことで、国内での部族対立の気配は私にはまったく感じられなかった。

だが、当然のことながら亡命ツチ族に対する警戒感はかなり強いものがあった。一九六六年秋、再びブルンディからの亡命ツチ族の武力侵入があり、その後も二回にわたり小規模の武力侵入があり、大事に到らず撃退されたが、その際に残留ツチ族に対する大規模の迫害はなかった。また、私のルワンダ在勤中、ツチ族の閣僚や高等官僚も若干の更迭はあったが、ツチ族が完全に締め出されることはなかった。

ウガンダ支援の偏向報道をした米メディア

『ワシントン・ポスト』、『ニューヨーク・タイムズ』などは、「愛国戦線」があたかも正義の軍であり、フツ族が無条件に悪いといった報道姿勢をとっている。もちろんツチ族の大量虐殺は許されるべきことではない。

しかし、そもそもことの起こりは、一九九〇年来のツチ族支配の「愛国戦線」軍がウガンダから武力進攻したことに端を発している。「愛国戦線」軍はウガンダで組織され、兵員の訓練も武器の調達もウガンダ国内で行なわれたことは当時の各国の新聞が報じている。さらに、当時の「愛国戦線」軍の指揮はツチ族のウガンダ陸軍のフレッド・ルウィゲマナ少将がとっており、現在は同じくウガンダ陸軍のポール・カガメ少将がとっていて、その他多数のウガンダ陸軍将校が参加している。

ウガンダには、かつてルワンダでハビャリマナ大統領に対するクーデターに失敗したフツ族の、元ルワンダ軍のアレクシス・カニャレングウェ大佐が亡命していて、「愛国戦線」に参加しているのに、ウガンダ軍の将校が「愛国戦線」軍の指揮をとるのは、その主力はじつはウガンダ軍であるからではなかろうかとの疑問が当然起こる。

この最初の「愛国戦線」の進攻の際、アフリカ諸国ではこれをウガンダによる隣国への武力進攻と見て、国境不可侵のアフリカ統一機構の憲章違反として反撥し、タンザニア、ザイールその他のアフリカ諸国はルワンダの要請に応じて援軍を送り、ベルギーも同国人保護を名目に出兵した。また、ハビャリマナ大統領からミッテラン大統領への要請により、フランスも派兵したのである。

「愛国戦線」がウガンダ政府の支援するものである点については、アメリカのマスコミは沈黙を続けてきたが、「愛国戦線」の勝利が確実になってから、七月二十五日の『インターナショナル・ヘラルド・トリビューン』紙は、「愛国戦線」はウガンダのムセベニ大統領がアドバイスを与えている、との米国ダートモア大学学長のニコラス・カスファ教授の『ニューヨーク・タイムズ』紙への寄稿をはじめて転載した。ウガンダ政府の関与ははじめから自明のこと、少なくとも疑われてもよかったことであったのに、なぜこれまで『ニューヨーク・タイムズ』はじめアメリカのメディアが沈黙してきたか、まことに不思議である。少なくともウガンダ支援の偏向で不公正な報道態度をとったとの批判は免れないであろう。

大統領機爆破は「愛国戦線」のしわざ？

アメリカの報道を信じれば、「愛国戦線」は軍紀厳正で、非戦闘員の殺傷は極力避けているかのように思われる。これはルワンダ、ブルンディの民族構成と、歴史を無視した見解である。両国では長年少数種族のツチ族が支配階級であった。その支配が多数のフツ族により脅かされるときに支配階級がとった手段は、フツ族の指導者とその家族の処刑、または、虐殺による恐怖政治である。そのことは、独立直前のルワンダで大規模に行なわれ、また、ツチ族支配が独立後も続いているブルンディでは、私のルワンダ滞在中も、フツ族指導者の暗殺、逮捕、処刑があり、一回は競技場での公開大量処刑すらあった。

また、ブルンディで、はじめて多数種族のフツ族大統領が就任した後間もなく、ツチ族支配の軍にフツ族を入れる改革に着手した直後、就任四ヵ月でツチ族軍人に殺害され、それに触発された暴動が、十万人のフツ族犠牲者を出して鎮圧されたことでも見られるように、この恐怖政治は今日まで続いている。

今回のルワンダでの一九九〇年の武力進攻以来、地方で人望のあるフツ族の指導者とその家族は多数暗殺されている。私の知人の家族でも、長年村長を勤めた人望のある父親と、母親、結婚して第二子妊娠中の末の妹とその主人および第一子、それに妻の母親までが虐殺されたのである。「愛国戦線」の正規軍によるものではないかもしれないが、「愛国戦線」サイドが関係していないとは信じがたい。政敵はともかくとしても、罪のない妻子、幼児までも虐殺する非道を弾劾しない世界のメディアの態度は不可解である。これらの事件は、ルワンダ側から外交ルートをつうじて各国政府に伝えられているが、なぜか、メディアに黙殺されている。

フツ族によるツチ族の大量虐殺は許しがたいものである。しかし、報道されたようにこれがルワンダ政府の計画的ツチ族抹殺の犯行であるかどうかは疑問だ。

一九六三年の亡命ツチ族の進攻の後、国軍がまだ若く、兵員も少ないことを憂慮したルワンダ政府は国民に、難民の武力進攻に対し、国民全部で抵抗するよう呼び掛けたのである。今回もルワンダでは、「愛国戦線」の目的はツチ族支配の復活であるとみられている。しかも一九九三年の「愛国戦線」とルワンダ政府との和解協定で、「愛国戦線」軍とルワンダ軍の統合が合意され、それにより「愛国戦線」軍の一部はキガリ近辺のカチラ・レメラ地区に進駐したのであるが、これは、「愛国戦線」が武力で進出できなかったところまで外交交渉で進出を許したものとしての不安と、全国に配備されたルワンダ軍が国の中心部のキガリで分断されたとの危機感から、ルワンダ側が万一の場合は全国民による抗戦を準備するよう呼びかけたことは、容易に想像される。

ともにフツ族出身であるルワンダ、ブルンディ両国の大統領の搭乗した飛行機が着陸直前に撃墜されたことは、ツチ族の支配する「愛国戦線」のしわざと見て、激昂した大統領親衛隊と民衆が暴徒化して、政府が茫然自失の状態のなかで、ツチ族と「愛国戦線」寄りと見られるフツ族要人に対して攻撃を開始したと見ることが自然ではなかろうか。積もる怨念と恐怖が爆発したときの民衆の凶暴さは、フランス解放後のドイツ協力者に対する攻撃、関東大震災の自警団による朝鮮人虐殺、近くはロサンゼルスの黒人暴動を想起すれば、今回のツチ族虐殺も同じパターンを辿っていると思われる。もしそうであれば、大統領爆死後の虐殺は政府が命じたとするのには、もっと確実な証拠がない限り断定できないのではなかろうか。

また、民衆は政府によりあらかじめ武装されたといわれるが、殺傷に使われた「武器」はほとんどマシェット（野刀）であって、これは鍬とともにルワンダのどの家庭でも常備している器具であり、政府によって支給したものではないから、ツチ族抹殺のために政府が民衆をあらかじめ武装したということには疑問がある。

一方、ルワンダ、ブルンディ両大統領搭乗機の撃墜は、「愛国戦線」側はルワンダ軍の反大統領派の行為としているが、これはただちには信用しがたく、「愛国戦線」のしわざと考えるのが自然であるのに、メディアは終始この点に沈黙してきた。しかし、最近フランスの『リベラシオン』紙が独自の調査結果として、撃墜に使用されたと見られる携帯ミサイルもその使用技術も、ウガンダ軍にはあってルワンダ軍にはないことから見て、ツチ族側のしわざである可能性が高いとの記事を出したことを、七月三十日の『インターナショナル・ヘラルド・トリビューン』紙は報じている。

撃墜直後のキガリからの連絡では、撃墜時に空港付近に対する砲撃があって、空港に近い大統領の私邸にも着弾し、大統領夫人の安否がわからないとのことであったし、また、撃墜後ただちに「愛国戦線」軍がルワンダ軍に攻撃を開始したことから見ても、「愛国戦線」軍の計画的行動であるとの疑いが強い。

平和に共棲していたツチ族とフツ族に何が起こったのか

メディアの報道は、フツ、ツチ両種族の関係を、あたかもそれぞれ居住地域が別の二種族が憎しみあい、争っている部族関係として捉えているように思われるが、ルワンダ、ブルンディ両国でのツチ、フツ両種族の関係はいささかこれと違う。両国とも長いあいだツチ族の王が支配する国であり、少数派ツチ族はいわば貴族の地位にあり、多数派フツ族は隷属的地位にあったが、その隷属関係も、当初はツチ族の土地を借りてその牛を飼う権利の代償にフツ族がツチ族に種々のサービスを提供するという、いわば契約的なものであったようである。

また、昔の王制は成文法はなかったものの、厳たる慣習法が整っていて、フツ族が極端に迫害されることは少なかったようである。

さらに、フツ族のうち勇猛な住民が住んでいたルワンダの西北部のルエンゲリ、ギセニ地方は、ツチ族の入植を禁じる一方、同地の首長の長男は宮廷に呼び寄せ、王子たちと一緒に教育し、成人したとき、王女を娶《めと》らせて故郷に帰すことで、有事の際の軍隊の忠誠を確保するなどの巧妙な方策をとっていたようである。

このフツ族の有力者にツチ族が娘を嫁がせることはかなり広範に行なわれていて、私がその理由をフツ族の人に聞いたら、フツ族懐柔の手段という答えを予期していたのに、ツチ族の女性は躾《しつけ》が良いからとの答えだった。これから見ても、ツチ族とフツ族との関係は決して憎しみ合う関係ではなかったと思われる。カイバンダ大統領の夫人も、ハビャリマナ大統領の夫人もツチ族である。ルワンダでも、ブルンディでも、ルワンダの西北部を除いて、ほぼ全国的にツチ族とフツ族とは平和に共棲していたのである。

しかし、植民地時代、王政をつうじての間接統治は必然的にツチ族の支配を強化する結果となり、従来入植が禁じられていた西北部へのツチ族の進出が始まって、多大の摩擦を起こし、また、一般に、ツチ族の有力者は隷属するフツ族の人民にだんだん無理なサービスを強要するようになり、時には隷下フツ族の妻女と公然と情を通じることすらあった。

また、植民地政府が行なう道路建設の公共事業の賦役もツチ族の首長がフツ族にやらせていて、そのため農耕にも差し支えることがしばしばあった。とくに、牛を飼う権利や牧草地の一方的な取り上げなども行なわれるようになって、旧来の契約的隷属関係は奴隷関係に近くなっていた。しかし、ツチ族全部が土地と牛とを多数持っていて、フツ族に管理させていたわけではない。これら下級のツチ族は自分で土地と牛を管理しているか、公務員などの給与生活者として暮らしていて、フツ族とは隣人として平和につきあっていた。とくに小学校のツチ族教員は、村のフツ族に敬愛されていた。したがって、フツ族の不満は、当初はツチ族の有力者の横暴、とくに、苛酷な賦役と、土地と牛とに対する権利の不安定などが主で、そのほか、政府の官職がツチ族にほぼ独占されていること、中等以上の教育が事実上フツ族には閉鎖されていたことなどで、ツチ族全体に対するもの、あるいは王制そのものへの反対ではなかったようである。

一九九〇年来「愛国戦線」は数次にわたりウガンダから進攻を繰り返したが、ルワンダ北東部の一部よりは深く進攻できなかった。今回「愛国戦線」がルワンダのほぼ全土を制覇できたのは、和解協定によりキガリ近郊に進駐したためルワンダ軍が分断されたことと、ルワンダ軍の弾薬が尽きたことによると思われる。一九九〇年の進攻迎撃戦以来、弾薬輸入はルワンダの国際収支の大きな負担となっていた。これにひきかえ、「愛国戦線」はウガンダから豊富な軍需品の補給を受けていたのである。この点からもルワンダ政府が民衆を武装する余裕はなかったと思われる。

民主主義が忘れられてはいないか

メディアは、今回の動乱はフツ、ツチ両種族の抗争と捉えていながら、明らかにツチ族に同情的である。しかし、ツチ族の勝利は少数種族が多数種族を支配する非民主的体制ができることを意味する。どうも、メディアの態度は、フツ族は悪いことをしたのだから当然だという考えらしいが、フツ族全部がツチ族の殺戮に参加したわけではなく、一部の犯行のため、罪もない多数のフツ族が少数種族の支配を受けなければならない体制の成立を応援することは、民主主義を信じるものにはできないはずである。ここに、旧宗主国のベルギー人入植者のあいだに根強くもたれている、ツチ族が優秀でフツ族は劣等なのでツチ族の支配は当然である、との人種偏見の影響が見られるような気がする。

私のルワンダでの実感では、そのような優劣はかりにあっても、種族の別によるものではなく、個人の資質と教育によるものである。しかし、情けないことに日本人でもこの偏見をそのまま信じている人がかなりいて、人種偏見に耐えてきた日本人の過去を忘れたかと問いたくなる。「愛国戦線」は、自分たちはルワンダ人全体の政府を目指していて、ツチ族支配などを考えていないと宣伝しており、アメリカのメディアはこれをそのまま信じて、その証拠として、大統領、首相にフツ族を立てていることを挙げている。西欧的な民主主義の体裁が整えば民主主義が実現したと思うのはメディアの甘さではないだろうか。副大統領兼国務大臣に「愛国戦線」指揮官でウガンダ軍将校のカガメが就任したことは異例であり、ツチ族指揮官が軍を完全に掌握する意図を示している。ブルンディで独立以来ツチ族が少数種族でありながら三十年間政権を維持できたのは、軍を掌握していたからで、国際世論を考慮してフツ族の大統領を任命した後も、間もなくこれを殺害し、実権はツチ族にあることを誇示したのは昨年のことである。

このようなことがルワンダで起こらないと断定するのは危険である。現に米国メディアは、新政府の実力者はカガメであると認めている。また、「愛国戦線」を支援しているウガンダのムセベニ大統領は、ウガンダで種族融和政策をとっているから、新政権にも融和政策をとるよう指導するであろうとカスファ教授は書いているが、第一に、ムセベニ大統領はクーデターで政権を奪った人であり、およそ民主主的な政治家にはほど遠く、また、他国の内政に干渉することの是非も問題である。さらに、民主主義は政府の正統性を確保する政治方式であり、どんな政府でも、国民の大多数の支持がない政府は、正統性がない。ザイールに逃亡したルワンダ難民は二百万を超えると言われている。また、当初、米国の批判にもかかわらずルワンダ南西部に安全地帯を設定したのはフランス軍。その後、国連と米国の要請で、八月二十二日に撤退期限は延長されたが、すでに安全地帯の住民と難民とのザイールのブカブ地区への避難が始まっており、国外難民の数は国民七百五十万の半数を優に超えるものと予想される。

「愛国戦線」は、これはルワンダ政府の避難せよとの呼び掛けによるものと言っているが、「愛国戦線」も帰還の呼び掛けをしており、難民はこれを信用せず、「愛国戦線」を恐れて逃げたものであることは間違いない。つまり、現在のところ、「愛国戦線」は国民の大多数に恐れられているのであって、国民の支持のない、非民主政権なのである。他国から武力侵入して政権を握ったのだから、国民が信頼せず恐れるのは当然だろう。

「愛国戦線」の真の目的とは

ツチ族虐殺を命じた者およびそれを実行した者は、許すべきでなく、逮捕し、裁判し、処罰しなければならない。しかし「愛国戦線」が主張するのは、これら犯人を「愛国戦線」に引き渡し、「愛国戦線」で裁判し、処刑するとのことで、これは第二次大戦後の勝者が敗者を裁く戦争犯罪者裁判の方式である。

裁判というからには、公正でなければならないが、勝者が敗者を裁くこと自体公正ではない。また、第二次大戦後の戦争犯罪裁判で見られたように、公正な証拠調べが行なわれる可能性はきわめて低く、裁判開始前から有罪と決められている結論に法的な衣を着せる儀式となりやすい。とくに、虐殺を命じた政府の責任者と実行した犯人を三万人引き渡せとの「愛国戦線」の要求は、法的な形でフツ族の指導者を抹殺し、軍の支配と併せてフツ族の隷属を恒久化することを狙ったものと疑われる。

フランスがその管理地域内での政府要人、ルワンダ軍将兵を、「愛国戦線」ではなく国連に引き渡すと言っているのは、まことに妥当な態度である。

「愛国戦線」の目的は、専制的なハビャリマナ独裁政権を打倒して、ツチ族、フツ族の別のない全国民の幸福を推進する民主国家を樹立することと称しているが、これははなはだ説得力がない。なるほどハビャリマナ政権の末期には、前カイバンダ政権の末期と同様、長期政権に伴う弊害が出てきていたように思う。私の友人で、運送業を営み資産家になったが、明白な理由も示されないで監禁され、その後釈放されてウガンダに移住した者、政府の高官で退職後ウガンダに移住した者、自動車修理工から身を興し、輸入車の販売と修理で富豪になったが、現在はウガンダに移住して商売をしている者などがいて、おそらく権力者の収奪を逃れてのことと想像している。また、この権力の悪用をしているといわれたのは、カイバンダ政権のときと同様、大統領夫人の親戚などの側近者である。

長期政権だったカイバンダ政権の末期には、大統領個人は依然清廉であったが、その周辺に夫人の親戚を中心とする取り巻きができ、大統領に忠諫《ちゅうかん》するような古い友人を遠ざけ、大統領側近の地位を濫用して資産家をおとしめ、その財産を収奪することが行なわれた。ハビャリマナ政権が長期化したのに伴い、同様なことが行なわれていた可能性は高い。従って、国内にハビャリマナ政権批判の運動が起こり、政党結成の自由化とともに、政党が乱立して改革運動が活潑化したのである。また、国外でも、ハビャリマナ政権を批判し、民主化運動をするフツ族出身者も少なからずいる。

このような背景でウガンダで結成された「愛国戦線」には、一九五九年以来亡命したツチ族、ハビャリマナ大統領のクーデターで失脚したカイバンダ大統領の亡命者、ハビャリマナ側近からおとしめられた亡命者などが参加しているが、実権はウガンダ軍のツチ族将校が握っている。

しかし、一九九〇年の「愛国戦線」の武力進攻に際しては、国内改革を目指す諸党派の大部分は一致して政府支持に回ったことから見て、国内改革諸党派に「愛国戦線」支持者が多いとは思えない。また、ウガンダには私のルワンダ滞在当時十万人のルワンダ人が在住していたが、これらのウガンダ在住ルワンダ人が革命前後亡命したツチ難民のルワンダ武力侵入の計画には参加しなかったように、今回もこれらウガンダ在住ルワンダ人が多数「愛国戦線」に参加しているとは思えない。

これらの点から、「愛国戦線」は決してルワンダの民主政権樹立を目的としたものではなく、ウガンダ軍人であるツチ族とその少数の同調者が、ツチ族政権を武力で樹立することを目的としている疑いが強い。

カイバンダ派でフランクフルトに亡命しているシイランムベレ・バラヒンニュラは「愛国戦線」の執行委員会の委員であったが、同氏は、一九九〇年の「愛国戦線」の武力進攻後、次の要旨の「愛国戦線」との絶縁宣言を発表した。「自分はフツ族解放を実現したカイバンダ大統領の功績を認めることと、ハビャリマナから政権を奪取するのに武力を使用しないことの二点を執行委員会で主張した。しかるに、『愛国戦線』のツチ族幹部は、執行委員である自分に進攻の意図を秘匿して武力進攻した。これで、『愛国戦線』は自分たちフツ族幹部を民族融和の看板に利用しているだけで、その真の目的はツチ族の武力による政権奪取であることが明らかになったので、『愛国戦練』と絶縁する」というのである。この絶縁宣言は一九九一年五月、新聞発表文として公表されたが、「愛国戦線」の本質を知るうえできわめて重要な意味を持っているこの宣言を、なぜかメディアは報道していない。

大国の影

八月一日、あるテレビ番組でのルワンダ情況放送に際し、フランス製装甲車の残骸を映して「ここにも大国の影が見える」といって、あたかもヨーロッパの大国フランスがアフリカの内戦に介入しているかのように聞こえるコメントをしていたが、これはきわめて不公正な報道だと思った。ルワンダがフランスから装甲車を買っていたのは私のルワンダ滞在時からのことで、その後も買っていたと思われるから、フランスが今回の動乱への介入で持ち込んだとは断定できない。かりにそうであっても、政府軍の武器がフランス製であることを指摘するならば、「愛国戦線」の武器はどこからきたかをも指摘しなければならないはずだ。

「愛国戦線」は武器・弾薬の優位で勝利を得たのであり、その武器・弾薬は、ウガンダに製造能力はなく、また、累積債務に苦しんでいる現状では自力で調達する能力はないと思われるから、どこか他の国から供与されたものであるはずで、そこにこそ大国の影が見えるのではないだろうか。

「愛国戦線」はフランスがフツ族の味方をしたと非難し、アメリカのメディアもこれに同調しているが、そもそも国連は他国の武力侵略を禁止しており、それを犯してウガンダから侵入してきた「愛国戦線」に対する防戦のために、フランスは当時の国際的に認められていたルワンダ政府の要請に応じて派兵したのであり、これを非難することは筋違いと思われる。

また、ルワンダ西南部に安全地帯設定のためフランス軍が進駐したときも、「愛国戦線」は虐殺犯罪者を保護する介入と非難し、アメリカのメディアもこれに同調する論説を掲げ、ザイールの非民主的モブツ政権の梃入れになるなどとの批判をしたものである。

このような批判の中でフランスは、住民の保護が目的であるとして国連の支持を取り付けて進駐を断行したが、これによりその地域は他のルワンダ各地からの難民を吸収したため、隣接のザイールのブカブ地区への難民の流入は緩和され、ゴマ地区におけるような難民の大量流入にともなう飢餓やコレラの大量発生の悲劇は避けられたのである。また、ゴマ地区でも、難民の悲惨な情況が報道されていて、国連とフランス政府が救援を呼びかけても他の諸国は何もしないときに、ひとりフランス軍だけが民間ボランティアとともに難民救助活動をしていたのである。

悪意ある批判にもめげず、自らの信ずるところを断行するという、これこそがまさに大国のとるべき態度であり、他国の批判ばかりを気にしてびくびくしていながら経済大国といい気になっている国の見習うべきところではないかと思う。

日本が行なうべきこと

ルワンダおよびその周辺で起こっている悲劇に対しては、わが国としては遠い国のこととは考えず、人道的見地から難民救助に積極的に協力しなければならないことは言うまでもなく、政府が遅蒔きながらこれに動きはじめたことは喜ばしい。わが国の難民救助に当たっては、次の諸点を考慮する必要があると思われる。

第一には、今から長期戦を覚悟すべきである。難民問題の理想的な解決は、難民の故郷帰還であるが、帰還難民の安全を保証するとの「愛国戦線」の約束を信用しない難民にまで、帰国を強要することは、早く救援活動を片付けたいという援助側の都合だけを考えたもので、難民の自発的意思を無視した無責任なエゴである。私のとっている日本の新聞では報道されていないが、八月二日の『インターナショナル・ヘラルド・トリビューン』紙は緒方貞子国連難民高等弁務官が、「愛国戦線」首脳と会見後、「彼らは口では良いことを言っているが、自分は、本当にすべてが良いと完全に納得するまでは、難民たちにルワンダに帰れとは言うつもりはない」と言ったと伝えている。米国政府や、国連職員の難民の早期帰還促進の意向にもかかわらず、自己の判断と良心に従った発言は、彼女の慧眼と勇気からでたもので、まことに敬服に値すると思う。難民の大多数はおそらく一九九〇年来のフツ族指導者とその家族の度重なる暗殺を「愛国戦線」のしわざと見ており、また、隣国ブルンディでのツチ族政権のフツ族支配の恐怖政治手法を知っており、虐殺の命令者と実行者とを裁判にかけ処罰すると言う「愛国戦線」の方針の真意は、フツ族指導者とその家族を抹殺することだ、と疑っている可能性が強く、ツチ族が権力を握った政権を恐れているのではないかと思われる。従って、わが国は緒方難民高等弁務官の見解を支持して、長期救援体制を取るべきであると思う。

第二には、政府は難民を受け入れている周辺国の地域での救援活動を行なうことを考えている模様で、これはまことに時宜を得たものである。難民を受け入れている地域はいずれも貧困地帯で、難民受け入れのため非常な混乱と、多大の負担を強いられているのであるから、その負担を少しでも軽減し、難民も住民も救済できるよう派遣自衛隊の活動を不当に制約しない配慮が必要と思われる。

第三には、派遣自衛隊は自衛のための最小限の兵器を携行するとのことであるが、難民流入地帯の治安は極度に悪くなっていることを考慮して、自衛隊の人員、器材、救援物資および施設の安全に加え、救援活動に従事する民間人の安全をも保障できるのに充分な武装が必要と思われる。安全確保には危害防止が第一であり、目に見える強固な抑止力を備えることが危害防止のもっとも有効な手段である。危険な場所で安心して救援活動ができるよう万全の準備をすることが肝要であり、武装が戦力の行使であるかどうかの議論は、現地に行かないで国内で安全に漬かっていられる者の無責任な空論といわざるを得ない。

第四に、難民および難民を受け入れている地域の住民は、飢えと病気だけではなく、治安の乱れにも悩まされており、それに加え、給与を支払われないザイール兵による掠奪も報じられている。難民流入地域の治安確保は、難民救済活動の重要な項目であるが、これは、現地の能力を遥かに超えているので国際協力が必要である。アフリカの問題はアフリカ諸国も参加して処理することが、アフリカ自立のためにも、アフリカ連帯強化のためにも望ましいので、財政困難のなかで治安維持活動に軍隊を派遣するセネガルその他のアフリカ諸国の参加強化のため、これら諸国の軍隊派遣費用の一部をわが国が負担することも、わが国のアフリカ援助の意義ある使い方として考慮してよいことと思われる。

第五に、ルワンダ政府要人とルワンダ軍幹部、その他虐殺を実行したとされる者を「愛国戦線」に引き渡すことに反対し、これらの人を国連に引き渡し、国連が設立する国際法廷で、公正な手続きにより裁判すること、また、裁判で無罪と判決された者に対しては、政治難民として希望の国が受け入れることを提案すべきである。勝者が敗者を裁くという不公正を経験したわが国として、非戦闘員虐殺の責任者の処罰を公正な裁判によることにするのは、わが国の道義的責務と考える。また、国際法廷による公正な裁判を新政府が受け入れることは、帰還難民に恣意的に危害を加えないとの公約の真実性を証するものとなり、難民の早期帰還を少しでも促進し、今回の動乱による怨念を少しでも軽減することによって、ルワンダ国内の種族和解を緩和することになろう。ことは、ルワンダの問題ばかりではない。すでに隣国ブルンディでは、種族闘争と見られる騒動が起こっており、十万人に上る死者が出たと報じられている一方、ブルンディからツチ難民のルワンダ帰還が始まったと伝えられ、これに伴う摩擦も当然予想されるから、ツチ、フツ両族間の対立を少しでも緩和するよう配慮することが、国際社会の責務であろう。

最後に、今回の事件でもわかるように、世界はいまだ力が支配していることを痛感すべきで、ただ「平和、平和」と一国で喚《わめ》いても、一人で祈っても平和は来ない現実を直視すべきである。弱者の悲哀は、ルワンダの惨状がまざまざと見せつける。また、国連憲章にもかかわらず、大国は気が向けば適当な大義名分を掲げて、武力で他国を攻撃することや、自分が気に入った他国の党派に直接に、または第三国をつうじて、武器を供給することが公然と行なわれているのが現実なのである。

冷戦が終わったから軍縮だというのはおめでた過ぎるのではないだろうか。平和、平和と叫ぶよりは、戦争は必ず起こるものとして、その被害を局限するための自衛策をとり、また、小国の争いでは犠牲を限定するため、武器輸出禁止を大国間で合意すべきであろう。国際収支のため武器輸出をすることや、累積債務の支払いのため武器輸出で外貨を稼がざるを得ない情況に追い込むことは、資本主義経済の道義的破産といわざるを得ない。

〈増補2〉

「現場の人」の開発援助哲学

——その後のルワンダ・アフリカ経済と東アジア経済の比較をふまえて

大西義久

服部正也氏はＩＭＦ（国際通貨基金）の途上国中央銀行技術援助計画の一環として一九六五年から七一年までの六年間、ルワンダ中央銀行総裁として勤務した。氏が途上国の開発援助に取り組んだのは日本銀行職員として携った一九六〇年の東アジア、南アジア、オーストラリア、ニュージーランド地域の中央銀行（セアンザ）における職員研修が始まりである。ルワンダを離れた後、七二年には世界銀行に転職し、西アフリカ局審議役、ファイナンス担当シニア・アドバイザー、経理局長を経て、日本人として初めて副総裁となった。八三年に副総裁を退任した後もアフリカ開発銀行の「今後の十年の方向を考える十人委員会」の委員や国際農業開発基金等の委員を委嘱され、セネガル、コートジボワール、ニジェール、ナイジェリア等の会議に出席し、九九年十一月に逝去した。実に三十年以上にわたって途上国問題に携わったのである。

七一年に氏がルワンダを離れてからも、ルワンダ経済が順調な発展を続け、「アフリカの模範生」と評価されるまでになっていたこと、しかし、九〇年にウガンダから武力侵入を受け、特に九四年に起きた大虐殺によって壊滅的な被害がもたらされたことは、今回、増補分として掲載された「ルワンダ動乱は正しく伝えられているか」に記された通りである。

本稿では、動乱終息以来十五年を経た現在の視点から、服部氏がルワンダ経済を建て直すために何をなしたのかを整理した上で、服部氏がルワンダを離れて以降のルワンダ・アフリカ経済の動向をレビューし、この間に大きく発展した東アジア経済と比較しつつ、その相違の背景にあるものを探り、氏がルワンダにおいて身をもって示した途上国開発援助哲学を明らかにしたい（なお、本稿の引用部分は服部氏の遺稿となった『援助する国　される国』〈中央公論新社、二〇〇一年〉からの抜粋である）。

ルワンダにおける服部正也氏の業績

まず、ルワンダにおける服部正也氏の業績として、以下のような点が挙げられる。

第一は、苦境に陥ったルワンダ経済の緊急救済策として、二重為替相場制度（政府の取引、輸出の全部、必需物資の輸入および外国人俸給送金などの承認された貿易外取引には一ドル＝五〇ルワンダ・フランの公定相場を適用し、その他の取引には外貨の需給関係で決まる自由相場〈当時一ドル＝一〇〇ルワンダ・フラン前後〉を適用）を廃止し、ルワンダ・フランの対外価値を自由相場並みに切り下げて一本化すること。またその前提として、更なる切下げを回避するため財政の均衡が不可欠であるとして、外国人優遇税制という微妙な問題にメスをいれることを大統領に進言したことである。これによって、一九六六年の通貨改革を成功させたほか、均衡型予算を成立させている。

第二は、ルワンダ経済の持続的発展の基礎を農業の発展に置くとともに、農業を自活経済から市場経済へ引き出すため、物価統制の廃止と並び流通機構の整備が必要と判断し、そのための重要な施策として、ルワンダ人商人の育成（民族資本の形成）を重視したことである。その具体策として、貯蓄金庫を通じたコーヒー集荷資金の融通、市中銀行によるルワンダ人商人向け運転資金貸出等のほか、ルワンダ倉庫株式会社の設立、二トン積みトラックの導入、バス公社の設立など中央銀行総裁の所掌分野を越えた分野に果断に挑戦した。

当初は緊急救済策としての通貨改革のみが任務とされていたにもかかわらず、自らの意思で六年もの長期にわたりこうした諸施策に取り組み、ルワンダ人の自助努力による経済発展を実現させようと邁進した姿に服部氏の真骨頂が窺われる。

その後のルワンダ経済

ルワンダ経済の動向については、日本語の資料が極端に不足しているため、一九六二年の独立まで宗主国の地位にあったベルギーの仏語資料に典拠しつつ、一九七〇〜八〇年代、九〇〜九四年、九五年以降の三つの時代に分けて概観してみたい。

〔一九七〇〜八〇年代〕

服部氏がルワンダを離れた一九七〇年代初めから九〇年十月に隣国ウガンダからのルワンダ愛国戦線（RPF）の侵攻を受けるまでの二十年間、ルワンダはほぼ一貫して発展を続け、アフリカの模範生として世銀や援助供与国から評価される成果を挙げた。一九八七年に、ハビャリマナ大統領の招待でルワンダ独立二十五周年祝典に参加のためルワンダを訪れた服部氏はルワンダのその後の発展ぶりに驚嘆した旨記述している。

たしかに同期間は表面的には順調な発展をたどったが、七〇年代の平穏な社会が八〇年代以降次第に変化し、これに続く九〇年代前半の想像を絶する惨劇にいたるプレリュード的な様相を呈しつつあった。すなわち、七〇年代は人口の約九割を占める農民を中心とする平等かつ伝統的な助け合いの精神に溢れた比較的平穏な社会であった。農業擁護のために独立時に制定された土地売買の禁止が堅持される下で、農耕面積が年率三パーセント弱で増加したほか、単位面積当たりの収穫高も年率一パーセント弱増加したため、農業生産高は年率三〜四パーセントと人口増加率並みの実績を挙げ、所得の分配も極めて公平であった（一九八二年のジニ係数〇・三五七）。

しかし、八〇年代に入ると、都市中産階級の増加と土地売買の自由化から、耕地面積の減少・地味の劣化、森林伐採等の環境破壊が進み、農業生産高が減少する中、八七年のコーヒー価格の暴落も加わって、農民と都市居住者との所得格差が急速に拡大した（一九九二年のジニ係数〇・五八三）。また、商業の自由化が進む中で、消費者物価と生産者物価の格差が八〇年代後半に急速に拡大し、都市の官僚社会と商人社会が農民を搾取する傾向が強まった。この結果、国民の一日当たりの摂取カロリーが一六〇〇カロリー以下の人々の全人口に占める割合が一九八二年には九パーセント弱であったものが、九〇年には三六〜四六パーセントに達していた（一九八九年には南部地方で飢饉が発生している）。

〔一九九〇～九四年〕

一九九〇年十月のルワンダ愛国戦線によるルワンダ北部侵攻を契機として内戦が激化するに伴い、経済はマイナス成長を余儀なくされたが、特にハビャリマナ大統領暗殺事件をきっかけに勃発した九四年四～六月の大虐殺で経済はさらに壊滅的打撃を受けた。

〔一九九五年以降〕

一九九四年七月にルワンダ愛国戦線（RPF）が全土を完全制圧し、新政権（ビジムング大統領、カガメ副大統領）が樹立され、二〇〇〇年四月にカガメ副大統領が大統領に就任した後、〇三年八月の複数候補者による初の大統領選挙でカガメ大統領が当選した。また、同年九～十月の上下両院議員選挙および〇八年九月の下院議員選挙で与党RPFが勝利するなど民主化が進展している。

動乱終息後のルワンダ経済は順調な復興を果たし、一九九八年には農業生産が、また九九年にはGDPが内戦前の水準を回復（一九九五～九九年の間、年率一五パーセントの成長）した。二〇〇〇年には、ルワンダ国民を貧困から抜け出させ、中所得国入りを果たす二〇年後の経済達成目標を定めた「VISION2020」を策定し、現在これに基づく経済運営が行なわれており、ここ数年は六～九パーセントの安定した経済成長を遂げている。同計画書の最後が「アジアの虎の発展の経験は、夢が必ず現実になりうることを示している」（L'expérience de développement 'des Tigres

Asiatiques' prouve que ce rêve pourrait devenir une réalité.）との表現で締め括られているのが印象的である。

アフリカ経済の展開

この間、アフリカ全体の経済を概観すると、独立以降一九六〇年代は、先進工業国で戦後の復興が完了し、正常な成長軌道に乗って途上国の輸出一次産品に対する需要が増大したため、アフリカ諸国も全体としては繁栄した。積極的に社会資本の充実に投資し、外貨収入源である一次産品の生産増強に努める一方、少数の国では官営企業を主とする輸入代替の工業化に乗り出した。

一九七三年の第一次オイル・ショックの際は、世界銀行はじめ、諸外国ではアフリカ、特に内陸国が深刻な影響を受けると憂慮され、アフリカに対する援助が増強された。しかし、アフリカは石油の消費量が少ないこともあって、第一次オイル・ショックの影響は比較的軽微であった上、先進工業国が原油価格の大幅引き上げに調整インフレで対応したため、アフリカ諸国は輸出一次産品の価格上昇と援助の増大に加え、余剰資金を抱えた先進工業国民間銀行の活潑な貸出競争もあって、資金は潤沢になった。アフリカ諸国はこの潤沢な資金を開発投資に利用したが、その中には開発効果の疑わしい案件も少なくなかった。

一九七九年の第二次オイル・ショックに際しては、先進国は前回と異なり、総需要の抑制政策を採った。そのため、景気は停滞し、不良債権に悩む民間銀行は途上国貸出の回収を図り、加えて、第一次オイル・ショック以来先進工業国で活潑に進められた省資源投資の結果、資源の発掘技術の改善、原料の使用効率の向上、必要成分の抽出技術と原料の混合技術の進歩によって、一次産品に対する需要は循環的ばかりでなく構造的にも減少した。これに対して、アフリカ諸国は輸出所得の減少を一次産品生産輸出の拡大で補う政策を採ったため、その価格はますます下落した。しかも、各国の一次産品の価格安定基金は過去の潤沢な資金を不動産投資などに費消した結果、使用可能な資金は乏しくなっていて、生産者価格の維持のために政府補助が必要となり、輸出税の激減とも相俟《あいま》って財政を圧迫した。

こうして途上国は輸出所得の激減と民間資金の流出の両面で、好況時代に借り入れた債務の元利金の支払いに苦しむようになった。アフリカは住民の大部分が自活農民であったが、植民地時代の鉱山・農園労働者の輸入食料依存や国内・域内の道路網の未整備を背景に国産食料の商業化が遅れていたため食糧生産は拡大せず、さらに外貨獲得を目的として一次産品生産に肥沃《ひよく》な農地を転用したことにより、食糧自給度は著しく低下した。このため、七〇年代以降、数回の激しい旱魃《かんばつ》に際しては、家畜の喪失に加え一部の人民は飢餓に苦しむようになった。

東アジア経済の発展とアフリカとの相違

この間、東アジア経済は、NIEs（韓国、台湾、香港、シンガポール）、ASEAN諸国（タイ、マレーシア、インドネシア、フィリピン等）や中国を中心に目覚ましい発展を遂げ、一九九三年に世界銀行が発表したレポートで「東アジアの奇跡」と唱えられるまでになった。同レポートでは、その背景として、農業生産の効率化、初等・中等教育の整備、銀行制度の安定等の基礎的条件が整備される下で、国内投資と人的資本の伸びが経済成長のエンジンとなり、また高水準の貯蓄率が国内投資を支えた旨指摘している。この間、日本をはじめとする海外諸国からの直接投資の流入と域内貿易の伸長、および日本の援助が多大の貢献を行なったことは言うまでもない。

前述したルワンダ・アフリカ経済のその後の動向と東アジア諸国経済の順調な発展の顕著な相違はどこから生じたのであろうか？

この点を服部氏は、アフリカの側から考察しているが、本書と『援助する国される国』から窺うかぎり、以下の二点に集約される。

第一に、アフリカ諸国の大部分は、独立への準備不足のまま独立した（「与えられた独立」）ため、独立後も人材不足から旧宗主国植民地官僚や外国人幹部に依存することとなったことである。この結果、世界の植民地時代に共通にみられた「宗主国により新たにつくられた近代的都市や輸出一次産品部門（産地）」と、「伝統的な手法の鉱物採掘・手工業、自活農業部門（地域）」との経済的、地域的二重構造が独立後も温存された（植民地の後遺症）。東アジア諸国に比べ、国内市場が極めて未発達であったのである（独立直後の初期条件の相違）。服部氏は、ルワンダ着任直後のカイバンダ大統領との五時間にわたる会談（一九六五年三月）において上記問題意識を詳細に披《ひ》瀝《れき》し、大統領から経済改革全般の立案を依頼されている。

第二次大戦後、欧州の宗主国は植民地独立の趨勢と、戦争で疲弊した自国経済の負担能力を超える植民地経営の財政支出を軽減する必要から、植民地の独立の準備を始めた。その際、できるだけ「平穏」な独立への移行を考えたのは当然である。

できるだけ平穏な移行とは、宗主国の権益保全と、植民地時代の諸制度の維持であった。アフリカではエリートの養成が未だ充分進んでいないこともあって、アフリカ人だけで政府および公営事業を運営できないと思われたので、宗主国人植民地官僚と公営事業の外国人幹部をその職務に残留させ、あるいは技術顧問として実質上従前の権限と職務を続行させることとした。（中略）独立後のアフリカ諸国の行政がこのように旧植民地官僚その他の外国人顧問の意のままとなったのは、植民地時代に宗主国に対する強い反感が少なく、広い独立運動がなかったことによるものと思われる。独立運動がなかったことは、その指導者も存在せず、宗主国に選ばれた指導者には独立後の国の在り方についての、現実的な構想がなかったことを意味する。一言でいえば、アフリカ諸国の大部分は、心理的にも体制的にも独立への準備不足のまま独立したのであって、まさに「与えられた独立」だったのである。（「与えられた独立」）

第二に、先述した独立直後の実情に鑑みれば、アフリカ諸国が自立的な成長路線に乗るためには、まず、国民資本の形成と国内・域内市場の開拓が必要であったにもかかわらず、世界銀行等国際機関ではアジアの発展の要因は輸出指向の政策にあったとして、アフリカでも輸出指向の政策を勧奨した。このため、世界経済の停滞を映じ価格が構造的に下落している一次産品の輸出に過大に依存することとなり、肥沃な農地の一次産品生産への転用を通じた食糧自給度の顕著な低下と相俟って、アフリカ諸国を苦しめる結果となった。服部氏はアフリカ諸国とアジア諸国との違いを、次のように明確に指摘している。

世界銀行では、基本的にはアフリカ発展は農業に基礎を置くべきであるとしながら、アジアの発展の要因は輸出指向の政策にあったとして、アフリカでも輸出指向の政策を勧奨している。しかし、アジア諸国は、伝統的な社会規範と政治安定の環境下で、国民資本を中心に国内経済がすでに発達していて、輸出の増加は国内生産の新たな市場の開拓であり、しかも、その増加の主体は付加価値の高い工業製品であり、その利益の大部分は国民に帰属したのである。アジア諸国が高度成長と、所得格差の縮小に成功したのは、このような事情によるのではないかと思われる。

ところが、アフリカ諸国では、価格が構造的に下落している一次産品の輸出に過大に依存していて、国内経済は未発達の情況にあって、アフリカ諸国が自律的な成長路線に乗るためには、まず、国民資本の形成と国内・域内市場の開拓が必要と思われる。(中略)経済の自由化が発展に繋がるためには、まず国内市場が整備していて、自由競争の環境ができていることが必要である。(「アフリカの発展政策は国内市場の開拓」)

服部氏が一九六五年にルワンダの地を踏んで以降、現地の外国人から聴取した彼らのルワンダ観とルワンダ人の実情との乖離《かいり》を痛感しつつ、「ルワンダでは工業化による経済発展などという途上国の多くでとられている性急な政策をとる必要はなく、まず農業中心で農民の繁栄をはかればよい」との結論に達し、これを経済再建計画の基本方針に据えるとともに、農業を自活経済から市場経済へ引き出すための流通機構の整備を重視し、そのための重要な施策として、ルワンダ人商人の育成(民族資本の形成)や交通・輸送の整備、倉庫建設等中央銀行総裁としては異質の分野に注力したのは先述のような問題意識に基づくものであろう。

貿易も援助も国民と国民の関係という人の問題

ルワンダでの六年間を含む三十年にも及ぶ途上国問題との関わりを経て、服部氏はどのような途上国開発援助哲学にたどり着いたのであろうか。

第一は、発展途上国の実情・特性に根ざした援助政策の必要性である。

国際機関は、途上国の均衡回復支援に際しては、資金供与の条件として、その国その国で採るべき政策や実施方法の決定について、その国の実情と歴史を考慮した政府との濃密な対話を怠り、施策品書きの総花式、かつ性急な採用を要求し、また、非現実的な実施方法を強要する傾向がある。（「経済不均衡の根本原因」）

アフリカ諸国の窮状に対して、世界銀行とＩＭＦ主導のもとに、各国は救援に乗り出したが、世界銀行、ＩＭＦは、通貨の対外価値の切り下げ、政府支出の削減と増税による財政均衡、民間信用増加の抑制、官営事業の閉鎖または民営化、補助金撤廃、政府規制の緩和などの経済自由化、外資導入政策の採用などを支援（貸出し）の条件とした。

これが構造改革融資である。これらの経済体制の改善は必要ではあったが、実施には種々の困難があり、政府および国民の完全な納得を得ないまま性急に強行されたこともあって、国民に多大の苦痛を与えることになった。現在、構造改革融資を受けたアフリカの国の多くでは、生産は停滞している一方、世界銀行その他に対する対外債務は激増している情況にある。（「経済政策の失敗」）

第二に、その前提として、国際機関や援助国の人間は、途上国政府や途上国の人々に対して人種的偏見や蔑視《べっし》の念をもってはならず、途上国政府や国民の生《なま》の声に耳を傾ける謙虚さが必要だということである。

ルワンダと世界銀行の勤務を通じて、私が一番我慢できなかったことは、欧米人一般と国際機関の途上国人を含む国際官僚の、途上国人および途上国政府に対する人種偏見と蔑視であり、援助の失敗の原因の大半はこの偏見によるものと思っている。(「アフリカとのかかわりは続く」)

アフリカで、すぐには理解しにくいことに当面すると、外国人は「これがアフリカなのですよ」で片付けることが多い。つまりアフリカ人は後れていて、我々とは違った考え方をし、我々には分からない行動に出るというアフリカ人異質論である。アフリカ人異質論は、日本人異質論と同じく、これを肯定すれば、何事も説明できる便利なものである。

しかし、同時に理性的な対話の可能性を否定し、問題解決には役に立たないものである。(「アフリカ人の生活の合理性」)

服部氏が三十八年前に中央公論のすすめに従って、本書を執筆する気になった理由のひとつとして、「アフリカ諸国に対する日本人の関心が、もっぱら資源とか市場とかの、現実的な利益を中心にしており、国民というものに対しては、あまり考慮が払われていないことに対する危惧である。平和といい、貿易といい、援助というものは、究極的には国民と国民との関係という、いわば人の問題である。この人の面を無視して進められる国際関係の基礎は、きわめて脆弱なものである」と述べている（「まえがき」）。

ルワンダ滞在中、中央銀行総裁としては珍しく「現場の人」であり続けたところに、開発援助問題における氏の哲学として常に現地の「人」が意識されていたことを改めて想わざるをえない。

途上国の発展を阻む最大の障害は人の問題であるが、その発展の最大の要素もまた人なのである。（『ルワンダ中央銀行総裁日記』末尾）

（セントラル短資株式会社代表取締役社長）

関係略年表

年	事項
十七世紀	ルワンダ王国建国。
一八八四年	ベルリン会議開催。ヨーロッパ各国間でアフリカの分割について話し合われる。
一八八九年	ドイツ保護領となる。
一九一七年	第一次世界大戦のドイツ敗北後、ベルギー軍がルワンダに侵攻する。
一九二三年	ルワンダ、ベルギーの委任統治領となる（ルワンダ国王がベルギー政府のもとで統治）。
一九四七年	服部正也、日本銀行入行。
一九五四年	ルワンダ国王がベルギーに対し、完全独立と植民地支配の終了を要求する。
一九六一年	1月、王政に関する国民投票（共和国樹立を承認）。議会がカイバンダを大統領に選出。
一九六二年	7月、ベルギーがルワンダの独立を公式に許可する。

一九六五年	服部正也、IMFに出向。IMFよりルワンダ中央銀行総裁として派遣。
一九七一年	服部正也、日本銀行に復帰。外国局外事審議役。
一九七二年	世界銀行に転出（西アフリカ局審議役、ファイナンス担当シニア・アドバイザー、経理局長歴任）。
一九七三年	クーデターにより、ハビャリマナ少将が大統領就任。
一九八〇年	服部正也、世界銀行副総裁就任。
一九八三年	服部正也、帰国。
一九九〇年	10月、ルワンダ愛国戦線（RPF）による北部侵攻。
一九九三年	8月、アルーシャ和平合意。
一九九四年	4月、ハビャリマナ大統領暗殺事件発生をきっかけに「ルワンダ大虐殺」発生（～6月）。7月、RPFが全土を完全制圧、新政権を樹立する（ビジムング大統領、カガメ副大統領就任）。
二〇〇〇年	3月、ビジムング大統領辞任。4月、カガメ副大統領が大統領に就任。
二〇〇三年	6月、新憲法発令。8月、複数候補者による初の大統領選挙でカガメ大統領当選。9～10月、上院・下院議員選挙（与党RPFの勝利）。
二〇〇八年	9月、下院議員選挙（与党RPFの勝利）。

企画協力　冒険企画局

服部正也（はっとり・まさや）

1918（大正７）年，三重県生まれ．東京帝国大学法学部卒業後海軍予備学生となる．終戦を海軍大尉としてラバウルで迎え，引き続きラバウル戦犯裁判弁護人となる．47年に復員し，日本銀行入行．65年，ルワンダ中央銀行総裁としてIMF技術援助計画に出向し，71年帰国．翌年世界銀行に転出，80年に副総裁となり，83年退任．ケーヨーリゾート開発社長，同会長を歴任するほか，アフリカ開発銀行，国際農業開発基金などの委員を務めた．99年没．72年，本書により，毎日出版文化賞を受賞する．

ルワンダ中央《ちゅうおう》銀行《ぎんこう》総裁《そうさい》日記《にっき》
中公新書 *290*

1972年６月25日初版
1994年８月30日18版
2009年11月25日増補版初版
2021年５月10日増補版13版

著　者　服部正也
発行者　松田陽三

本文印刷　三晃印刷
カバー印刷　大熊整美堂
製　　本　小泉製本

発行所　中央公論新社
〒100-8152
東京都千代田区大手町 1-7-1
電話　販売　03-5299-1730
　　　編集　03-5299-1830
URL http://www.chuko.co.jp/

Published by CHUOKORON-SHINSHA, INC.
Printed in Japan　ISBN978-4-12-190290-0 C1233

中公新書刊行のことば

いまからちょうど五世紀まえ、グーテンベルクが近代印刷術を発明したとき、書物の大量生産は潜在的可能性を獲得し、いまからちょうど一世紀まえ、世界のおもな文明国で義務教育制度が採用されたとき、書物の大量需要の潜在性が形成された。この二つの潜在性がはげしく現実化したのが現代である。

いまや、書物によって視野を拡大し、変りゆく世界に豊かに対応しようとする強い要求を私たちは抑えることができない。この要求にこたえる義務を、今日の書物は背負っている。だが、その義務は、たんに専門的知識の通俗化をはかることによって果たされるものでもなく、通俗的好奇心にうったえて、いたずらに発行部数の巨大さを誇ることによって果たされるものでもない。現代を真摯に生きようとする読者に、真に知るに価いする知識だけを選びだして提供すること、これが中公新書の最大の目標である。

私たちは、知識として錯覚しているものによってしばしば動かされ、裏切られる。私たちは、作為によってあたえられた知識のうえに生きることがあまりに多く、ゆるぎない事実を通して思索することがあまりにすくない。中公新書が、その一貫した特色として自らに課すものは、この事実のみの持つ無条件の説得力を発揮させることである。現代にあらたな意味を投げかけるべく待機している過去の歴史的事実もまた、中公新書によって数多く発掘されるであろう。

中公新書は、現代を自らの眼で見つめようとする、逞しい知的な読者の活力となることを欲している。

一九六二年一一月

中公新書

経済・経営

g2

中公新書

政治・法律

h1

中公新書

政治・法律

h2

- 108 国際政治（改版） 高坂正堯
- 1686 国際政治とは何か 中西寛
- 2190 国際秩序 細谷雄一
- 1899 国連の政治力学 北岡伸一
- 2574 戦争とは何か 多湖淳
- 2621 リベラルとは何か 田中拓道
- 2410 ポピュリズムとは何か 水島治郎
- 2207 平和主義とは何か 松元雅和
- 2576 内戦と和平 東大作
- 2195 入門 人間の安全保障（増補版） 長有紀枝
- 2394 難民問題 墓田桂
- 2629 ロヒンギャ危機 中西嘉宏
- 2133 文化と外交 渡辺靖
- 113 日本の外交 入江昭
- 1000 新・日本の外交 入江昭

- 2402 現代日本外交史 宮城大蔵
- 2611 アメリカの政党政治 岡山裕
- 1272 アメリカ海兵隊 野中郁次郎
- 2405 欧州複合危機 遠藤乾
- 2568 中国の行動原理 益尾知佐子
- 700 戦略的思考とは何か（改版） 岡崎久彦
- 2215 戦略論の名著 野中郁次郎編著
- 721 地政学入門（改版） 曽村保信
- 2566 海の地政学 竹田いさみ
- 2450 現代日本の地政学 日本再建イニシアティブ
- 2532 シンクタンクとは何か 船橋洋一